곽재선의 창

곽재선의 창

1판 1쇄 인쇄 2025. 7. 25.
1판 1쇄 발행 2025. 8. 15.

지은이 곽재선

발행인 박강휘
편집 강지혜 | **디자인** 정윤수 | **마케팅** 정성준 | **홍보** 이한솔
발행처 김영사
등록 1979년 5월 17일 (제406-2003-036호)
주소 경기도 파주시 문발로 197(문발동) 우편번호 10881
전화 마케팅부 031)955-3100, 편집부 031)955-3200 | 팩스 031)955-3111

저작권자 ⓒ 곽재선, 2025
이 책은 저작권법에 의해 보호를 받는 저작물이므로
저자와 출판사의 허락 없이 내용의 일부를 인용하거나 발췌하는 것을 금합니다.

값은 뒤표지에 있습니다.
ISBN 979-11-7332-305-8 03320

홈페이지 www.gimmyoung.com   블로그 blog.naver.com/gybook
인스타그램 instagram.com/gimmyoung   이메일 bestbook@gimmyoung.com

좋은 독자가 좋은 책을 만듭니다.
김영사는 독자 여러분의 의견에 항상 귀 기울이고 있습니다.

곽재선 지음

곽재선의 창 窓

김영사

들어가며

처음부터 작정한 일은 아니었습니다.

누구라도 40년쯤 한길을 걷다 보면 자연스럽게 남기고 싶은 게 생기게 마련입니다. 특별할 게 없다는 생각이 들었습니다. 그러다가 문득 그 긴 시간을 묶어낼 말 한마디, 글 한 줄 없는 인생이 과연 바람직한가 싶었습니다.

40년간 기업을 경영하면서 저는 끊임없이 정답을 찾기 위해 노력했습니다. 하지만 그렇게 찾아낸 정답이 반드시 맞는 답은 아니었습니다. 그러다 보니 의미가 중요해졌습니다. 해가 바뀌고 나이가 들면서 그 의미가 다른 형태로 변하기도 했지만, 이내 한곳으로 향했습니다. 좋은 선배이고, 지혜로운 어른이어야 하겠다는 생각으로 말입니다. 그 생각을 하나씩 꺼내 정리한 것이 '곽재선의 창'입니다.

출발은 단순했습니다. 우리 임직원에게 하고 싶은 말, 해야 할 말을 글로 건네보자는 거였습니다. 사실 칭찬하거나 격려하는 내용과는 거리가 있었습니다. 당장 제 눈에 딱 걸린 실수와 잘못이 소재로 등장하기 일쑤였으니까요. 어차피 야단을 치든 훈계를 하든 한 소리 할 것을, 그럴 바엔 제 판단과 의견을 얹어 에두르면 어떨까 했던 겁니다. 덕분에 '곽재선의 창'에는 당사자 눈에만 보이는 "저 안에 나 있다"라고 할 에피소드가 적잖게 들어 있습니다.

그렇다고 우리 마당에서만 벌어진 특별한 일들인 것은 아닙니다. 좁게는 회사 안에서, 넓게는 세상 속에서 불거지고 벌어지는 실수와 잘못이 누구 한 사람의 딱 한 번에 그치는 경우는 거의 없으니까요.

어느 순간부터는 방향이 슬쩍 선회하기도 했습니다. 바로 저 자신을 들여다봤던 겁니다. 회장으로서 맞닥뜨린 수많은 선택의 기로, 인간으로서 마주한 삶의 본질에 대해 털어놓았습니다. 옳고 그름, 결정과 유보, 성공과 실패, 책임과 의무, 이성과 감성 등에 관한 이야기들. 그러니까 제 자리나 위치에 걸맞게 생각을 추리고 행동을 다잡아보려 했던 겁니다.

'회장 곽재선'과 '인간 곽재선'. 일을 하다 보면 회장으로서 해야 할 처신과 인간으로서 해야 할 처신이 부딪치는 경우가 왕왕 생깁니다. 그 상황을 해결하기 위해 회장 곽재선이 꺼내 든 것이 '말'이라면, 인간 곽재선은 '글'로 대신했습니다. 어찌 보면 저 자신을 위로하려 했는지도 모르겠습니다. 겉으로 드러난 회장의 결정은 냉정해 보이지만, 속으로 넣어둔 인간의 마음에는 '그럴 수밖에 없었다'란 부분이 있었으니까요. 글을 통해 때론 변명도 하고 때론 위안으로 삼기도 했습니다. 그렇다고 글이 쉬운 것만은 아니었습니다. 생각을 글로 바르게 전달하는 일은 매번 참 힘들고 어려웠습니다. 다행히 훈장선생이 한 분 있어 생각과 글 사이 통로에서 도움을 받기도 했습니다.

이 책의 내용을 경영철학으로 포장할 생각은 없습니다. 기업경영이 철학대로만 된다면 기업인은 다들 틀어박혀 공부와 토론에만 전념하고 있어야 하지 않겠습니까. 안타깝게도 기업의 현실은, 또 경영의 현장은 늘 철학 저 너머에 있었습니다. 다만 힘들게 오늘을 풀어가는 누군가에게 또 다른 내일을 선택할 힘이 될 수 있다면 그걸로 만족할 듯합니다.

12년 전 출간한 《간절함이 열정을 이긴다》에 이은 두 번째 책입니다. 예전 책은 '일을 잘하자'는 취지를 전하려는 목적이 컸습니다. 하지만 시간이 지나면서 아쉬움과 부끄러움도 커졌습니다. 이 책에 실은 글들로 '창'을 열기 시작한 것은 그즈음입니다. 얼마간 시간이 다시 흐른 뒤 이 책이 또 부끄러워질지도 모른다는 두려움이 없진 않습니다.

그래도 분명한 것은 예전에 비해 지금의 글에서 저 자신이 성숙한 것을 느낄 수 있다는 겁니다. 살면서 스스로 부끄러움을 아는 것을 성숙이라고 한다면 말입니다. 물론 판단과 해석은 전적으로 독자의 몫입니다.

이렇게 한 단락 매듭을 짓습니다. 하지만 밖을 내다보게도 하고 안을 들여다보게도 하는 이 '창'은 늘 열어둘 생각입니다.

2025년 7월

곽 재 선

차례

들어가며　　　　　　　　　　　　　　　　　04

1. 비난받을 용기
   일의 창

   사업이 어디 취미인가요　　　　　　　　　15
   이해가 답입니다　　　　　　　　　　　　19
   당신은 리더입니까 보스입니까　　　　　　22
   있을 때 잘합시다　　　　　　　　　　　　25
   모르는 자와 잊은 자　　　　　　　　　　29
   일과 친해지는 법　　　　　　　　　　　　33
   로열티가 필요한 이유　　　　　　　　　　36
   내 편이 아닌 일을 대하는 법　　　　　　　41
   평형수　　　　　　　　　　　　　　　　　45
   보고하지 말고 공유합시다　　　　　　　　49
   책임과 의무만으론 관계가 유지되지 않습니다　53
   당신의 회사는 어떻게 생겼나요　　　　　　57
   배수의 진을 치지 마세요　　　　　　　　　60
   비난받을 용기　　　　　　　　　　　　　64

리더의 역할	69
이념과 이해의 차이	74
일을 왜 하는지 알고 합시다	78
이기는 습관	83
반성하지 말고 대비합시다	87
열심히 말고 잘하겠습니다	91
끌려갈 것인가 끌고 갈 것인가	96
1등이 아니어도 괜찮습니다	101
책장수와 약장수	106
만유인력의 역설	111
오너란 것은 없습니다	116
변수를 상수로 만드세요	120

2. 허들은 넘는 거지 피하는 게 아닙니다
지혜의 창

삼세판은 간절함입니다	127
눈으로 확인하고 귀로 생각하세요	130
수고의 기쁨	133
허들은 넘는 거지 피하는 게 아닙니다	138
만년과장과 소크라테스는 한 끗 차이	142
현명과 미련	146
팩트와 맥락	150
과정을 즐겨보는 겁니다	154
걱정하고 있습니까 고민하고 있습니까	159
싸움의 기술	164
칠복이를 찾습니다	169
'너무' 말고 '답게' 삽시다	174

나만 알고 나만 모르는 것	180
내로남불	184
지혜와 지식	188
어떻게 살아야 할까요	192
자유와 방종	196
쏟아진 물은 주워 담을 수 없습니다	201
안나푸르나가 알려준 것	205
육체의 근손실, 정신의 근손실	210
당신이 행복하지 않은 이유	215

3. 원하는 게 다릅니다
관계의 창

미루어 짐작하지 마세요	223
감정은 빼고 따집시다	227
반성의 본질	231
남자 생존술	234
훈계와 징계의 선택	239
합리적 의심을 합시다	243
갈등을 피하지 마세요	247
참을 수 없는 약속의 가벼움	251
공감의 두 얼굴	257
판단하지 맙시다	262
믿지 않으면 배신도 없습니다	266
변해야 삽니다	271
소리를 어디로 듣나요	276
만남과 헤어짐	281
감정적 관계와 이해적 관계	286

자극과 반응 사이	291
밑지는 장사를 합시다	297
원하는 게 다릅니다	301
도체, 부도체, 반도체	306

4. 당신은 어떤 사람입니까
인생의 창

지금 이 순간	313
정해지지 않은 것에 도전하세요	317
당신 인생은 누구의 것입니까	320
기쁨의 크기	323
추억과 기억 사이	326
사람은 변해야 합니다	330
숙주와 기생충	335
네거티브로 살겠습니까 포지티브로 살겠습니까	339
당신은 어떤 사람입니까	343
인생은 결정의 산물입니다	348
차선이 때론 최선보다 나을 수 있습니다	352
스트레스는 어떤 모양입니까	357
망각과 고통은 신의 선물	362
세 가지 나이	367
우리는 그저 보통사람입니다	372
돌부리 대처법	376
사실과 현실, 생각과 행동	381
도전하지 마세요	386
행복을 가질 자격	391

일의 창

1 비난받을 용기

사업이 어디 취미인가요

오랜 세월 사업을 하다 보면 문득 회의감이 드는 순간이 있습니다. 흔히 일이 꽉 막혀 풀리지 않을 때라고 생각할 수 있지만, 아닙니다. 가장 가까운 사람에게서 마음을 얻지 못한다는 생각이 들 때입니다.

가령 이런 겁니다. 새로운 회사를 KG 가족사로 받아들이겠다고 결정을 하고 나면 여기저기서 아주 소란스럽습니다. "굳이 그런 일까지 뛰어들어야 해?"는 흔하게 나오는 이야기고요, "욕심이 많은 거 아니야?"라는 가시가 박힌 소리도 들려옵니다. 그러다가 종국에는 비평까지 담아냅니다. "너무 벌이는 거 같은데. 지나치면 아니 간 것만 못한 법이지!"

이런 이야기를 들을 때마다 참 여러 가지 생각이 듭니다.

'내가 지금 이 일을 왜 벌이고 있나. 혼자만 잘살자는 일은 분명히 아닌데…….'

물론 지치기도 하고 섭섭하기도 합니다. 그런데 결국 다시 마음을 다잡게 되는 지점이 있습니다. '사업은 취미가 아니다, 의무다'란 확신이 들 때입니다.

'사업'이라고 하면 거창하게 들릴 수도 있지만 사실 대단한 게 아닙니다. 지금 누군가 입고 있는 옷 한 벌, 먹고 있는 음식 한 그릇을 만드는 일이라고 생각하면 말이지요. 결국 이 세상에 절대적으로 필요한 어떤 유용한 가치를 만들어내는 그 일을 사업이라고 할 수 있습니다. 대단히 막중한 '의무'지요. 그런데 그 중요한 일을 하는 사람이 지친다고 섭섭하다고 그때마다 포기해버린다면 세상이 제대로 돌아가겠습니까.

그렇다고 사업이란 게 의무감만으로 굴러가는 건 아닙니다. 수없이 많은 선택의 갈림길에 서고, 셀 수 없이 외로운 결정의 과정을 거쳐야 합니다. 따지고 보면 태어난 것만 빼고 우리 인생 자체가 드라마틱한 선택과 결정의 반복입니다. 당장 오늘 점심 메뉴부터 고민이지요. 된장찌개를 먹을까, 김치찌개를 먹을까. 주말에는 영화를 볼까, 연극을 볼까. 휴가 때는 국내에 머물까, 해외로 나가볼까. 아, 몇백 년을 끌어온 아주 고전적인 질문도 있습니다. 햄릿의 머리를 터지게 했던 '죽느냐 사느냐'의 문제.

사람이 선택과 결정을 고민하는 이유는 좋은 결과를 기대하는 마음이 크기 때문일 겁니다. 겉으로는 '적어도 후회할 짓은 하지 말자'고 하지만, 사실 속마음은 더합니다. 자신의 결정이 세상에서 가장 현명한 선택이길 바랍니다. 그래서 책도 읽고 공부도 하고, 경험이 많은 이들을 찾아 조언을 구하기도 하는 겁니다.

여기까지는 좋습니다. 문제는 다른 데 있습니다. 결정하고 난 뒤 말입니다. 이후에 해야 할 행동이나 추구해야 할 가치를 가벼이 여기는 경향이 있다는 겁니다. 잡은 고기에게는 먹이를 주지 않는다는 말처럼요.

흔하게 보는 예가 있습니다. 결혼을 원하는 미혼의 남녀라면 좋은 남편이나 좋은 아내를 고르기 위해 가히 필사적이지요. 이리 기웃 저리 기웃 만나기는 좀 많이 만납니까. 들이미는 조건도 버라이어티합니다. "사랑이 우선이야." "성격이 중요하지." "돈만 잘 벌어오면 돼." "굶어 죽지 않으려면 뭐 하나라도 똑 부러지는 능력은 있어야지." "다 시끄럽고! 무조건 예뻐야지." 그렇게 온갖 수를 쓰고 노력을 해서 어렵게 남편과 아내를 골랐습니다. 그런데 그 이후, 예전에 그렇게 기운을 뺀 절반만이라도 결혼생활을 위해 투자하느냐는 거지요.

우리가 자주 저지르는 오류가 이런 게 아닐까요. 결정만 잘하면 다 끝난 게임이라고, 선택만 잘하면 뒷일은 패키지

처럼 따라오는 거라고 단정해버리는 것 말입니다. 만약 진짜 그렇게 생각한다면 결혼이든 사업이든 정치든 경제든 한 방 터지기만 바라는 도박과 뭐가 다르겠습니까.

세상 모든 선택과 결정의 최종 완결판은 지금부터 어떻게 하느냐에 따라 갈립니다. '위대한'이 될 수도 있고, '초라한'이 될 수도 있습니다. 선택과 결정에 기울인 만큼 애정과 노력을 쏟아야 비로소 좋은 결정이 되고 훌륭한 선택이 됩니다.

제게 사업은 바로 선택과 결정 그 이후의 실행안이었습니다. 내가 쓰는 것 외에 '하나 더'를 만드는 일이고, 내게 필요한 것뿐만 아니라 남이 필요로 하는 것을 충족시키는 일입니다. 비록 이윤을 남기자는 철저한 계산 속에서 시작했을지는 모르지만, 큰 틀에서 보면 사업은 모두를 위한 의무입니다. 좀 더 비장하게 말하면 인간의 삶 자체를 책임지는 일이고요. 하기 싫으면 하지 않아도 되는 취미생활이 절대 아니란 뜻입니다.

이해가 답입니다

 질문 하나 던져볼까요. 당신은 결과가 중요한 사람입니까, 과정이 중요한 사람입니까? 일을 할 때 어떤 과정을 거치든 결과가 괜찮으면 만족합니까? 반대로 결과는 신통치 않더라도 과정이 흡족하면 그걸로 만족합니까? 굳이 나눠보자면 '과정론'과 '결과론'쯤 될 텐데요. 둘 중 어느 쪽 손을 들겠습니까?
 그런데 말입니다. 적잖은 사람들이 착각하는 게 있습니다. 과정이냐 결과냐, 이 두 갈래 길 중 어디로 향할 건가를 자신이 고를 수 있다고 믿는 거지요. 과연 그럴까요. 제 생각은 조금 다릅니다. 세상에는 이미 '과정이 중요한 일'과 '결과가 중요한 일'이 따로 있기 때문입니다.
 기업은 수많은 구성원이 일을 해서 돌아갑니다. 또 구성원은 그 일에 대해 평가를 받는 것으로 조직의 일원이 됩니다. 그런데 그 일이란 게 좀 묘합니다. 어떤 일이냐 혹은 누가 그 일을 조율하느냐에 따라 '과정의 판단'과 '결과의 판단'이 달라질 수 있기 때문입니다.

회사에서 상사는 부하직원을 대할 때 마지막에 드러난 결과를 따집니다. 부하직원이 그 일을 하면서 얼마나 고생했는가보다 얼마나 성과를 냈는가를 챙깁니다. 하지만 부하직원은 상사를 볼 때 과정을 기억합니다. 일의 성패와는 별개로 일을 진행하는 과정에서 상사가 자신을 얼마나 독려했는지 또는 괴롭혔는지를 마음에 담아둔다는 거지요.

결국 과정론과 결과론, 두 가지를 구분하는 것은 그 일의 본질 또는 목적입니다. 결과보다 과정에서 본질이 부각되는 경우도 있고, 또 과정보다는 결과에서 목적이 선명해지는 경우도 있습니다. 그러니 어느 쪽의 손을 드는 것이 맞겠습니까.

하지만 엄밀히 말하면 둘 다 아닙니다. 어떤 일을 계획하는 단계에서 과정이 중요한지 결과가 중요한지를 먼저 판단하는 것이 중요하다는 뜻입니다. 누구라도 이 판단을 놓친다면 보나마나 한 결론과 맞닥뜨리게 됩니다. 일은 열심히 하지만 뭔가 잘 안 풀리는, 되는 일 하나 없는 사람이 되고 마는 겁니다.

어떤 학생이 시험을 앞두고 정말 열심히 공부했습니다.

밤을 새워가며 수학공식을 외우고 예상문제를 풀었답니다. 그런데 시험장에 가서 시험지를 받으니 숫자는 하나도 없고 영어문제만 잔뜩 출제되어 있었습니다. 결과는 뻔하지 않겠습니까. 출제자를 찾아가 '정말 열심히 공부했다'고 항변한들 통할 리가 없겠지요. 점수는 제대로 나오지 않을 것이고 "난 정말 되는 일이 하나 없다"라고만 외치게 될 겁니다.

우리 역할은 늘 움직입니다. 회사에서 영원히 부하직원으로만 머물지 않습니다. 또 영원히 상사도 아니지요. 그러니 상사라면 부하직원 입장에서 부하직원을 이해하고, 부하직원이라면 상사의 입장에서 상사를 이해하는 것이 필요합니다. 상사라면 부하직원이 일하는 과정을 봐주길 원한다는 걸 알아야 합니다. 부하직원이라면 상사가 그토록 결과만 외치는 이유를 알아야 하고요. 이렇게 서로 상대방의 입장을 이해한다면 회사생활이, 나아가 세상살이가 훨씬 편해지지 않을까요. 좀 덜 서운하고 좀 더 지혜롭게 처신할 수 있을 겁니다.

과정이 중요한 사람에게 결과만 따지려 들면 일할 맛이 나지 않겠지요. 결과를 중시하는 사람에게 과정 이야기를 아무리 해봐야 별 소득이 없습니다. 사실 그것이 판단의 본질입니다. '과정의 판단'과 '결과의 판단'은 바로 그 판단의 기준을 이해하고, 자신의 자리에서 상대를 이해하려 노력하는 데서 출발합니다.

당신은 리더입니까 보스입니까

혹시 '깍두기'라고 아십니까? 조직폭력배를 통틀어서 이렇게 부릅니다. 대체로 이들은 머리가 짧고 얼굴이 큰데 그 모양이 딱 깍두기 같다고 해서 붙여진 별명입니다. 이들에게는 일정한 행동 패턴이 있습니다. 윽박지르든 두들겨 패든 상대를 완전히 굴복시키고야 만다는 겁니다. 이유는 분명합니다. 명령을 따르라는 거지요. 누구의 명령일까요? 물론 보스의 명령입니다.

문득 궁금해집니다. 이들의 보스를 리더라고 봐도 되는 건가, 만약 아니라면 어떤 차이가 있나, 조직의 대장 혹은 수장이라고 한다면 보스나 리더나 크게 다를 건 없을 것 같은데.

리더와 보스를 사전식으로 정의해보면 이렇습니다. 리더

는 조직이나 단체를 '이끌어가는' 사람입니다. 보스는 조직이나 단체에 '권한을 갖는' 사람이고요. 언뜻 비슷하게 들리기도 합니다. 여기에 제 생각을 더 붙여보겠습니다.

리더와 보스, 둘을 구분하는 큰 기준이 있습니다. '고민'과 '참여'입니다. 단체나 조직에 대해 고민이 많은 사람이라면 리더입니다. 별 고민이 없는 사람은 보스이고요. 어떤 사안에 대해 생각이든 수행이든 구성원을 참여시키려는 사람은 리더입니다. 아예 구성원을 배제한다면 보스라고 할 수 있지요. 리더는 '내가 틀릴 수 있다'고 가정합니다. 반면 보스는 '내가 절대로 틀릴 수 없다'고 단정하지요. 또 리더는 '누가 어떤 제안을 하는지' 살피려 합니다. 반면 보스는 '누가 나에게 덤비는지'를 살피지요.

하지만 사실 더 중요한 문제가 있습니다. '자기결정권' 말입니다. 사람은 누구나 자기결정권을 갖고 있습니다. 인간의 기본권이니까요. 만약 인간이 자기결정권을 잃는다면 동물과 다를 게 없어지는 거지요. 바로 이 자기결정권을 두고 리더와 보스가 극명하게 갈립니다. 리더라면 상대의 자기결정권을 지켜주려고 합니다. 그러나 보스는 상대의 자기결정권을 누르고 빼앗으려 듭니다.

이 지점에서 어떤 조직이나 단체에서 보스는 적절치 않다는 게 제 생각입니다. 리더가 필요한, 리더가 더 나은 이유는 한 가지입니다. 구성원을 보스보다 행복하게 만들 수 있는 덕목을 가졌다는 점입니다. 자기결정권을 빼앗기면 누구도 행복하지 않으니까요. 일의 결과가 잘 되고 못 되고의 문제가 아닙니다.

그렇다고 세상에 리더만 있어야 한다는 이야기는 아닙니다. 둘 다 필요합니다. 일의 효율성만을 놓고 볼 때는 보스가 단연 '가성비' 갑입니다. 단칼에 끊어버리고 확실하게 결정하고 한마디로 화끈하니까요. 보스는 '보스'와 '보스 아님'으로 나뉘지만, 리더는 '좋은 리더'와 '나쁜 리더'로 나뉩니다. 여기에 '따뜻한 리더' '냉철한 리더' '고지식한 리더' 등 별별 리더가 다 있습니다. 그러니 리더의 일처리는 시간이 오래 걸릴 수밖에요. 절차도 복잡하고요. 하지만 보스는 일사천리입니다. 군더더기 없이 깔끔합니다.

그럼에도 세상이 보스보다 리더를 바라는 까닭이 있겠지요. 어렵게 함께 나아가는 과정의 의미를 알기 때문입니다. 마치 민주주의처럼 말이지요. 아주 불편하고 매우 거추장스러움을 무릅쓰더라도요. 우리가 세상을 사는 목적은 효율이 아니고 행복이니까요.

이쯤에서 한번 물어봐야겠지요. 당신은 리더입니까? 보스입니까? 아니 리더가 되고 싶습니까? 보스가 되고 싶습니까? 솔직하게 고백하자면, 저는 가끔 보스가 되고 싶습니다.

있을 때 잘합시다

KG그룹은 한 해에 몇 차례씩 크고 작은 가족사 모임을 가집니다. 산행도 하고 트레킹도 합니다. 평소 별로 교류가 없는 다른 가족사 직원과 만나 야외활동을 함께하는 자리로, 한 회사에서 서너 명의 지원자가 참석합니다.

그런데 그간 가족사 모임에 참석한 직원들을 살펴보니 퍽 재미있는 현상이 눈에 들어왔습니다. 어딜 가든 같은 회사 직원끼리 똘똘 뭉쳐 다니는 건데요. 그렇다면 이들이 과연 회사 내에서도 친한 사이인가 하면, 그건 아니랍니다. 그저 눈인사 정도 하던 사이, 아예 그날 처음 봤다는 사이도 꽤 있었습니다.

명색이 가족사끼리 '이업종 교류'를 하자고 만든 모임인데 이런 '작태'를 그냥 보고 넘길 수가 없지요. 끼리끼리를 해체해 서로 다른 가족사 직원끼리 묶어버렸습니다. 숙제도 내주었습니다. "파트너의 신상털기를 해라. 사는 동네가 어디고, 전화번호가 뭐고, 무슨 업무를 하고, 어떤 생각을 하고 있는지 모조리 알아내라." 그런데 숙제는 다 끝냈는지, 산을 타면서 길을 걸으면서 또 슬금슬금 자기 회사 사람 옆에 가 있더군요.

몇 차례 시도를 해봤지만 늘 같은 현상이 반복되었습니다. 그렇다고 포기할 제가 아니지요. 사실 다른 가족사 직원과 파트너 맺기를 해야 한다고 우기는 데는 이유가 있습니다. 하나는 누구나 다 아는 그런 이유입니다. 매일 반복되는 자신의 업무를 떠나 다른 업종에 근무하는 사람과의 교류를 통해 새로운 지식을 얻어보라는 겁니다. 그래서 서로 새로운 인사이트를 주고 또 받아보자는 거지요.

다른 하나는 누구도 잘 알지 못하는 이유입니다. 한 그룹에서 일하는 동료나 선후배가 얼마나 소중한지 직접 겪어보라는 겁니다. 서먹한 관계조차 울타리 밖 전쟁터에서 마주치면 '이보다 더 반가울 수 없는 사람'이 될 테니까요.

이쯤 되면 제가 강조하고 싶은 게 뭔지 대충 드러난 것 같습니다. 한마디로 '있을 때 잘하자'란 겁니다. 소중한 건 잃어버리기 전까진 잘 모르는 거니까요. 비단 부모와 가족 이야기만이 아닙니다. 사람만 해당되는 것도 아니고요. 일도, 직장도 마찬가집니다. 어쩌다 실직이라도 하게 되었다

면 며칠 지나지 않아 뼈저리게 와닿을 겁니다. '정말 나에게 귀한 일이고 소중한 직장이었구나.'

제 나이대 친구들이 하나둘 은퇴 전선에 나서고 있습니다. 그들 중에는 형편이 넉넉지 않은 친구도 있고, 몸이 불편한 친구도 있습니다. 반대로 '부자'란 소리를 듣는 재산가도 있고요. 그런데 이들의 한결같은 소망이 뭘까요? '일을 더 했으면 좋겠다'입니다. 공통적인 탄식도 있지요. "그때 그렇게 해볼 걸……." 친구들에겐 아직도 해보고 싶은 일이 많이 남아 있더란 겁니다.

부모든 친구든 가족이든 동료든 또 일이든 바로 지금 눈앞에 있을 때 잘하는 게 중요합니다. 없어지고 사라졌을 때의 감정을 어찌 예측할 수 있겠습니까. 그런데 우리는 수많은 시행착오로 이미 터득하지 않았나요. 반드시 지나고 나서야 후회하게 된다는 것을. 현인까진 아니더라도 선배나 웃어른이 일러준 대로만 따를 수 있다면, 굳이 경험하지 않고도 잘할 수 있다면 인생이 훨씬 풍요로워질 텐데 말이지요.

가족사 모임 뒤에 부수적으로 생긴 긍정적인 현상이 있습니다. 끝날 때까지 같은 회사 사람만 졸졸 따라다니던 이들이 어찌되었을지에 관한 것인데요. 산행을 마치고, 트레킹을 마치고 회사로 복귀한 뒤 꽤 친한 사이가 되었답니다. 아마 한 대중가요가 일러준 심오한 뜻을 비로소 깨달은 게 아닐까요. 이런 내용이었을 겁니다. '그렇게 후회할 거면 있을 때 잘하지. 마지막 기회였을 수도 있는데…….'
 그리고 보니 저부터 반성해야 하는 건 아닌지 모르겠습니다. 그러니까 말이지요. 우리 서로 있을 때 잘합시다.

모르는 자와 잊은 자

2000년대 후반에 생긴 일입니다. 우리 그룹 가족사 중 하나인 KG케미칼에서 큰 사고가 있었습니다. 사고는 한밤중에 벙커시유를 탱크로 옮기는 과정에서 일어났지요. 담당 직원이 밸브를 열어놓고 잠그는 것을 잊은 겁니다. 벙커시유는 탱크를 채우고 넘쳐 근처 안양천까지 흘러들고야 말았습니다. 진짜 대형사고였습니다.

사고야 수습을 했다지만 문제는 직원을 문책하는 일이었습니다. 물론 실수였지요. 직원이 일부러 밸브를 잠그지 않은 건 아니니까요. 잠가야 하는 걸 알면서도 놓친 거니까요. 그렇다면 잘못에 대한 책임을 어느 정도 눈감아줘도 될까요?

그때 저는 문득 이런 생각을 했습니다. 몰라서 저지른 잘못이 큰가, 알면서 저지른 잘못이 큰가. 직원은 과연 '모르는 자'였나 '잊은 자'였나. 아마도 대부분은 실수니까 좀 봐줘도 되지 않느냐고 할 겁니다. 하지만 제 생각은 다릅니다. '몰라서 한 잘못보다 알면서 잊어버린 잘못이 더 크다'입니다. 이유는 간단합니다. 우리가 살면서 몰라서 못 하는 건 별로 없습니다. 대부분 알고 있지만 소홀히 해서, 깜박해서, 귀찮다고 내팽개쳐서 실수로 일을 그르치는 경우가 더 많습니다.

회사 일을 하다가 뭔가 잘못되었다면 몰라서 못 한 것보다는 해야 할 일을 제대로 안 한 탓이 큽니다. '이렇게 하자' 혹은 '이렇게 해야 해'로 정한 것을 그냥 대충 넘겨서, 간과해서 벌어진 일인 거지요.

사람과 사람 사이 관계도 마찬가지입니다. 몰라서 안 한 것보다는 잊어버리고 안 하는 것이 더 많습니다. 사람 관계가 그리 간단하냐고요? 아니지요. 자신의 입장에서 편한 대로 생각해버린다면 그건 해야 할 일을 모르는 게 아니고 잊은 겁니다. "내가 하면 로맨스, 남이 하면 불륜"인 내로남불식으로 해석해버린 겁니다.

부모에게 효도를 해야 한다는 정도는 누구나 압니다. 운전할 때 신호를 지켜야 한다는 것도 알지요. 약속을 잘 지켜야 한다는 것도, 약한 사람을 배려해야 한다는 것도, 건강을 위해 운동을 해야 한다는 것도, 폭력이 나쁘다는 것도 다 압니다. 그런데도 문제가 생기는 것은 알면서도 고개를 돌려버렸기 때문입니다. 이쯤 되면 '모르는 자'와 '잊은 자'가 아니라 '잊은 자'와 '잊고 싶은 자'로 구분하는 게 빠를 수도 있겠네요.

이런 이야기도 해볼 수 있을 겁니다. '역사를 왜 공부하는가.' 아마 학창시절 한국사나 세계사 첫 수업에서 한번쯤 토론해본 주제일 겁니다. 아주 묵직해 보이지만 제가 볼 땐 이것 역시 간단하게 답할 수 있는 문제일 듯합니다. '이런 일을 저지르면 저런 결과가 나오니 지난 과오를, 실수를 다시는 반복하지 말자'는 교훈을 얻기 위해서가 아닐까요. 그런데 이 문제를 회피하고 싶은 마음에 그냥 '빨리 잊자'로 대신해버리기 때문에 똑같은 일이 반복되고 계속 꼬이는 겁니다.

그렇다면 공부는 왜 할까요? 물론 모르는 것을 알려는 목적이 가장 크겠지요. 하지만 아는 것을 잘 지키자는 것도 무시해서는 안 되는 중요한 목적입니다. 우리는 모르는 걸 알아가는 데는 돈과 시간을 아낌없이 쏟아부으면서 아는 것을 지키는 데는 참 소홀합니다. 그러니 '더 배우려고 하지 말고 알고 있는 것이라도 잊지 말자!' 이것이 제 공부 철학입니다. 모르는 건 세상에서 가장 똑똑하다는 구글에게 물어보고, 차라리 아는 지식이나 상식을 잊지 말고 제대로 실천하는 공부를 하자는 겁니다.

회사에서 사고 친 직원이 상사에게 꾸중을 들을 때 늘 하는 말이 있지요. "몰랐습니다. 죄송합니다." 과연 그가 몰랐을까요. 제가 볼 땐 알면서도 하지 않았을 확률이 높습니다. 조직에서 반드시 지켜야 할 것을 지키지 않아서 생긴 문제라고 봐야 할 테니까요. 그 직원은 '모르는 자'가 아닌 '잊은 자'가 되는 겁니다. 때늦은 후회는 '모르는 자'보다 '잊은 자'의 몫이 더 큽니다.

다만 면피용 예외는 하나 두기로 하지요. 물리적으로 기억이 나지 않을 때, 가령 기억상실증, 치매 같은 '질병'을 앓게 되었다면 봐주기로요. '건망증'이요? 그건 해당 사항에 없습니다.

일과 친해지는 법

퀴즈 하나 풀고 갑시다. 이것은 무엇일까요? 사람이 사는 동안 떨어지려야 떨어질 수 없는 숙명적 관계. 그럼에도 늘 좋아할 수도 늘 싫어할 수도 없는 애증을 넘나드는 사이. 있으면 귀찮지만 없으면 구차해지고, 많으면 도망가고 싶지만 사라지면 기어이 찾아 나서는 것. 짐작이 되시나요? 그건 바로 '일'입니다.

일이라는 게 그렇지 않습니까? 넘쳐나면 큰일이다 싶지만 없어지는 건 더 큰일이고요, 사람을 풍요롭게 만들기도 하고 비참하게 만들기도 합니다. 순직이란 용어가 있을 만큼 누군가에게는 절대적이기도 하고요, "일이야 나야? 선택해!"란 상황을 연출할 만큼 적대적이기도 합니다.

아마 먹고사는 문제가 결부되어 있기 때문일 겁니다. 위기의식이 생기는 거지요. 그게 아니더라도 일이 없으면 당장 사는 일이 초라해지고 답답해지기도 합니다. 물론 취미활동이나 봉사활동이 있기는 합니다. 하지만 그건 어디까지나 부차적인 것이지요. 일의 주요한 역할인 먹고사는 과업을 취미나 봉사로 해결할 수는 없는 노릇이니까요.

그런데 말이지요. 도대체 왜 먹고살기 위해 하는 회사 일이 취미나 봉사보다 희열의 강도가 약한 걸까요? 많은 이들이 한겨울에 산동네에서 연탄 나르기를 하거나 세계 오지에서 아이들을 돌보는 등 자원봉사란 이름만으로 온갖 허드렛일을 떠맡습니다. 격한 취미생활에도 적극적이지요. 산을 타고 벽에 오르고 파도에 올라섰다가 하늘을 날기까지 하지요. 그러곤 회사에서는 한 번도 보여주지 않은 '좋아 죽겠다'는 표정을 짓습니다.

먹고사는 일과 취미·봉사활동을 대하는 감정이 다른 것. 여기에는 아마 과학적이고 심리적인 이유가 있겠지요. 수많은 전문가가 여러 분석을 내놓고 야무지게 한마디씩 보태기도 했습니다. 하지만 제가 바라보는 시각은 좀 다릅니다. 취미나 봉사와는 달리, 먹고살기 위해 하는 일과는 별로 친하지 못했기 때문이란 거지요. 아마 마음이 움직이는 행위와 의무나 책임이 움직이는 행위의 차이일 겁니다.

도대체 언제까지 일이란 걸 힘들게 해야 하는 걸까요. 일 자체가 버겁고 힘든 거야 어쩔 수 없다고 해두지요. 그렇더라도 나는 일을 조금이라도 덜 힘들게 할 수 있지 않을까 생각합니다. 그러려면 일이 왜 어렵고 힘든지부터 따져봐야겠지요.

보통은 한 만큼 성과가 잘 나오지 않을 때 힘들어집니다. 죽어라 했는데도 결과가 신통치 않을 때 말입니다. 그런데 이것뿐일까요? 어떤 일을 시작할 때 결론이 좋지 않을 것을 미리 단정해서 어렵게 만드는 경우는 없을까요? 제가 볼 땐 '할 만하다'라는 긍정적인 신호보다 '죽을 맛이다'란 부정적인 신호가 먼저 켜져 일을 어렵게 만드는 것 같습니다. 결국 일도 마음의 영역이란 이야기이지요.

해결책은 역시 일과 친해지는 겁니다. 일을 덜 힘들게 하려면 작은 성과부터 내는 것이 좋습니다. 그 결과물에 대한 피드백은 짧을수록 좋고요. 피드백이 빨라야 수정도 빨라집니다. 오래 붙들고 늘어져 봤자 진만 뺄 뿐이지요. 권투 선수가 그렇다고 하지 않습니까. 내미는 주먹에 상대가 맞지 않고 헛스윙이 될 때 훨씬 더 많은 에너지를 소비한답니다.

'피할 수 없으면 즐겨라'란 말은 일을 하는 데도 적용됩니다. 일이란 친구와 동거가 불가피하다면 친하게 지내는 법을 찾는 것이 현명한 대처입니다. 목표를 짧게 잡고, 결과를 빨리 보고, 그 결과를 두려워하지 말 것. 오늘 낸 결과가 절대로 내 인생 전체를 지배하지는 않습니다.

로열티가 필요한 이유

사람은 '사회적 동물'입니다. '소속'을 가졌다는 뜻입니다. 개인이어도 개인만이 아닌, 타인과 끊임없는 관계 아래 존재한다는 의미이기도 하고요. 작게는 가족부터 학교나 회사가 있고, 크게는 국가, 더 크게는 세계와 우주에까지 이를 테지요.

그런데 이 사회적 동물은 크게 두 종류로 나뉘는 것 같습니다. '로열티가 있는' 동물과 '로열티가 없는' 동물로요. '로열티'라는 말이 그리 어려운 건 아닙니다. 우리말로 옮기면 '충성'에 가장 가깝겠네요. '로열티가 있다'고 말할 땐 자신이 몸담은 소속집단에 '충성하고 있다'는 뜻입니다. 가족, 학교, 회사, 국가, 세계, 우주 그 어디가 되었든 말이지요.

사실 나이가 좀 많은 세대라면 '충성'이란 단어에 거부감이 있을 수 있습니다. 예전 반민주시대를 살던 때 유독 국가가 강요했던 충성에 대한 트라우마 탓일 텐데요. 젊은 세대도 예외는 아닌 듯합니다. 아부, 아첨, 굴복, 종속 따위와 충성을 동격으로 보는 경향이 있으니까요. 그런데 재미있는 건 로열티와 충성 사이의 묘한 어감 차이로 자신의 행동을 구분하기도 한다는 겁니다. 결국 같은 뜻인데도 '충성'은 고리타분한 구시대 유산으로, '로열티'는 세련미 물씬 풍기는 현대 신문물로 받아들이는 거지요.

예컨대 누가 이렇게 말했다고 칩시다. "너 회사에 엄청 충성하더라." 뭔지 미묘한 어감 때문에라도 아마 치고받고 싸움이 나기 십상일 겁니다. 대신 "너 회사에 대한 로열티가 대단한데"라고 했다면? 아마 술 한잔 얻어 마실 수도 있을 겁니다. 시쳇말로 '웃프다'고 해야 할까요. 어쨌든 여기선 술 한잔 얻어 마실 수 있는 '로열티'로 밀고 나갈까 합니다.

그렇다면 로열티는 왜 필요한 걸까요? 그냥 열심히 살기만 하면 되는 거 아닌가 반문할 수 있을 겁니다. 제 대답은 "행복해지려고"입니다. 사회적 동물인 사람은 태어나면서부터 죽을 때까지 크고 작은 조직의 일원일 수밖에 없으니까요.

흔히 주위에서 자주 듣는 푸념이 있습니다. "우리 집은 왜 이 모양이야." "우리 회사는 정말 이것밖에 안 되나." "마음에 맞는 동료가 하나라도 있어야지 원." 결론적으로 나를 둘러싼 환경이 아주 못마땅하다는 건데요. 과연 이런 여건에서 행복한 삶이 가능하겠느냐는 겁니다. 로열티가 없는 조직에서 죽을 때까지 산다는 건 생각만으로도 불행한 일이고요, 또 조직은 조직대로 구성원의 로열티조차 받지 못하면서 건강하고 미래지향적일 수 없을 겁니다. 결과적으로 자신도 손해, 조직도 엉망, 둘 다 망가지는 거지요.

물론 이런 의심을 할 수 있습니다. 로열티도 감정의 문제인데 마음만 다부지게 먹는다고 없는 로열티가 생기겠느냐고요. 아닙니다. 저는 그렇게 판단하지 않습니다. 없던 로열티도 만들어낼 수 있습니다. 근거는 이렇습니다.

우선 로열티는 수용하는 자세에서 생깁니다. 그러니 받아들이라는 겁니다. 대한민국 국민이고 우리 부모의 아들딸이며 지금 다니는 회사의 일원이란 것을 인정하라는 뜻입니다. 하루종일 크고 작은 조직과 부대끼면서 '여기는 내가 있을 곳이 아니고 나는 저 사람들과 다르다'라며 거리를 두는 건 참 어리석은 짓이라는 거지요.

수용하는 자세에는 두 가지가 있습니다. 순종과 복종. 별다를 게 없는 듯하지만 사실 결정적인 차이가 있습니다. 내 마음이 동의를 하느냐 하지 않았느냐의 차이입니다. 가령 '사장님이 나에게 일을 시켰다, 나는 그 일을 하기가 싫다, 그런데도 사장님이 시킨 일이니까 해야 한다, 그래서 했다.' 이건 복종입니다. 반면 '사장님이 나에게 일을 시켰다,

그 일을 해야 하는구나, 그래서 했다.' 이건 순종입니다.

여기까지만 해도 알아챘을 겁니다. 로열티에 필요한 건 '순종하는 수용성'입니다. 그런데 순종이 잘 안 되는 건 왜일까요. 충성에 대한 거부감 때문일 겁니다. "너 회사에 엄청 충성하더라"란 말끝에 투닥투닥 싸움박질을 벌이는 경우가 그것이겠지요. 정말 충성이란 게 그토록 지탄 받을 만큼 나쁜 거던가요. 불행의 시작은 도리어 이를 거부하는 데서부터 생기는데.

로열티도 만들어낼 수 있다는 생각의 근거로 삼은 두 번째, 로열티는 감사하는 마음에서 싹틉니다. 사람이 사는 일인데 밉고 섭섭한 게 왜 없겠습니까. 하지만 결국은 부모와 자식, 형제와 자매, 상사와 부하 혹은 동료끼리 고마워하는 마음을 품고 가야 합니다. 참 별것 아닌 그 고마움이 가족을, 회사를 단단하고 행복하게 만드니까요. 감사할 거리를 찾는 것도 중요합니다. '우리 아버지가 대기업 회장은 아니어도 나를 이만큼 성장시켰으니 감사하고' '연봉은 좀 마음에 들지 않지만 우리 회사가 나를 이만큼 생활하게 해주었으니 감사하다'처럼요.

그런데 말입니다. 혹시 덕분에 이제 로열티가 생길 거란 지레짐작에 방심하는 '윗분'들은 없겠지요. 로열티라는 게 아래에서 위로만 향한다고 믿는 건 착각이란 이야깁니다. 부모가 자식을 낳아놓고 '원수 같은 놈이 어째 내 속에서 나왔나'라며 한탄만 한다면, 사장이 직원을 뽑아놓고 '내 옆에는 어째 이리 멍청한 놈들뿐이냐'고 탄식만 한다면 어찌 되겠습니까? 로열티 없는 세상의 불행이 시작된 겁니다. 결론은 양방향입니다. 그렇게 양쪽을 향하다 보면 어느 순간 '누구를 위한 로열티보다 나 자신을 위한 로열티가 중요하겠구나'란 생각도 강해질 겁니다.

끝으로 하나만 덧붙일까요. 우리말 발음으로는 거의 구분이 되지 않지만 이제껏 제가 말한 로열티는 알파벳 'L'로 시작하는 로열티$_{loyalty}$였습니다. 사실 우리에게 더 친숙한 로열티는 알파벳 'R'로 시작하는 로열티$_{royalty}$지요. 남의 상표권이나 소유권·저작권을 사용하고 지불하는 사용료란 뜻의 단어 말입니다. 독자분들에게 로열티$_{royalty}$ 없이 로열티$_{loyalty}$만으로 전하는 덤입니다.

내 편이 아닌 일을 대하는 법

골프채에는 '못난이 삼총사'처럼 늘 붙어다니는 3종 세트가 있습니다. 그 3종 세트가 드라이버, 아이언, 퍼터인 건 다들 아실 테고요. 그렇다면 드라이버, 아이언, 퍼터의 한글 이름은 무엇일까요? 드라이버의 한글 이름은 '이상하네'입니다. 아이언은 '왜 이러지'고요, 퍼터는 '미치겠네'입니다.

우리가 직업으로 삼는 일은 정말 내 마음 같지 않습니다. 골프공이 제멋대로 튀듯 일은 내가 원하는 대로 되질 않지요. 뜻대로 안 되는 것뿐이겠습니까. 재미도 없습니다. 오죽하면 말이지요. 삼복더위에 땀 뻘뻘 흘리며 이리 뛰고 저리 뛰는 축구는 좋아들 하지만, 에어컨에서 찬 바람이 빵빵 나오는 사무실에 앉아 컴퓨터와 하는 일은 돌아버릴 지경이라면서요.

하지만 어쩌겠습니까. 일은 결국 해결해야 하는 것이고, 사는 동안 내내 해야 하는 건데요. 게다가 야속하게도 말입니다. 일은 우리에게 맞춰주는 법이 없습니다. 스트레스로 폭발해 머리에 연기가 피어올라도 꿈쩍도 하지 않습니다. 도대체 이 일을 어떻게 해야 할까요?

제가 한 가지 해결책을 제안하고자 합니다. '일은 원래 그런 것'이라고 해두는 겁니다. 원체 재미없고 힘들다는 걸 쿨하게 인정하는 거지요. '재미있다, 재미있다' 최면을 걸지 말고 아예 생각 자체를 바꾸는 겁니다. 그런 뒤에 '덜 재미없고' '덜 힘들게' 일하는 방식을 고민하는 게 훨씬 낫다는 이야기입니다.

그중 하나가 상대에게 나를 맞추는 것입니다. 내 기준만 우기지 말고요. 어렵게 말하면 '상황에 유연하고 현명하게 대처하라'는 뜻이지만, 쉽게 말하면 '제발 답답하게 굴지 말라'는 소리입니다.

우리가 사는 세상은 어느 누구를 특별히 배려하지 않습니다. 살아남기로 했으면 스스로 맞춰야 합니다. 사막에 가면 사막의 여건을 따르고, 정글에 가면 정글의 법칙을 따라야 살 수 있습니다. 사막이나 정글까지 가서도 '난 특별해'라며 버둥대봤자 힘들어지는 건 자기 자신입니다.

다른 하나는 스코어 말고 성취감으로 '과정을 즐기라'는 겁니다. 보통 일에 대한 평가라 할 땐 잣대가 이중적이기

일쑤입니다. 다른 사람이 나를 평가하는 것과 내가 나를 평가하는 게 다르다는 건데요. 예컨대 상사와 부하직원의 관계가 그렇지 않습니까. 상사는 결과를 따져야 하는 자리에 있고, 부하는 과정을 설명하고 싶은 자리에 있다는 거지요. 어차피 서로 닿으려야 닿을 수 없는 관계인 겁니다.

이럴 때 뭐가 최선이겠습니까. 누가 뭐라 하든 내가 행복할 수 있는 성취감을 만드는 겁니다. 가령 오늘 100점이란 목표를 정했는데 90점까지밖에 못 갔다고 칩시다. 설령 그 10점 때문에 막대한 손해가 나더라도 90점까지 가는 동안 즐거웠으면 그걸로 '한 건' 한 겁니다.

이런 우스갯소리를 들었습니다. 사람들의 부러움을 한 몸에 받는 '세 가지 직업'에 관해서인데요. '선거 안 하는 국회의원' '강의 안 하는 교수' '기사 안 쓰는 기자'랍니다. 한 번 웃어넘기면 그만이지만 왠지 좀 씁쓸하지 않습니까. 국회의원과 교수와 기자의 주요한 일이란 게 각각 선거이고 강의이고 기사인데 그 일을 안 한다고요? 안 하는 거야 그들 마음이지만 결국 자신들의 존재 이유까지 없애는 것일 텐데요.

그러니 재미없고 힘들기만 한 일도 순순히 받아들일 필요가 있습니다. 성질부려봤자 자신만 손해인 거고요, 화낼 필요도 없고 서운해할 필요도 없습니다. 현실의 국회의원은 매번 선거 때문에 천당과 지옥을 오간답니다. 교수도 학기마다 돌아오는 평가가 괴롭다고 하고요. 매일 마감시간에 쫓겨 따박따박 기사를 써야 하는 기자도 죽을 맛이라네요.

그 누구도 일에서는 자유롭지 않습니다. 결국 내가 행복하고 우리가 즐거울 수 있는 길 찾기가 험난해서라고 해두지요. 그러니 "이상하네, 왜 이러지, 미치겠네"를 연발해놓고도 3종 세트를 메고 또 골프장으로 향하는 거 아닙니까.

평형수

어느 배에든 '평형수平衡水'라는 걸 채웁니다. 평형수는 운항 중에 배의 무게중심을 잡으려 저장하는 바닷물을 말합니다. 배의 아랫부분에 넣기도 하고 좌우에 설치한 탱크에 채우기도 합니다. 물에 둥둥 뜨는 작은 고기잡이배는 예외로 하고요. 사람도 태우고 짐도 싣고 차도 올리는, 규모가 좀 되는 선박에만 이 평형수를 채웁니다. 그래서 평형수를 '선박평형수'라고도 하는 모양입니다.

배에 평형수가 필요한 건 단 한 가지 이유 때문입니다. '안정성'을 높이려는 거지요. 파도에 휩쓸려 이리 기우뚱, 저리 기우뚱하더라도 배가 중심을 잡게 해주는 역할이니까요. 수평을 맞추려면 배 안에는 반드시 평형수가 있어야 합니다. 오뚝이의 원리라고 할까요. 사실 '경제성'과는 상반

된 장치입니다. 돈이 되는 공간은 아니란 뜻입니다. 화물을 실어도 모자랄 한정된 공간을 떡하니 바닷물이 차지하고 있으니까요.

하지만 안정성은 나 몰라라 하고 경제성만 챙기다간 돌이킬 수 없는 대형사고가 일어나기도 합니다. 세월호가 그랬던 것처럼요. 세월호가 전복된 결정적인 이유가 화물을 더 실으려고 평형수를 덜 넣은 것, 그래서 배의 복원능력이 사라진 탓이라고 하지 않습니까.

평형수의 중요성을 실감하며 문득 든 생각이 있습니다. '과연 균형을 잡아야 하는 것이 물 위에 뜨는 배뿐일까. 중심을 잡는 일은 사람이나 기업에서도 대단히 중요한데.'

맞습니다. 사람에게도 기업에게도 평형수라는 게 있어야겠다 싶습니다. 누구나 어려운 일을 당할 수 있으니까요. 뜻하지 않은 위기와 시련을 맞아 이리 기우뚱, 저리 기우뚱할 수 있으니까요. 그때마다 넘어가거나 뒤집히지 않게 균형을 잡아주는 물이 꼭 필요할 테니까요.

그렇다면 사람과 기업은 평형수를 어떻게 채울 수 있을까요. 사람의 배에, 기업의 건물에 물을 잔뜩 넣어둘 순 없는 노릇이고요. 아마도 평형수를 대체할 만한 게 필요할 겁니다. 제가 생각할 땐 이런 게 아닐까 싶습니다. 사람의 품격이나 가치관, 기업의 사명이나 미래비전 말입니다. 이들에는 공통점이 있는데요. 우직한 기본기와 단단한 철학, 바로 '평정심'입니다.

그런데 평정심이 그냥 생길 리 없지 않습니까. 사람이든 기업이든 흔들리는 상황 속에 스스로 중심을 잡으려는 노력이 필요합니다. 감정이 널뛰기하면 실행력이 가벼워지고 가벼운 실행력으로는 복잡한 형편을 감당할 수 없습니다. 조그만 변화에도 이리저리 왔다 갔다 '부화뇌동'하면 결국 일을 그르칩니다. 때론 아니 자주, 진득하게 상황을 지켜보는 고지식함이 긴요하다는 말입니다.

사는 일에는 크고 작은 어려움이 따르게 마련이지요. 그러니 인생을 잘사는 방법은 난관에 빠지지 않으려고 용쓰는 게 아니라 난관에서 잘 빠져나오는 겁니다. 기업이라고 다르겠습니까. 크고 작은 위기와 사건·사고가 줄줄이 이어지는데, 요리조리 피해 다니는 데에는 한계가 있겠지요. 차라리 슬기롭게 극복하는 편이 현명합니다.

어떤 일에서든 원칙을 지키는 것입니다. 개인의 사사로운 이익보다 대의를 생각하는 것이고요. 어떤 유혹이 속삭여도 올바른 방향을 향한 키를 붙잡고 있는 겁니다. 이렇게만 해낸다면 설사 거센 풍랑에 한쪽으로 쏠린다 해도 즉각 원상태로 되돌아올 수 있습니다. 공자의 손자인 자사$_{子思}$가 썼다는 《중용$_{中庸}$》에서 말하는 '평정심'이 결국 이런 게 아닐까요.

"난리법석 떨지 말고 세상을 좀 진중하게 봐라. 졸싹대며

왔다 갔다도 하지 말고. 제발 좀!"

'우리'라는 배에는 매일 파도가 칩니다. 맞서 싸운다고 승산이 있는 것도 아닙니다. 그저 버텨낼 뿐이지요. 그러니 흥분할 필요가 없습니다. 경거망동하다간 거센 물결에 휩쓸리기 십상입니다. 차라리 이 파도가 무슨 의미인지를 곰곰이 생각해보는 편이 낫습니다. 평형수의 역할이 바로 그겁니다. 지금 벌어진 일의 본질을 되새기며 애써 돌아가게 하는 평정심.

평형수의 진짜 가치는 위기 상황에서 판가름이 납니다. 사람이든 기업이든 위기를 맞으면 진면목이 드러난다고 하지 않습니까. 평소에 숨겨놨던 바닥은 일이 터졌을 때 뒤집어 보이기 마련입니다. 방법이요? 평형수를 채워두는 겁니다. 눈앞의 작은 이익을 탐하다가 큰 손해를 보는 '소탐대실'의 어리석음을 아예 틀어막는 겁니다. 우리가 탄 배가 덜컥 침몰하는 일이 없도록 말입니다.

보고하지 말고 공유합시다

회사생활을 하면서 가장 많이 하는 일이지만 가장 하기 싫은 일은 아마 '보고'일 겁니다. 사실 보고는 직장인이라면 누구나 해야 하는 '의무방어전' 같은 겁니다. 가장 윗자리에 있는 단 한 사람을 제외하고 말입니다.

보통 회사조직을 피라미드형이라고 할 때 그 내부는 보고란 그물로 촘촘히 엮여 있습니다. 어디 한 군데 구멍이 나면 당장 업무 진행에 차질이 생깁니다. 잡은 물고기를 놓칠 수도 있고요, 위쪽으로 타고 올라가는 채널이 끊길 수도 있습니다.

그런데 이 보고는 왜 그렇게 하기가 싫은 걸까요. 자신이 한 일에 대한 결과를 상대에게 알리는 일이라면 신날 만도 한데 말이지요. '가장 윗자리에 있는 단 한 사람'의 자격으로 관찰해보았습니다.

　보고서를 쓰는 일 자체가 싫은 건 아닌 듯합니다. 누가 시키지 않아도 적극적으로 나서서 '쓰고 올리는' 일을 하기도 하지 않습니까. 페이스북, 유튜브, 인스타그램 등 SNS 활동이 그중 하나겠지요. 쓰고 나면 그만인가요? 아닙니다. 반응도 신중하게 기다립니다. '좋아요'가 얼마나 되는지, 댓글은 어떻게 달렸는지, 누가 특히 관심을 갖는지, 혹시 결과가 신통치 않다면 뭐가 문제인지 정밀한 분석까지 내놓습니다.

　보고서를 쓰는 일은 끔찍이 싫은데 SNS에 쓰는 일은 즐겁다? 제 생각은 이렇습니다. 이유는 이 둘의 소통방식이 다르기 때문일 거라고요. 하나는 '보고'라는 형식이고 다른 하나는 '공유'라는 형식인데 둘 사이에 특별한 차이가 있는 겁니다. 내가 한 행위나 일에 대한 이야기를 털어놓는 본질은 똑같지만, 어떤 것은 죽자고 하기 싫은 회사 일이 되고 어떤 것은 재미있는 놀이가 되는 것 아닙니까.

　그렇다면 일도 놀이가 되는 해결책이 있을까요? 의외로 쉬운 데서 찾을 수 있을 듯합니다. 어차피 해야 할 일을 좀 덜 힘들게 하는 방법은 회사 일을 놀이처럼 하는 겁니다. 바로 '보고하지 말고 공유하는 것'입니다.

　한번 곰곰이 따져봅시다. 회사에서 이루어지는 '보고'란 행위는 말이 보고지 통보나 다름이 없습니다. '보고라 쓰고

통보라 읽는' 거지요. 누군가가 어떤 일에 대해 행동하거나 결정한 일의 결과를 상사에게 일방적으로 전달하는 거니까요. "이렇게 처리하겠습니다!" "이렇게 분석했습니다!" "이렇게 결과가 나왔습니다!" 등 보고는 대부분 이미 다 끝난 사안을 통보하고 통보받는 겁니다. 사실 이런 과정은 보고하는 사람만큼이나 보고받는 사람도 그리 유쾌한 일이 아닙니다.

그에 반해서 공유는 어떤가요. 일의 시작, 진행, 결과는 물론이고 좋았던 일, 나빴던 일까지 시시콜콜하게 서로 나누는 과정이 아닙니까. "이렇게 하려고 합니다" "이것이 좋을까요, 저것이 좋을까요" "당신이라면 어찌하겠습니까" 등으로 상대의 생각을 묻고 상대의 판단을 기다립니다. 의견을 나누자고, 또 같이하자고 제안해주니 언짢은 일이 생길 수가 없는 겁니다.

흔히 우리가 하는 수많은 회사 일 가운데 문제가 생기는 경우는 중간 과정에 대한 소통이 누락되었을 때입니다. 담당자란 사람이 착오를 일으킨 것을 그대로 추진하거나 전달하고 의논해야 하는 과정을 생략했을 때 문제가 생깁니다. 모든 상황이 종료된 다음에 비로소 다른 사람이 알게 되는 경우가 태반이지요. 하지만 그때는 이미 손을 쓸 수 없는 단계입니다.

이쯤 되면 서로 답답한 일이 아닐 수 없습니다. '회사會社'

란 게 뭡니까. '여러 사람이 모여 함께 이루고자 하는 뜻을 함께 이뤄내는 곳'입니다. 그런 곳에 모인 사람들이 각자 알아서 생각한 대로 일하고, 각자 알아서 결과를 만들고, 각자 알아서 통보를 한다고요? 그렇다면 그건 이미 회사가 아닙니다. 본질은 실종되고 장점도 사라져버린, 그냥 이상한 개인사업자의 모임이 되어버린 겁니다.

    회사에서 '나의 일'은 없습니다. 회사 일은 '우리의 일'입니다. 좋은 결과든 나쁜 결과든 모두의 것으로 같이 나누는 과정이 필요합니다. 경영이란 건 맞고 틀림을 찾는 게 아니니까요. 좋은 것을 더 좋게, 나쁜 것은 덜 나쁘게 만들어가는 조율이니까요. 그러니 이제부터 보고하지 말고 공유합시다. 결말을 열어두고 상대의 의견을 물어주면 없던 배려도 생기는 법입니다. 그리고 결정적으로 상사보다는 '페친'이 훨씬 더 편하지 않습니까.

책임과 의무만으론
관계가 유지되지 않습니다

가족사 임원들과 회의를 하던 중이었습니다. 제가 갑자기 이런 질문을 했지요. "만약 우리 고객과 회사의 관계를 남녀 사이에 빗댄다면 이 관계는 결혼한 사이인 것 같습니까, 한참 연애 중인 사이인 것 같습니까?"

임원들이 머리를 갸우뚱거리며 한동안 고민하는 듯하더니 드디어 답을 냈습니다. "결혼한 상태는 아닌 것 같고요, 아무래도 연애하는 사이로 봐야 할 것 같습니다." 이유는 이랬습니다. "결혼이란 건 법적으로 묶인 관계가 아닙니까. 인간관계도 뭉쳐 있고, 재산권도 공동이고요. 아무래도 우리 고객과 회사의 관계를 혼인관계로 보기는 어렵겠네요."

이어 거래가 이뤄지고 있는 이상 완전 남남이라고 할 수도 없을 거라 했습니다. 지금 서로를 필요로 하는 상황인 것은 맞다는 거지요. 그러니 '고객과 회사는 연애 중'이라고 가정할 수 있다는 겁니다.

썩 그럴듯하지 않습니까. 여기까진 좋습니다. 그런데 서로 '연애 중'인 지금부터 관계에 문제가 생길 소지가 있다는 것을 임원들은 과연 알아챘을까요. 연애하는 데는 '필요충분조건'이란 것이 있습니다. 연인이라면 이 연애를 지속하고 나아가 더 좋은 관계로 발전시키는 데 반드시 따라줘야 하는 '작업' 혹은 '조건'을 수행해야 한다는 거지요. 사랑하는 마음을 온전히 표현할 수 있는 행동 말입니다.

아니라고요? 마음만 있으면 된다고요? 이 무슨 연애 생초보 같은 발언입니까. 조선시대 연인들도 연애를 할 땐 증표라는 걸 주고받기도 했는데요. 둘이 만나 밥 먹고, 영화 보고, 또 서로에 대한 신의를 지키기 위해 '다른 이성 보기를 돌같이!' 한다고만 해서 관계가 영원히 지속되지는 않을 것이란 이야깁니다.

더 심하게 말해볼까요? 아무리 결혼한 사이라도 말이지요. 각자의 책임과 의무를 다했다고 그 혼인 관계가 영원히 평화롭게 유지되리라 장담할 수가 없다는 겁니다. 혹여 그 사이에 누군가가 파고들어 책임과 의무보다 더 강력한 무기인 감정으로 상대를 공략해버린다면 말입니다.

우리는 보통 '상대에게 최선을 다한다'란 뜻으로 "책임과 의무를 다하겠습니다"란 말을 즐겨 합니다. 그런데 말이지요. 세상은 그리 너그럽지만은 않습니다. 상대와 관계를 단단히 하고 싶다면, 꾸준하게 좋은 관계를 유지하고 싶다면 책임과 의무만으론 부족하다는 말입니다. 다시 말해 '플러스알파'가 있어야 한다는 거지요. 플러스알파는 때론 깜짝 이벤트일 수도, 서프라이즈 선물일 수도 있습니다. 때론 다정한 말 한마디일 수도 있고요.

사람과 사람이 부대끼며 사는 모습이 이렇듯, 기업과 고객과의 관계도 별반 다르지 않습니다. 책임과 의무를 다한 것만으로, 바꿔 말해 서로 지켜야 하는 계약의무를 충족시켰다고 해서 그 관계가 지속되고 발전하는 것은 사실상 불가능합니다. 그런데 우리는 늘 그것을 잊고 삽니다. "내가 해야 할 책임과 의무를 다했으니 이젠 당신 차례"라고 상대에게 원하는 일을 해달라고 조르지요. 얼마간은 조르는 대로 받아들여질 수도 있습니다. 하지만 이내 끝을 보게 되어 있습니다.

세상에는 그 책임과 의무를 대신 떠맡겠다는 경쟁자가 무궁무진하기 때문입니다. 이른바 '공급초과 현상'이 나타난다는 소립니다. 상대가 사람이면 더 멋지고 예쁜 대상으로 나타날 수도 있고요, 상대가 고객이면 나에게 더 많은 이익을 줄 수 있는 조건으로 나타날 수도 있습니다. 시간이 흐르면 흐를수록 경쟁자가 자꾸 늘어나지요. 상황이 이렇다면 이제 우리가 어떤 처신과 행동을 해야 할지 알 수 있을 겁니다.

　세상살이가 참 녹록지 않지요. 내가 원하는 관계를 유지하기 위해 습관처럼 말하는 "책임과 의무!"는 속된 말로 '채찍'일 뿐이고요, 현실에선 사람을 또는 고객을 움직일 그 이상의 '당근'을 늘 주머니에 넣고 다녀야 하는 겁니다. 다시 말해 책임과 의무 이상으로 상대방이 나를 선택할 수 있는 그 무엇인가가 필요하다는 겁니다. 거기에 더해 상대에게 끊임없이 그 무엇인가를 제공하기 위한 노력 역시 필요하고요. 그렇지 않으면 결국 내가 먼저 도태될 수밖에 없는 것이 세상 이치니까요.

　참 고달픈 일이지만 어쩌겠습니까. 그렇다고 투덜댈 일만도 아닙니다. 세상은 또 의외로 공평하거든요. 당신도 누군가에게는 고객이 되니까요.

　그럼에도 양심적으로 변명 한 줄은 붙이고 넘어가야 할 듯합니다. 글은 이렇게 과감하게 쓰고 있지만, 집에서 이를 지키기는 참 어렵더라, 이겁니다.

당신의 회사는 어떻게 생겼나요

 기회가 생길 때마다 직원들에게 종종 던지는 질문이 있습니다. "당신이 다니는 회사는 어떻게 생겼습니까?"입니다. 질문을 받은 직원들의 반응은 대부분 비슷합니다. 반은 당황하고, 반은 황당해합니다.
 모르긴 몰라도 아마 직원들의 머릿속은 이렇게 꼬여 있을 겁니다. '회장님이나 저나 다 아는 걸 왜 물으시나요.' '무엇이 궁금하신지 솔직히 질문의 의도를 잘 모르겠습니다.'
 가뜩이나 어려운 회장과의 자리인데 질문을 연거푸 하는 데다가 전혀 예측할 수 없는 답안까지 내놓으라니, 당황과 황당이 물밀듯 밀려들 수밖에요.
 그걸 잘 알면서도 제가 이렇게 묻는 데에는 이유가 있습니다. 회사를 다니는 직장인이라면 늘 스스로 물어보고 답을 찾아야 할 가장 근본적인 문제에 대해 인식조차 못하는 건 아닌가 싶어서입니다. 회사를 생각하고 회사에 대해 판단해온 기준을 바꿔보라는 거지요.

말이 난 김에 우리가 늘 쓰는 용어인 '개인'과 '법인'을 한 번 따져볼까요. 다들 아는 것처럼 '개인'은 세상의 모든 어머니와 아버지가 만든 한 사람, 한 사람을 말합니다. 그 개인이 모여 이윤이나 영리를 추구할 목적으로 만든 회사나 단체를 '법인'이라 하고요. 법인이라면 뭔가 거창한 느낌이지만 풀어보면 별것이 아닙니다. '법이 만든 인간[法人]들이 의기투합한 조직'이란 뜻이니까요.

여기까지는 간단합니다. 문제는 다른 데 있지요. 법인의 정의 말고요, 법인의 본질, 법인의 실체가 뭔지를 아느냐는 겁니다. 다시 말해 우리가 매일 꼬박꼬박 출근하고 퇴근하는 회사의 정체가 과연 무엇인지 생각을 한 번이라도 해봤느냐는 거지요.

회사라는 게 참 희한합니다. 개인의 생각을 모으고 개인의 목적으로 세웠음에도 정작 개인은 없다는 겁니다. 회사에 입사하는 순간 그 개인들은 바로 그 회사가 되지요.

이런 예라면 설명이 될까요. KG 가족사의 한 직원이 시내 한복판에서 술에 취해 고래고래 소리를 지르고 난동을 부렸다고 칩시다. 이 사건을 본 사람들이 한마디씩 하겠지요. "대낮에 뭐 저런 인간이 다 있냐." 그러곤 이렇게 넘어갑니다. "생긴 건 멀쩡해 보이는데 어디서 뭐 하는 놈이지?" 사람들에게 고성방가는 그것만으로도 구경거리지만 사실 관심은 '저 사람이 누구냐'에 쏠리게 되어 있습니다. 거기에 "KG 직원이라더라"라면 이건 '누구냐'를 훌쩍 뛰어넘는 차원이 됩니다. 사고는 개인이 쳤습니다만 잘못은 KG그룹이 한 게 된다는 뜻입니다.

또 이런 경우도 생각해볼 만하지요. 일반적으로 사람들은 회사에 대한 불만을 털어놓을 때 '회사가 어쩌고저쩌고' 합니다. 마치 자신의 회사를 생판 남인 양 3인칭 취급을 하는 겁니다. 그러다가도 뭔가 자랑하고 싶을 땐 "우리 회사는 말이야" 하며 순식간에 2인칭으로 바꿔 말합니다.

어떤 사정이 있든 간에 직원 개개인은 편의에 따라 자신을 회사에 넣었다 뺐다 할 수 없습니다. 왜냐고요? 직원의 생각, 직원의 행동이 곧 회사이기 때문입니다. 회사에 소속되어 있는 동안에는, 적어도 사표를 쓰기 전까지 직원은 회사 그 자체입니다. 개인이 곧 법인이란 이야기입니다. 다만 혼자가 아닌 여럿일 뿐이고요. 그러니 직원인 개인이 회사를 욕하면 '누워서 침 뱉기'가 되는 겁니다.

당황과 황당을 불러왔던 처음 그 질문을 다시 던져볼까요. "당신이 다니는 회사는 어떻게 생겼습니까?" 그렇지요. 딱 당신처럼 생겼습니다.

배수의 진을 치지 마세요

조선 임진왜란 때 일입니다. 신립 장군이 충주 탄금대에서 강을 등지고 왜군과 결사 항전으로 전투를 벌였습니다. 그 유명한 '신립 장군의 배수의 진'입니다. 하지만 전투는 대패하고 전쟁사에 치욕으로 기록되었습니다. 아군을 몰살시켰고 한양을 빼앗겼으며 왕은 궁궐을 버리고 도망을 쳐야 하는 상황까지 만들었지요. 왜군이 물밀듯 북상하며 쏟아붓는 조총 사격에 작전이 어긋났던 탓입니다. 결국 신립 장군은 부하장수와 함께 강물에 투신, 자결했습니다.

우리가 보통 굳은 결심으로 어떤 일에 착수할 때 이런 말을 자주 합니다. "배수의 진을 치고 이번 일을 기필코 이뤄내겠습니다!" 그런데 정말 괜찮을까요? 저는 그런 자세가 별로 바람직하지 않다고 생각합니다. 아니, 어리석다고

까지 생각합니다. 세상사 어느 것 하나도 내 의지와 내 성질대로 풀리는 건 없습니다. 그럼에도 '배수진을 친다'고 하면 "딱 이번 일만 하고 더 이상 아무것도 하지 않을 거야"와 별다를 게 없는 것처럼 들리기 때문입니다.

물론 죽을 각오로 맞서 싸운다는 결사 항전의 뜻을 깎아내리는 건 아닙니다. 전 그저 세상이 그리 만만치 않다는 말을 하고 싶은 겁니다. 자신이 굳은 결심만 하면 세상 모든 일이 '내 뜻대로 될 것이다' 하는 건 어찌 보면 교만이고 자만이지 않겠느냐는 거지요. 신립 장군의 어설픈 각오로 인해 수천 명의 군사와 양민의 목숨이 강물에 떠내려갔고 나라는 풍전등화의 처지가 되었으니까요.

정말 신립 장군의 해결책이 더 이상 물러설 수 없다는 '배수진'밖에 없었을까요. 역사에 만약이란 가정은 있을 수 없지만 말입니다. 만약 그 전투에서 '다른 대안'을 만들었더라면 어찌 되었을까요. 비록 전투에선 지더라도 임진왜란은 다른 양상으로 전개될 수도 있었을 겁니다. 아무도 모르는 일이지요.

이 일을 뼈저린 역사의 교훈으로 삼는다면 아마 우린 이런 점검을 할 수 있을 겁니다. '과연 나는 지금 어떤 심정과 자세로 일을 대하고 있나.'

물론 아무 의지도, 도전도, 결심도 없는 태도는 큰 문제일 수 있습니다. 하지만 허술하기 짝이 없는 굳은 결심, 낙관적이기만 한 상황 판단은 문제를 넘어 더 큰 위험까지 초래할 수 있습니다. 어떤 경우에는 차라리 도전정신이나 결심이 없는 편이 낫다는 겁니다. 진짜 죽이고 살리는 피해까지 만들어내는 것보다는 말이지요. 이런 제 생각에 아마 볼멘소리가 터져 나올 수도 있을 겁니다. "도대체 어쩌라는 말입니까? 일 한번 제대로 해보겠다는데 결의에 찬 파이팅도 말아라, 낙관적인 으샤으샤도 말아라 하면."

제가 하고 싶은 말은 이겁니다. 도전정신도 좋고 굳은 결의도 좋고 파이팅, 으샤으샤도 좋지만 중요한 전제 하나는 놓치지 말라는 겁니다. '플랜B'입니다. 어떤 일이든 그것이 안 될 수도 있다는 가정 아래 플랜B는 항상 가지고 있어야 한다는 거지요. 플랜B도 없이 무작정 배수진을 치겠다고 덤비는 것은, 앞뒤 분간 못 하는 '무모한 용기', 구성원을 배려하지 않는 '무책임', 차선책은 만들어두지 않은 '게으름'이란 겁니다.

어떤 일을 진행할 때 계획처럼 '될 확률'과 계획처럼 '되지 않을 확률' 중 어느 쪽이 더 높을 것 같습니까. 저는 단언컨대 '되지 않을 확률'이 높다고 생각합니다. 가령 대입 준비를 하는 수십만 명이 명문대에 갈 거란 목표를 세우고, 사업을 하는 수십만 명이 부자가 될 거라며 작전을 짭니다. 결과는 어떤가요. 명문대에는 몇 명이 가고 부자는 몇 명이 되던가요. 그런데 계획대로 풀리지 않는다고 '나 죽는다' 해버리면 과연 세상에 살아남을 사람이 몇이나 되겠습니까.

너무 비장하게 몰고 갔나요. 좀 더 말랑한 버전으로 바꿔 말하면 이렇습니다. "살면서 빠져나갈 수 있는 구멍은 만들어둬야 한다." 그 시작은 바로 플랜A가 실패할 수도 있다는 '합리적 의심'을 하는 일입니다. 옛말에 '옆집 처녀 믿다가 장가 못 간다'는 말이 있지요. 노총각 신세를 면하려면 오매불망 옆집 처녀만 바라보는 플랜A만 밀어붙이지 말라는 이야깁니다. 앞집 처녀든 뒷집 처녀든 플랜B를 만드는 것이 현명합니다. 무지막지하게 밀어붙이는 행동은 절대로 자랑할 일이 아닙니다. 차선책 없는 배수진은 장가도 못 갈 먹쇠나 밤쇠가 쓰는 전략이니까요.

비난받을 용기

코로나19를 겪으면서 깨달은 게 있습니다. 몇몇 국가의 지도자가 잘못된 처신으로 위기 상황을 해결하긴 고사하고 사태를 키운 일이 벌어졌지요. 자신들의 정치적 유익에 따라 상황을 축소하거나 낙관으로 대처하다가 뒤늦게 더 큰 혼란을 부르고 많은 인명을 잃었던 겁니다.

비단 '코로나19'가 아니더라도 이런 일은 왕왕 있습니다. 국가의 지도자나 기업의 리더가 국민이나 임직원에게 지탄받을 걱정에 제대로 판단하지 못하는 경우 말입니다. 그런데 그 그릇된 결정이 문제를 풀기는커녕 더 큰 피해를 만들기도 합니다.

사실 '상황을 줄이고 감추고' 하는 일이 어디 리더의 세계뿐이겠습니까. 사람 사는 곳이라면 어디서나 벌어지는 일입니다. 회사에서는 직원이 윗사람에게서 꾸중을 들을까 봐 자신의 잘못이나 실수를 속이고 줄여 도리어 일을 망치기도 합니다. 가정에서는 남편이나 아내가 서로에게 욕을 먹을까 봐 '은폐와 축소'를 꾸미다가 더 큰 싸움을 부르기도 하지요.

리더든 직원이든 남편이든 아내든 제가 생각할 때 이 모든 문제를 만든 근본적인 이유는 누군가로부터 받을 비난에 대한 두려움이 앞서서가 아닌가 싶습니다. 바로 '비난받을 용기'가 없어섭니다.

사람은 누구나 실수를 할 수 있고 잘못 판단할 수 있습니다. 사람은 누구나 본능적으로 타인의 비난에 대한 두려움이 있습니다. 그런데 대처하는 방식이 말입니다. 일단 피하고 보자며 거짓된 행동과 거짓된 말로 무마하려고만 든다면 어떤 결과가 빚어질 것 같습니까. 그로 인해 자신과 조직에 더 나쁜 영향을 끼치는 일이 대부분입니다. 저는 그것이 '비난받을 용기'가 없어서 발생하는 참사라고 생각합니다. 그저 욕을 먹을까 봐 비난의 화살을 맞을까 봐 국정을 운영하면서 또 기업을 경영하면서 판단, 결정, 시행을 미뤄버린다면 세상은 어찌 되겠습니까. 나라든 회사든 어지러워질 게 뻔하지 않습니까.

아주 오래된 이야기 한 토막을 해볼까요. 모세가 이스라엘 백성을 이끌고 애굽(지금의 이집트)을 탈출해 가나안(지금의 시리아·팔레스타인) 땅으로 들어가던 때의 일입니다. 어느 날 모세가 허허벌판에서 하나님의 명령을 듣게 됩니다. "네 백성을 이끌고 애굽을 탈출해 가나안으로 가거라." 그 지엄한 지시에 모세의 대답은 이랬습니다. "싫어요!"

이해는 됩니다. 한두 명도 아니고 그 많은 백성을 통솔해 먼 길을 떠나는 일이 어디 말처럼 쉽겠습니까. 하지만 반항도 잠시, 모세는 이내 항복하고 명령에 따르기로 합니다. 이스라엘 백성을 다 이끌고 애굽을 빠져나왔던 거지요. 예상대로 가는 길마다 사건·사고는 계속 터집니다. 애굽에서 그들을 쫓는 무리가 달려들고, 백성들이 죽고 다치는 일이 끊임없이 생겼습니다. 그때마다 모세는 후회했지요. '왜 내가 쓸데없이 덥석 이 일을 한다고 했을까. 리더 같은 건 그냥 때려치우겠다고 할걸.'

그렇게 모세가 머리를 쥐어뜯고 있을 때 다시 하나님의 목소리가 들렸습니다. "네가 리더의 세 가지 자격을 아느냐." 그러곤 친절하게 답까지 일러주었습니다. "첫째, 리더는 내가 하는 일이 옳은 일이란 굳건한 믿음을 가져야 한다. 둘째, 리더는 내가 책임지고 있는 구성원의 생명과 재산을 보호하겠다는 간절한 다짐이 있어야 하고, 셋째, 리더는 이 일을 수행하면서 내 구성원에게 비난을 받을 수 있다는 용기를 가져야 한다."

다들 아는 것처럼 《구약성경》에서 전하는 이야기입니다.

어려운 성경 구절을 지금 우리가 쓰는 요샛말로 쉽게 풀어본 것인데요. 어떤가요. 이미 수천 년 전에도 리더의 자격은 대단히 까다롭지 않습니까. 지금이나 별반 다르지 않지요.

결론적으로 세 가지 조건 중 하나라도 빠지면 '리더로서는 꽝'이란 게 핵심일 텐데요. 제가 볼 때 첫 번째와 두 번째 조건은 '무늬만 리더'라도 얼마만큼은 충족시키는 듯합니다. 하지만 세 번째 조건인 '비난받을 용기'는 그렇지 않습니다.

사업을 하면서 저는 어떤 일을 처리할 때 '이 일로 비난받을 수 있다'란 전제를 반드시 해둡니다. 그 결정이 옳다고 확신을 하는데도 말이지요. 실제로 그 '옳은 일' 때문에 비난을 받기도 했고요. 그럼에도 '비난받을 용기'를 버리진 않았던 것 같습니다. 설령 비난을 받더라도 내가 하는 일이 맞다고 생각한다면, 무소의 뿔처럼 묵묵히 나아가야 한다고 믿었기 때문이지요.

'비난받을 용기'가 윗사람에게만 적용되는 것도 아닙니다. 위아래 가릴 것 없이 누구에게나 해당됩니다. 무소까지는 아니더라도 자신이 하는 일이 옳다고 생각한다면 '비난받을 용기'쯤은 감수해야 한다는 거지요. 비난을 받는 건 어렵고 두렵지만 그렇다고 겁부터 먹고 움츠러들면 그보다 더 큰 화가 벌어지는 것은 물론, 자신은 자신대로 망가지고 조직은 조직대로 어그러지게 되니까요.

모든 것을 완벽하게 해낼 수는 없습니다. 그러니 미리 깔아두어야 할 장치가 필요합니다. 어떤 일을 실행할 때 부작용이 있을 수 있다, 실수를 할 수도 있다고 인정하는 것 말입니다. 바로 '비난받을 용기'를 북돋우는 거지요. 구체적으로는 이렇게 정리해볼 수 있을 겁니다. 비난을 걱정해 내일을 피하지 말 것, 비난이 두렵다고 그 일을 숨기거나 거짓으로 넘기려 하지 말 것, 그 일로 인한 사람들의 비난에 분노하지 말 것.

　이 모두를 다 갖춘다면 이보다 더 편안한 삶은 없을 듯한데요. 맞습니다. '비난받을 용기'는 바로 나를 자유인으로 만드는 길입니다.

리더의 역할

세상 모든 사람과 편안한 관계로 행복하게 사는 일이 가능할까요. 글쎄요. 쉽지는 않겠지요. 누구에게나 불편한 사람은 있게 마련이고 그 이유도 천차만별일 테니까요. 그중 특히 '필연적으로' 편하지 않은 사람이 있다면 아마 이 둘은 빠지지 않을 겁니다. 며느리에게는 시어머니, 회사직원에게는 상사.

저 역시 그랬습니다. 며느리 입장은 자격 미달이라 경험하지 못했지만, 직장 초년병 시절 저에게도 상사는 결코 편하지 않은 상대였습니다. 솔직히 마음에 들지 않는 상사가 많았습니다. 지금이야 상황이 바뀌어 제가 상사 역할을 하고 있지만요. 제가 우리 직원들에게 얼마나 불편한 상사인지는 잘 모르겠습니다.

말이 난 김에 '상사'에 대해 짚어봅시다. 상사는 다른 말로 '리더'라고 할 수 있을 겁니다. "조직이나 단체에서 전체를 이끌어가는 위치에 있는 사람 혹은 지도자." 굳이 사전에서 이렇게 풀이하지 않아도 리더의 위치는 실로 막중합니다. 조직원들이 가타부타 토를 달 수 없고 무한한 신뢰와 존경을 보내도 모자랄 만큼 말이지요. 그런데 그 리더가 왜 늘 불편한 사람이고 '마음에 안 드는 인물' 랭킹 1·2위를 다투는 걸까요.

우리에게는 참 많은 리더가 있습니다. 크게는 국가지도자인 대통령부터 작게는 기업 대표, 더 작게는 기업 임원, 더더욱 작게는 부하직원을 둔 부장·팀장 등이 있지요. 굳이 기업이 아니어도 모임이나 단체를 이끄는 대표라면 리더라고 할 겁니다.

이처럼 어디를 가나 리더가 있고 그 어디에 따라 리더가 해야 할 일도 천차만별입니다. 하지만 한 가지, 어디에서도 흔들리지 않는 조건이 있지요. 리더의 '올바른 역할'이란 것 말입니다. 국가의 리더든 기업의 리더든 모임의 리더든, 리더라면 반드시 지켜야 할 역할은 같아야 한다는 게 제 생각입니다.

곰곰이 따져보니 세 가지 정도로 정리가 될 듯합니다. 첫째는 방향성을 제시하는 일, 둘째는 합리적으로 조율하고 지원하는 일, 셋째는 관찰과 관심을 놓지 않는 일.

처음으로 꼽은 '방향성 제시'라 하면 조직의 구성원에게 우리가 무엇을 해야 하고 왜 해야 하는지를 분명하게 내보이는 것을 의미합니다. 사람은 대부분 제멋대로 생각하고 판단합니다. 어떤 상황이 생겼을 때나 그것이 급박한 사안일수록 본능적으로 자기 기준이 먼저 튀어나오게 되어 있다는 소립니다.

뭐 개인사에서야 그럴 수 있습니다. 하지만 조직의 일에서 이런 각자의 생각과 판단은 문제를 키우고 더 복잡하게 만듭니다. 그래서 리더가 필요한 겁니다. 이리저리 튀어 나가는 이 사람의 생각, 저 사람의 판단을 하나로 모아야 한다는 겁니다.

두 번째인 '합리적 조율과 지원'은 시간이 갈수록 점점 중요해지는 리더의 요건이 아닐까 합니다. 리더는 대다수가 날카로운 지시와 철저한 관리를 막대한 역할로 여깁니다. 그래서 늘 하는 말이 있지요. "내가 경험해봐서 잘 알아, 내 말대로 해." "작은 구멍이 둑을 무너뜨리는 법이야, 감독을 잘해야 해."

이에 대한 제 의견은 좀 다릅니다. 과거의 경험이 반드시 좋은 방법이 아닐 수 있고, 도리어 무경험이 더 나은 길을 만들 수 있다고요. 물론 현장경험이 큰 무기인 것은 맞습니다. 하지만 모든 것이 새롭고, '미친 속도'로 질주하는 요즘 시대에 때로는 그 경험이 참신한 시도와 기발한 아이디어를 막는 장애물이 될 수도 있는 겁니다.

 진정한 리더라면 자신의 참 역할이라고 믿었던 '지시와 관리'를 최대한 줄일 줄 알아야 합니다. 대신 구성원의 마찰이나 비효율을 조정하고 외부환경을 지원하는 편이 훨씬 효과적일 겁니다.

 첫 번째와 두 번째 역할이 리더의 큰 그림이라면, 세 번째인 '관찰과 관심'은 리더의 디테일입니다. 아마 학창 시절 다들 겪어봤을 겁니다. 가끔 성적표나 피드백이 없는 '자기평가'가 있을 때 그다지 열의가 생기지 않았던 경험 말입니다. "평소 실력대로!"를 내세워 시험준비도 제대로 하지 않았고요.

 '관찰과 관심'은 자칫 방심으로 흐를 수 있는 구성원에게 리더가 주는 피드백입니다. 구성원이 하는 생각과 행동을 리더가 끊임없이 지켜보고 있다(오해는 하지 맙시다. 감시가 아닙니다!)는 사인 말입니다. 목적은 구성원에게 동기부여를 하자는 거고요, 결과는 칭찬과 질책으로 나오게 될 겁니다.

 세 가지 다 중요한 이야기지요. 그런데 사실 더 중요한 게 있습니다. 딱 '여기까지'여야 한다는 겁니다. 무슨 말이냐고요? 이 세 가지 그 이상을 하려는 순간 리더는 그냥 꼰대가 되거나 무능하게 전락할 수도 있다는 뜻입니다.

 예컨대 아무리 중차대한 대통령의 직무라고 해도 말입니다. 국민에게 미래를 제시하고, 장관들이 업무를 하는 중 생기는 충돌을 조정하고 부처 운영은 잘하고 있는지 관찰하고 관심을 쏟는 정도에서 선을 그어야 한다는 겁니다. 모든 나랏일을 대통령이 지시하고 부처 장관들은 그 지시를 받들기만 해야 하는 형편이라면 그 국가의 앞날은 영 힘들어지지 않겠습니까.

세상이 많이 바뀌었습니다. 당연히 리더도 바뀌어야겠지요. 더 이상 나폴레옹이나 칭기즈칸 같은 '나를 따르라' 형의 리더는 필요치 않다는 이야기입니다. 국가든 기업이든 작은 소모임이든 구분할 것 없이 말이지요.

물론 잘 알고 있습니다. "난 해당 사항이 없네" 하며 꿈적도 안 하는 리더가 주위에 여럿일 테지요. 이 글을 쓰고 있는 저 자신도 아직까지 반쯤은 버리고 반쯤은 못 버린, 그 어리석음을 어쩌지 못하고 있습니다.

이념과 이해의 차이

요즘 부쩍 자주 들리는 용어가 있습니다. '좌파'와 '우파'입니다. 좌파와 우파, 어느 쪽이 낫다 아니다를 떠나서 말입니다. 왜 이렇게들 생각이 갈리는지, 왜 그 다른 생각들이 옳고 그름을 나누는 기준이 되어버렸는지 정말 모를 일이다 싶습니다. 분명한 것은 '이건 아니다'라는 거지요.

단순하게 보면 '왼쪽과 오른쪽 자리 중 어느 쪽을 선호하는가'와 같은 취향의 문제일 수도 있는데요. 18세기 프랑스 대혁명 때 그랬다는 거 아닙니까. 시민혁명을 통해 왕권을 무너뜨리고 시민이 정치에 참여하기 시작한 그때 말입니다. 우리로 치면 국회 격인 국민의회(또 그 이후 국민공회)에서 의장석을 기준으로 왼쪽에는 급진개혁 세력이, 오른쪽에는 온건개혁 세력이 아주 우연하게 우르르 모여 앉게 되면서라지요. 그때부터 좌파는 급진적인 개혁 세력을, 우파는 온건한 개혁 세력을 지칭하게 되었다고 합니다. 아마도 성질 급한 누군가가 먼저 가서 털썩 주저앉고 줄줄이 그 뒤를 따랐던 게 뻔한데요.

하지만 기왕에 이렇게 되었으니 한번쯤 서로의 생각이나 진지하게 들어볼 필요가 있을 듯합니다. 좌파는 무엇을 중시하는지, 우파는 무엇을 중시하는지 말이지요. 서로에 대한 배려와 존경, 평정심을 끝까지 잃지 않은 상태로요. 그런데 이미 루비콘강을 건너버린 건지 지금은 오로지 '나만 옳다'로 양쪽 모두 뻗대고 있으니 참 안타까운 노릇입니다.

이 자리에서 거창하게 정치 이야기를 하자는 건 아닙니다. 굳이 정치가 아니어도 저는 우리 주변의 지인이나 우리 회사 구성원 사이에도 이와 별반 다르지 않은 속내가 있다고 생각합니다.

좀 거칠지만 구분을 해보면 이렇게 나뉠 겁니다. '좌파는 이념을 중시하는 쪽이고, 우파는 이해利害를 중시하는 쪽이다.' 여기서 '이념'은 집단의 이익을, '이해'는 개인의 이익을 먼저 추구하는 개념이라고 보면 될 겁니다.

이때 양쪽의 좌파, 우파란 개념을 잠깐 떼어내고 이념, 이해만 놓고 다시 봅시다. 과연 누가 흔히 말하는 '난 좌파' '난 우파'처럼, "난 이념!" "난 이해!"라고 자신 있게 말할 수 있겠습니까.

　세상이 제대로 돌아가려면 이념과 이해, 이 두 가지는 반드시 양립해야 합니다. 만약 이 둘이 균형을 잃고 어느 한쪽으로 몰리는 순간 부작용은 불 보듯 뻔합니다. 세상을 공평하고 정의롭게 만든다고 믿는 이념을 우선한다면 모두가 배곯는 일을 피할 수가 없습니다. 사람을 부유하게 만든다고 믿는 이해를 우선한다면 약육강식이 전부인 풍요로운 지옥을 만들 수 있고요.

　회사도 다르지 않습니다. 이념을 앞세우는 회사라면 구성원 전체에게 경쟁 없는 평등한 성과를 요구하게 될 겁니다. 물론 좋은 점이 있지요. 긴장할 일도 없고 스트레스도 없으니 아마 회사생활할 맛이 날 겁니다. 하지만 '짧고 굵게' 끝나기 십상입니다. 왜냐고요? 그 회사는 경쟁력을 상실한 채 뒤처져 곧 문을 닫게 될 테니까요.

　개인의 이해를 앞세우는 회사에서는 또 어떤 풍경이 펼쳐질까요? 구성원 각자가 자신들의 득실만 따지고 있을 겁니다. 함께 모여 세상 속에 가치를 만들고 구성원들 삶의 터전을 키운다는 기업목표는 쏙 빼버린 채 덩그러니 이름뿐인 회사만 남게 될 겁니다. 함께라는 공동체 의식, 가치를 만든다는 자부심은 온데간데없고 오로지 적자생존의 논리만 지배하는, 한마디로 회사의 존재 이유가 사라지는 거지요. 우리는 없고 나만 있는 이런 회사에서 구성원들은 행복할까요? 천만에요. 이 역시 '짧고 굵게' 끝날 겁니다. 그 상처를 견뎌가며 오래 회사를 다닐 직원은 없을 테니까요.

결국 답은 그 어느 쪽도 아니란 겁니다. 이념만이 최고가 아니고 이해만이 최선이 아닙니다. 모두가 배고픈 이념만 좇는 것은 바보 같은 짓이며, 모두가 약육강식 정글인 이해만 좇는 것도 어리석은 짓이지요.

살아남을 수 있는 방법은 하나뿐입니다. 적당한 양보와 적절한 조화입니다. 적당히 상충하고 적절히 보완하면서 말이지요. 저는 사람들이 밤낮으로 여기저기 찾아 헤매는 '지속가능한 생존전략'이란 게 따로 있다고 생각하지 않습니다. 회사에서는 이념과 이해가, 국가에서는 좌파와 우파가 서로 양보하고 조화를 이루면 됩니다. 생존전략뿐일까요. '짜장 반 짬뽕 반.' 우리가 행복해지는 비결도 바로 그 반반에 있습니다.

일을 왜 하는지 알고 합시다

어느 날 아침, 여느 때처럼 출근하기 위해 차에 올라타 시동을 걸었습니다. 그런데 문제가 생겼습니다. 차가 어떻게 되었냐고요? 아니요. 머리가 어떻게 되었나 봅니다. 어디로 가야 할지 도대체 생각이 나질 않는 겁니다. 세상에 이런 황당한 일이 있을까요.

놀라지는 마십시오. 제 이야기가 아니라 상상으로 만든 설정입니다. 실제든 상상이든 아마 이런 이야기를 누군가에게서 듣게 된다면 "쯧쯧, 치매 초기인가 보다"라며 혀를 찰 겁니다. 그러곤 이내 먼 나라 일인 양 넘겨버리겠지요. 절대로 자신에게는 생기지 않을 일처럼요. 그런데 제가 볼 때 우리는 평상시 자주, 아니 늘 이런 '황당한 모양'으로 삽니다. 치매도 아니면서 말이지요. 마치 갈 곳 잃은 차만 부룽부룽하는 꼴이라고 할까요.

장면을 바꿔서, 이번에는 진짜 제 이야기 한 토막을 하려 합니다. 젊은 시절 직장에 다닐 때 모시던 상사 한 분이 있었습니다. 재산이 제법 있다고 소문이 났고, 옆에서 보기에도 이런저런 수입이 꽤 많아 보였습니다. 그런데도 영 베푸는 일에는 인색했습니다. 가령 여럿이 중국집에 가면 가장 먼저 "난 짜장!"을 외쳤고, 한턱낸다고 해서 따라간 갈빗집에서도 "난 냉면!" 하는 양반이었으니까요. 그때마다 참 이해가 안 된다고 생각했습니다. '아니 돈도 많다는 분이 왜 저렇게 아끼시나'란 생각이 들었죠.

그러던 어느 날 제가 작정을 하고 '소신 발언'을 했습니다. "부사장님은 돈도 많이 버시면서 그렇게 쓰지를 않으시니 돈을 더 모을 필요가 없는 거 아닙니까? 하얀 종이에 갖고 싶은 액수를 써서 금고에 넣어 두시면 될 것 같은데요."

까마득한 부하직원이 감히 부사장에게 날린 이 입바른 소리 때문에 바로 찍혀서 저는 한동안 미움을 사기도 했지요. 하지만 지금 생각해도 그때 그 말이 틀리지 않았다 싶습니다. 아니 더 확실해졌습니다. 돈이란 것은 지갑에서 꺼낼 때, 내 지갑에서 남의 지갑으로 이동할 때 비로소 가치가 나타난다고 믿기 때문이지요. 그저 장 담그듯 폭폭 묵혀 두거나 꽁꽁 싸매만 둔다면 숫자 적힌 종이뭉치와 다를 게 뭐가 있겠습니까.

우리는 살기 위해 열심히 일합니다. 그런데 정작 그 일을 왜 하고 있는지는 잊어버릴 때가 많습니다. 아니 생각조차 하지 않습니다. 뭔가 하는 과정을 '수단'이라 하고 그 과정 후에 얻어지는 결과를 '목적'이라고 합시다. 그렇다면 일은 수단이고, 삶은 목적일 겁니다. 마땅히 수단인 '일'은 목적인 '삶'을 위해 존재해야 하고요.

하지만 어떻습니까. 일에 빠져 삶을 놓쳐버리는, 수단에 집착하느라 목적은 제쳐놓는 일이 부지기수입니다. 일하기 위해서 우리가 사는 것이 절대 아닌데도 말이지요.

수단과 목적이 뒤바뀐, 이런 '주객전도'는 국가나 회사조직에서도 심심찮게 눈에 띕니다. '국가와 국민을 위한다'는 본연의 목적은 내려두고 '자신의 직무'라는 수단에만 매달리는 공직자가 그 한 예겠지요. '난 내 일을 할 뿐'이라고 하겠지만 목적을 잃은 수단 때문에 피해는 오롯이 국민에게 떨어진다는 것조차 잊고 있을 겁니다.

회사도 다르지 않습니다. '이윤 추구' 말고도 분명 회사마다 각각의 설립목적이 있을 텐데 그런 건 구석에 처박아둔 채 오로지 이윤만 챙기겠다고 혈안이 되어 있다면 범죄집단과 뭐가 다르겠습니까.

직장인이 회사에서 매일 하는 업무도 그렇습니다. 규모가 아무리 소소하더라도 그 업무에는 목적이 있고, 또 수단이 있습니다. 그런데 가만히 들여다보면 하루 종일 바쁘게 달리는 일들이 대부분 목적 없이 수단에만 머물기 일쑤더라는 거지요.

예컨대 회사직원이라면 수시로 써야 하는 '품의서'가 있습니다. 그런데 그 품의의 정확한 목적을 염두에 두고 처리하는 직원이 과연 얼마나 될까요. 혹시 그 목적을 '상사의 결재를 무사히 받기 위해서'라고 착각을 하는 건 아닌지 간혹 의심스럽기까지 합니다. 품의는 목적을 이루기 위한 다양한 수단 중 하나일 뿐인데요. 그러니 진짜 목적과는 다른 엉뚱한 결과가 나오는 일이 비일비재할 수밖에요.

비단 품의뿐일까요. 상품은 왜 만들고 매출은 왜 올려야 하는지, 기사는 왜 쓰고 클릭 수는 왜 높여야 하는지, 우리의 일에는 제각각 선명한 목적이 있습니다. 그런데 그저 만드는 일에만 집착하고, 그저 쓰는 일에만 집착한다면 '배는 모조리 산에서 집합'하게 될 겁니다.

여기서 강조하고 싶은 건 이겁니다. '일을 하면서 왜 하는지 정도는 알고 하자.' 물론 수단이 나쁜 게 아닙니다. 목적을 잃어버린 수단이 문제인 거지요. 목적 없는 수단은 종착역 없이 질주하는 설국열차와 다를 게 없습니다. 시동만 걸어둔 자동차일 뿐이고요. 참 의미 없고 안타깝고 어리석은 짓이라고 할 수밖에요.

일을 잘 해내기 위해 우리는 항상 '최선'을 따집니다. 더 신중한 사람이라면 자신의 말과 행동에도 늘 '최상'을 뽑아내려고 애쓰고요. 좋은 일입니다. 하지만 머리에 쥐가 나도록 방법만 고민하고 막상 '무엇 때문에?' '뭘 이루려고?'는 완전히 제쳐두었다면 말짱 꽝입니다.

이기는 습관

4~5년 전 KG스틸이 10여 년 만에 흑자를 만들었을 때의 일입니다. KG그룹 가족사 임원들과 함께 자축하는 자리를 만들었습니다. 동부제철 시절 KG스틸은 오랫동안 채권단을 앞세운 은행관리를 받으며 어려움을 겪어왔습니다. 그러니 다들 그 자리가 더욱 즐거울 수밖에요.

한 임원과 이야기를 나누던 중 이런 말을 들었습니다. "입사한 이후에 이렇게 기분 좋은 자리는 처음입니다. 이렇게 좋은 회사실적도 정말 오랜만이고요. 사실 어떻게 이런 성과를 낼 수 있었는지 저희도 잘 모르겠습니다."

그렇다고 그 임원이 마냥 즐겁기만 한 건 아니었나 봅니다. 이어서 '마음 한편이 불안하다'라고 고백했으니 말입니다. 이 좋은 상태가 앞으로 계속 이어질 수 있을지 걱정이 된다고요.

 그 말을 듣고 저는 '가스라이팅gaslighting'이란 단어가 생각났습니다. 가스라이팅은 상대방의 마음을 심리적으로 조작해 그 사람이 스스로를 의심하게 만드는 건데요. 그 의심이 현실감각을 떨어뜨려 판단력을 흐리게 하고 정신을 피폐하게 하고 결국 그 사람을 좌지우지하는 지배력을 행사한다는 거지요.

 왜 그 시점에 가스라이팅이 생각났을까요. 저와 대화한 그 임원이 오랫동안 경영의 어려움, 좋지 않은 실적에 가스라이팅 당해온 건 아닌가 싶었던 겁니다.

 회사경영이란 게 그렇습니다. 나 혼자만의 의지나 감정만을 가지고는 좋아지게도 나빠지게도 할 수 없습니다. 하지만 그게 전부는 아니라 해도 내 판단의 기준을 만드는 시작점이 되는 것만은 분명합니다. 다시 말해 내가 어떻게 생각하느냐에 따라 일이 술술 풀리게도 왕창 엉키게도 할 수 있다는 겁니다.

 개인적으로도 잘 알고 또 존경하기도 하는 웅진그룹의 윤석금 회장이 쓴《긍정이 걸작을 만든다》란 책이 있습니다. 제목 그대로 책에는 긍정적인 사고가 얼마나 큰 힘을 만들어내는가에 대한 역설이 넘쳐납니다. 우리가 흔히 "타고난 거야"라고 말하는 창의도, "아직도 젊네"라는 열정도 다 긍정적인 생각에서 비롯된다는 게 윤 회장의 지론입니다. 가스라이팅이 비집고 들어올 틈이 없는 거지요.

오래전 제 경험도 보태볼까요. 회사 창업 초창기, 은행에서 돈 빌리는 일이 참 어려웠습니다. 물론 지금도 경영이 어려워지면 은행 문턱은 높기만 하지만 당시 제 상황은 '대략난감' 그 자체였습니다. 신설회사라 신용도가 높지 않으니 대출 심사하는 심사역이나 해당 지점장의 정성평가가 우리 회사의 운명을 좌우할 중요한 잣대가 될 수밖에 없었습니다. 당시 많은 중소기업이 비슷한 처지였습니다. '잘 봐달라'고, '잘 부탁한다'고 매달리는 게 최선이었던 거지요.

다들 그러고 있을 때 저는 좀 튀었던 것 같습니다. "당신들이 내게 보약이라도 지어줘야 하는 거 아니냐"라고 들이댔으니까요. 물론 농담조이긴 했지만 제 논리는 선명했습니다. "내가 대출을 하고 이자를 내야 당신들이 월급을 받는 거 아닌가? 내가 몸이라도 아파서 우리 회사 사업이 잘 안되면 당장 당신들의 피해가 막심할 텐데. 그러니 내게 잘 해야 하는 게 맞지. 우리 회사도 열심히 도와줘야 하고."

당시 패를 쥐고 있던 담당자들이 저를 정상인으로 봤을 리가 없지요. 하지만 저는 제 나름대로 확신이 있었습니다. 지금이야 은행에서 차입하고 있지만 머지않아 제 사업으로 돈을 벌고 원금과 이자까지 싹 다 갚을 수 있다는 확신. 물론 제가 약자 입장이긴 하지만 팩트까지 약한 건 아니니까요.

이야기가 좀 벗어났지만 하고 싶은 말은 바로 이겁니다. "근자감까진 아니어도 근불감은 갖지 말자!" 근거 없는 자신감은 골치가 아픈 정도로 끝나지만, 근거 없는 불안감은 아무런 대책이 없으니까요. 이미 충분히 능력을 갖춘 회사였는데 어쩌다 굴러들어온 운이 실적을 높였다고 불안해하는 건 문제라는 이야깁니다. 또 충분히 자신의 힘으로 이룰 수 있는 성공이었는데 재수가 좋았다고 생각하는 것도 문제고요.

이기는 것도 습관이 될 수 있습니다. 지는 것 역시 여러 번 반복하면 습관이 될 거고요. 여러분은 어떤 습관을 들이고 싶습니까. 이기고 지는 습관의 갈림길에 참고가 될까 해서 '긍정의 달인' 윤석금 회장의 책에서 한 구절을 옮겨봤습니다.

"'나는 할 수 있다' '나는 능력이 뛰어나다' 이런 말을 외쳐보자. 긍정적인 말을 자꾸 반복하면 반드시 현실이 된다. 이것은 미신이 아니라 과학이다."

반성하지 말고 대비합시다

 예전이나 지금이나 식지 않는 인기를 과시하는 드라마 장르가 있습니다. 사극입니다. 세상에 없는 황당스토리인 줄 알면서도 빠져드는 판타지, 세상에 널린 흔하디 흔한 사랑과 이별을 다룬 로맨스도 단골 메뉴지만 여전히 화수분처럼 샘솟고 또 찾게 되는 장르라면 단연 사극을 꼽을 겁니다. 물론 판타지 사극, 로맨스 사극이라면 더 따질 필요도 없겠지요.
 사극의 주제이자 배경은 '역사'입니다. 과거 어느 시점으로 틀을 짜고, 때로는 치밀한 사실로 때로는 그럴듯한 허구로 살을 붙여나가는데요. 학교 수업에서는 물론이고 책이나 공연, 또 이미 지난 드라마에서 닳도록 들여다보고 숱하게 곱씹었던 것이 바로 그 역사입니다. 그런데도 왜 우리는 여전히 역사 이야기에 솔깃하는 걸까요. 단순히 재미를 좇거나 호기심을 해결하기 위한 건 아닐 겁니다.

우리가 다 지난 역사를 배우고 또 알고 싶어 하는 이유는 분명합니다. 과거에 살던 인물이 행한 실수, 과거에 벌어진 사건·사고를 거울삼아 더 이상 같은 잘못을 반복하지 말자는, 그런 교훈을 찾자는 겁니다.

나라에 새로운 정부가 들어설 때마다 참모들이 분주하게 움직이는 배경에도 그 역사가 있을 겁니다. 내용과 방향은 다르더라도 '최소한 이전에 했던 잘못이나 실수는 반복하지 말자고!' 하는 다짐을 품고서 말입니다. 이전 정부도, 그 이전 정부도 출발은 마땅히 그랬을 거란 이야깁니다. 미치지 않고서야 처음부터 작정하고 '우리 잘못할 거야' '우리 실수할 거야'를 정책기조로 삼겠습니까.

그런데 희한하게도 말입니다. 역대 대통령들의 안타까운 과거사는 수십 년에 걸쳐 반복되고 있습니다. 몰랐던 것도 아니고, 안 보고 안 들었던 것도 아닐 텐데요. 빤히 지켜봤고 목소리를 높여 성토에도 나서지 않았을까요. 그럼에도 잘못은 반복되었고 실수는 이어졌으며 후회는 쌓여갔습니다.

거창한 나랏일이 아니더라도 말입니다. 이런 되풀이는 개인사나 회사 일에서도 흔하게 벌어집니다. 오랫동안 사업을 하면서 제가 느낀 점은 회사에서 벌어지는 이러저러한 실수들 역시 "처음입니다"는 있어도 "딱 한 번뿐입니다"는 없더란 거지요.

업무상 소소한 오류부터 크고 작은 안전사고, 거래처나 동료와의 별별 갈등까지 이 모두는 어쩌다가 정말로 도저히 상상할 수 없는 진짜 초유의 사태인 경우는 별로 없습니다. 대부분 이런 사유 저런 구실, 별생각 없이 처리한 일들이 어려운 상황을 만든 겁니다. 무엇보다 인간관계는 좀 심각하지요. 같은 갈등을 반복하다가 결국 루비콘강을 마주보고 서서 '바이바이!' 하는 일도 왕왕 생기니까요.

한마디로 한 번 벌어진 일이 계속 벌어진다는 이야깁니다. 이때 떠오르는 말이 있지요. '한 번은 실수지만 두 번은 고의다.' 그래서 실수를 반복하는 사람이라면 둘 중 하나는 반드시 택해야 합니다. '바보'거나 '고의'거나.

참 아이러니한 건 이런 겁니다. 회사에서 임직원에게 '업무상 잘못이나 실수'에 대한 보고를 받을 때마다 생각하는 것인데요. 원인에 대한 분석은 기가 막히게 잘합니다. '이렇게 해서 저렇게 되었고, 저렇게 해서 이렇게 되었다'고 청산유수처럼 정리된 보고서가 올라옵니다. 그런데 더욱 기가 막히는 건 그렇게 완벽한 '원인분석 리포트'를 꺼내놓고 나서도 그 실수를 다시 한다는 겁니다.

이쯤 되면 슬슬 의심이 생기기 시작하지요. 과연 저 청산유수가 과오를 되풀이하지 않겠다는 반성이었나, 과오에 대한 책임을 피해가려는 술책이었나. 하기야 오랜 세월 지난한 역사를 통해 수없이 지켜봤던 어리석은 판단과 허망한 실수 또한 재탕 삼탕 하며 홀랑 잊어버리고 있으니, 회사에서 벌어지는 그 잔잔한 파장쯤이야 그냥 애교라고 할까요.

인생에는 '에너지 총량의 법칙'이란 게 있답니다. 결국 내가 가진 시간과 노력, 비용을 '사고 치기 전'에 쓸 것인가, '사고 친 후'에 쓸 것인가를 따져보면 답이 재깍 나오지 않습니까. 사고 친 후에 분석하고 반성하는 것은 이쯤 해두고, 지금부터라도 사고 치기 전에 단속하고 예방하는 것이 현명한 인생살이가 아닌가 싶습니다.

오늘도 제 사무실로 들어오는 직원들은 같은 대사를 반복하고 있습니다. 회사원이 직장생활을 하면서 가장 많이 쓴다는 바로 그 말입니다. "죄송합니다!" 그러니 어쩌겠습니까. 당분간 제 대사도 반복될 수밖에요. "이제 반성은 그만하고 대비를 합시다, 좀!"

열심히 말고 잘하겠습니다

아주 '특별한 상상'을 해봅시다. 머지않은 미래, 당신은 어느 회사의 대표입니다. 마침 영업사원 한 명을 뽑으려고 합니다. 지원자는 둘입니다. 두 사람 모두 전적이 만만치 않습니다. 둘 다 똑같이 매월 상품 열 개씩은 너끈히 팔아냈다고 하네요.

그런데 평판 조회에서 갈리는군요. 한 친구는 근무기강이 느슨하고 애사심이라곤 찾아볼 수가 없다고 합니다. 시쳇말로 '농땡이가 심하다'는 평가를 받고 있습니다. 다른 한 친구는 정반대입니다. 성실하기로 따지면 대적할 사람이 없고, 회사 일에 최선을 다하는 직원이란 평가를 받는다고 합니다. 당신은 두 사람 중 누구를 선택하겠습니까?

만약 제게도 그 둘 중 한 사람을 뽑을 수 있는 기회가 주어진다면 제 선택은 비교적 명확합니다. 남들은 고개를 절레절레 저었을 '불성실의 끝판왕'인 친구를 고르겠습니다.

다소 억지스러운 비유라고들 할 겁니다. 하지만 선택의 이유는 간단합니다. 그동안 두 사람이 엇비슷한 성과를 냈다면 말입니다. 최선을 다해온 친구에게서는 그 이상을 기대하긴 어렵습니다. 반대로 아직 최선을 다해보지 않은 친구라면 마음먹기에 따라 그간의 실적 따위는 가볍게 넘어서는 결과물을 만들 수도 있지 않겠습니까.

게다가 그 둘을 갈라놓을 양 갈래 길목에는 '이것'이 있을 겁니다. 바로 '열심히 하겠다'와 '잘하겠다'입니다. 두 사람이 그동안 만든 프로필에, 또 이번 입사지원에 나서면서도 한 친구는 "열심히 하겠습니다"라고 했고, 다른 한 친구는 "잘하겠습니다"라고 했다면 더 따져볼 여지가 없다는 뜻입니다.

자, 여기서부터는 상상이 아닌 현실입니다. 오늘도 저를 찾아온 몇몇 직원들이 업무보고 끝에 내놓은 마무리는 이랬습니다. "열심히 하겠습니다!" 사실 그 '열심히'란 말이 새삼스럽지는 않습니다. 수십 년간 기업경영을 하면서 직원들에게서 가장 많이 들었던 말 중 하나니까요. 그동안은 열정과 성의를 다하겠다는 그 마음만 받자고 했습니다. 그런데 어느 순간부터 이런 생각이 들었습니다. '결국 직원 각자가 자신의 일을 해내는 것뿐인데 왜 자꾸 나에게 열심히

하겠다고 하는 걸까?'

어떤 일을 하면서 직원들은 이처럼 '열심히 하겠다'는 충심 어린 고백을 쏟아내지만 그 말에 별로 감흥을 느끼지 못한다는 게 제 솔직한 심정입니다. '열심히 하겠다'고 말하는 것이 어째 꼭 나에게 "당신을 위해 앞으로 내가 수고를 좀 할 예정"이라고 말하는 듯해 불편한 마음까지 드는 겁니다. 미안하기도 하고 손발이 오그라들기도 하고 말이지요.

다시 말해 순전히 그 말을 듣는 사람의 입장에서는 말입니다. 마치 자신의 일을 떠넘긴 듯한, 그래서 상대방이 "그래, 내가 대신 열심히 해줄게"라고 하는 듯한 느낌이 든다는 이야깁니다.

그 말의 행간에서 불편함이 생기는 이유는 전달받을 대상이 뒤바뀌었다는 데 있습니다. 엄밀하게 말해 "열심히 하겠습니다"란 말은 상대가 아닌 자신에게 해야 하는 말입니다. 대신 상대에게는 "잘하겠습니다"라는 게 적절합니다. 가령 타석에 들어선 야구선수가 방망이를 휘두르기 전 "열심히 치겠습니다"라는 말을 하겠습니까. 캔버스 앞에 앉은 화가가 붓을 들고선 "열심히 그리겠습니다"라고 할까요. 아닐 겁니다. 이때 적절한 말은 "잘 쳐보겠습니다" 혹은 "잘 그려보겠습니다"이겠지요.

사실 '열심히 하겠다'는 말을 상대에게 던질 수 있는 이는 단 한 사람뿐입니다. 사회 각 구성체의 리더입니다. 나라로 볼 땐 대통령이고요, 기업에서는 회장입니다. 회사 전체로 볼 때는 사장이고, 한 부문으로 볼 때는 부장·팀장입니다. 결국 크든 작든 어느 한 조직의 리더 입장에서만 "열심히 하겠습니다"를 외칠 수 있다는 뜻입니다. 리더가 아닌 조직원들이라면 '잘하겠습니다'라는 게 맞습니다. 다시 말해 하급자가 상급자를 향해 "열심히 하겠습니다"라고 하는 건 영 아니란 소립니다.

비단 상급자와 하급자를 나누는 선 외에도 분명 '열심히 하겠다'와 '잘하겠다'를 가르는 기준이 있을 겁니다. 제가 만든 기준은 이렇습니다. 만약 자신이 하는 그 일에 책임과 권리, 의무까지 3종 세트가 다 들어가 있다면 '잘하겠습니다'에 가깝습니다. 반면 책임보다는 부탁이, 권리보다는 헌신이 작용하고 있다면 '열심히 하겠습니다'가 적절하겠지요. 그 '열심히'에는 '하는 만큼 해보겠지만 결과는 장담할 수 없고, 혹시라도 책임질 일이 생기면 같이 나눠지는 겁니다'란 암묵적인 합의가 깔려 있다고 할 수 있겠지요.

그러니까 그간 우리는 셀 수도 없이 숱하게 주객이 뒤바뀐 역전의 드라마를 써왔다는 이야깁니다. 상대에게 최대한 예의를 지키고자 했던 '열심히 하겠습니다'의 바탕에는 주체성은커녕 수동성·피동성이 박혀 있던 겁니다.

'열심히 하겠다'는 말이 좋지 않은 의도에서 나왔을 리가 있겠습니까. 하지만 그 말로는 감히 '내 일에서 주체로, 내 삶에서도 주체로'란 의미는 담아낼 수 없습니다. 기필코 '열심히'라는 다짐이 필요하다면 그저 자신에게만 들리는 독백이면 좋겠습니다. 상대에게 꺼내놓는 순간 전혀 다른 국면이 전개될 뿐입니다. 당신 일을 더 이상 당신 것이 아닌 것처럼 취급하려 한 속마음을 드러내는 거라고 할까요. 누구든 각자 자기의 역할을 해내는 겁니다. 그런데 굳이 "열심히 하겠다"는 말을 써서 기왕 하는 자신의 일을 남의 일처럼 만들 필요가 있겠습니까.

그래도 여전히 '열심히'란 말이 입안에서 굴러다닌다면 한 가지 팁이 있습니다. 열심히를 '재미있게'로 바꾸는 겁니다. '열심히 하겠습니다' 대신 '재미있게 하겠습니다'로 말이지요. 벌써 분위기부터 달라지지 않습니까. 업무도 인생도 훨씬 더 부드러워질 겁니다.

끌려갈 것인가 끌고 갈 것인가

지난한 산통을 겪은 끝에 쌍용자동차가 KG그룹의 가족사가 되었을 때입니다. 회사를 정상화하는 데 임직원과 힘을 합쳐 숨 가쁜 시간을 보내고 난 뒤 임원 몇 분과 변화를 거듭한 우리의 새로운 경영방식에 대해 솔직하게 이야기를 나눌 시간이 있었습니다. 고충과 기대, 모두 들을 수 있는 자리였습니다.

대단히 중차대한 이야기가 오갔던 건 아니었습니다. 어느 회사에서나 매일 매시간 이뤄지는 일반적인 업무처리에 관한 것이었으니까요. 아마 직원들은 KG 가족사가 된 이후 체감한 업무와 이전까지 진행해오던 업무 사이에 속도감의 차이를 느꼈던 듯합니다. '시차 적응이 어렵다'고 토로할 정도였으니까요.

충분히 이해할 수 있는 부분이었습니다. 꽤 오랫동안 인도·중국 등 외국계 회사가 경영을 맡다 보니 어떤 일을 지시받고 확인하고 공유하는 과정에 적잖은 시간이 걸릴 수밖에 없었던 건데요. 보통 2~3개월쯤 소요되는 게 일반적이었다니 말입니다. 이사회가 열릴 때를 맞춰 보고를 준비하는 형식이었다고 하니까요. 그런데 저는 어제 지시한 내용에 대한 보고를 오늘 듣고 싶어 하니 이 새로운 시스템에 적응하기가 쉽지 않았던 겁니다. '기업문화의 차이'가 있었던 거지요. 비단 쌍용자동차만도 아닙니다. KG 가족사에 새롭게 합류한 회사나 직원들은 이런 '속도감의 차이'를 두고 종종 어려움을 호소하기도 했으니까요.

그런데 가만히 생각해보니 업무처리에 시간을 끄는 게 그저 기업문화의 차이로만 이해하고 넘길 일인가 싶었습니다. 가령 어느 회사에서 3개월 전 발생한 일을 매번 오늘 해결했다고 칩시다. 이는 매일매일의 똑같은 업무를 '3개월 기한을 둔 마지막 날'에 처리하는 것과 다르지 않겠지요.

아마 시장에서 늘 생기는 주문·납품 과정을 떠올리면 쉬울 겁니다. 매일 한 개만 만들 수 있는 제품을 3개월 전에 주문받아 3개월 기한의 마지막 날 납품하는 모양새니까요. 그렇다고 일이 줄어드느냐면 그것도 아닙니다. 똑같습니다. 그냥 3개월씩 계속 밀리고 늦춰질 뿐입니다.

가끔 주위에서 받는 질문이 있습니다. "가족사가 자꾸 늘어나는데 하루에 그 많은 일을 어찌 다하십니까?" 이때 제 대답은 "그래서 잠자고 먹는 시간도 쪼개가며 합니다"가 아닙니다. 때에 따라 조금씩 다르지만 일관되게 답변하는 말이 있습니다.

"어차피 제게도 똑같이 하루 24시간이 주어집니다. 일이 많아진들 24시간 내내 꼬박 일만 할 순 없지 않겠습니까. 일하는 시간은 거의 같을 겁니다. 다만 가벼운 건 버리고 중요한 건 챙기지요. 가능한 한 빠른 속도로요."

이쯤에서 생각나는 일이 있습니다. 예전에 일요일이면 종종 가족들과 아침을 먹으러 나가곤 했습니다. 잠실 석촌호수 인근 설렁탕집에 자주 가곤 했는데요, 하루는 때마침 그 주위에서 마라톤대회가 열리고 있었습니다. 광화문에서 출발해 잠실운동장 골인 지점을 향하는 코스로 막 1등 선수가 지나가는 중이었습니다. 그걸 잠깐 구경하고 식사를 마친 뒤 옆집으로 건너가 커피까지 마시고 나왔으니 한 시간쯤 지났을까요. 그때까지도 많은 선수가 그 앞을 통과하고 있었습니다.

그런데 뭔가 특별한 게 보였습니다. 뒤처진 선수들의 표정이 말입니다. 아까 봤던 1등 선수와는 사뭇 다르더란 겁니다. 1등으로 통과한 선수는 표정이 쌩쌩했는데, 한 시간을 넘겨서까지 달리고 있는 선수들은 거의 죽어가는 얼굴이었습니다.

그 장면을 지켜보며 이런 생각이 들었습니다. 모든 선수에게 달려야 하는 거리 42.195킬로미터는 똑같지 않겠습니까. 빠르나 늦으나 발걸음 수, 다시 말해 에너지를 쓰는 양은 똑같을 거고요. 두 시간을 뛴 선수와 세 시간을 뛴 선수, '빨리 뛰고'와 '늦게 뛰고'의 차이만 있을 텐데요. 그럼에도 1등 선수와 꼴등 선수의 차이는 엄청납니다. 같은 거리를 뛰고 같은 에너지를 쓰고도 1등 선수는 찬사를 받으면서 몸도 덜 피곤할 테니까요.

이를 통해 중요한 사실도 깨달았습니다. 상황이 어떻든 '더 좋은 방법으로 더 빨리 일을 마쳐야 효과는 커지고 피곤함은 줄겠구나'라는 것입니다. 미룬다고 절대 편해지는 게 아니구나 싶었습니다. 물론 체력이 절대적인 마라톤은 좀 다를 수 있습니다. 빨리 달릴 수 있는데도 일부러 천천히 달리는 선수는 없지 않겠습니까. 하지만 우리 일상에서 벌어지는 일은 마음먹기에 따라 얼마든지 속도를 조절할 수 있습니다.

여기까지 들었다면 이런 의문이 생길 수도 있습니다. "제게 할당된 양은 열 개인데 잽싸게 처리하다 보면 열두 개를 하게 되어 억울한 상황이 만들어지지 않을까요?"

제 경험에 비춰볼 때 일반적인 업무처리에서 그런 '울트라파워'는 잘 나타나질 않습니다. 설사 남이 못한 두 개를 얹어 열두 개를 했다고 칩시다. 과연 그것이 손해일까요?

어떤 방식으로든 두 개에 대한 보상이 반드시 돌아옵니다. 당신이 회사를 다닌다면 진급을 할 것이고, 장사를 한다면 돈을 더 벌 수 있습니다.

결론은 간단합니다. 우리에게 '덜 피곤하고 더 즐겁게' 일할 수 있는 방법이 있다면 말입니다. 3개월 뒤로 미루지 말고 오늘 해치우는 겁니다. 미루는 게 습관이 되면 매일 똑같이 쌓인 업무를 항상 끌어안고 있을 테고, 사는 일까지 더 피곤하고 덜 즐거워질 게 뻔합니다. 그러니 일은 묵히지 말고 신선할 때 처리하는 게 낫습니다.

결국 이 문제는 '일을 끌고 갈 것인가' '일에 끌려 갈 것인가'의 문제입니다. 어느 쪽이든 우리 인생에서 '일의 총량'과 '에너지의 총량'은 정해져 있습니다. 모두에게 24시간이 주어져도 하루 동안 일할 수 있는 시간이 정해져 있는 것처럼 말이지요. 기왕 '같은 일' '같은 에너지'라면 끌려가기보단 끌고 가는 게 훨씬 유리합니다. 석촌호수 인근에서 1등 선수의 얼굴로 봤던 그 표정이 나올 겁니다.

1등이 아니어도 괜찮습니다

"아이가 유치원 다닐 때는 아인슈타인 우유를 먹인다. 초등학교에 가면 서울우유를 먹이고, 중학교에 가면 연세우유, 고등학교에 가면 건국우유를 먹이다가, 대학시험을 볼 때는 삼육우유를 먹인다."

갑자기 웬 우유 타령이냐고요? 요즘 부모들 사이에 돌고 있다는 '웃픈 이야기'의 전말이 그렇습니다. 부모들의 참으로 애틋한 자식 사랑을 빗댄 말인데요. 유치원 땐 '내 자식은 아인슈타인급 천재'라고 생각한다지요. 초등학교 땐 '천재는 조금 양보해도 서울대는 가겠지' 하고요. 중학교 땐 '그 정도는 아닌가' 싶지만 '그래도 연세대!'는 외친다고 합니다. 하지만 아이가 고등학교에 가면 많은 걸 포기해 '제발 건국대라도' 바라게 되고, 대학시험을 앞두고서야 현실로 돌아와 '삼육대라도 좋다'가 된다는 겁니다. 물론 어디까지나 우스갯소리일 뿐 억지로 대학을 구분 짓자는 건 아닙니다.

모든 부모의 한 가지 욕심, 자식이 남들보다 뛰어나길 바라는 걸 나쁘다고 할 수 있겠습니까. 하지만 여기에 빠진 게 하나 있습니다. '왜'입니다. 왜 내 자식이 누군가보다 더 나아야 하는지 짚어볼 필요가 있다는 말입니다.

사람들은 참 이분법적 구분을 좋아하는 것 같습니다. 착한 사람과 나쁜 사람, 부지런한 사람과 게으른 사람, 일 잘하는 사람과 일 못하는 사람, 능력이 뛰어난 사람과 능력이 부족한 사람 등 누군가를 평가할 때 이런 식으로 양분한 잣대를 자주 들이대지 않습니까. 문제는 이렇게 모든 것을 이분법으로 나누다 보니 자신들 역시 거기서 자유로울 수 없다는 거지요. 그 갈라치기에 얽매여 스스로 아주 힘들고 불편하게 됩니다.

그런데 세상이 과연 그럴까요. 두부 자르듯 뚝 잘라낼 수가 있습니까. 어떤 사람이 착하지 않다고 해서 그 사람을 나쁜 사람이라고 단정할 수 있느냐는 겁니다. 일단 '착하다'는 게 그리 쉬운 일이 아닙니다. '착하다'는 평가를 받는 사람이라면 아마 대단한 노력을 했을 겁니다. 시간이든 수고든 물질이든 남들보다 뭔가를 더 꺼내놨을 거고요. 다만 여기에도 한 가지가 빠져 있는데요, '왜'입니다. 왜 우리는 착해야 하고 착하다는 평가를 받아야 하는가에 대해선 생각하지 않습니다.

요즘 기업 사이에서는 'ESG 운동'이 한창입니다. 그런데 언제부턴가 ESG가 '착한 기업'을 가려내는 긴요한 기준이 된 듯합니다. 기업의 사회적 존재가치와 연결해 여러 의무감을 부여하고, 또 그것을 잘 지켜야만 올바른 회사로 '인증'을 하는 식으로 말이지요.

당연히 ESG의 배경과 메시지에는 전적으로 공감합니다. 하지만 그 모든 내용에 기업들이 진정으로 동의하고 있을지는 의문입니다. 제 생각을 묻는다면 말입니다. 가령 ESG 항목 중 '사회공헌활동'이란 게 과연 기업과 맞는 일인가 되묻고 싶어집니다.

기업이 앞장을 서는 사회공헌활동은 칭찬할 만합니다. 개인이 하는 활동보다 사회 전반에 미치는 영향력과 파급력도 크지요. 그렇지만 사회공헌활동을 기업 평가의 잣대로 삼고, 실행한 기업과 실행하지 않은 기업을 이분법적으로 구분해 이익과 불이익을 차등하겠다는 것은 적절치 않아 보입니다. 어린아이를 상대로 "착한 일을 하면 상을 주고, 착한 일을 하지 않으면 벌을 주겠어"라고 엄포를 놓는 것과 무엇이 다른가 싶은 겁니다.

요즘 아이들에게 장래희망을 물으면 참 각양각색의 대답이 나옵니다. 연예인, 유튜버, 우주인, 요리사 등. 우리 시절에는 생각하지 못한 직업들입니다. 과학자 아니면 대통령, 많이 나아가봤자 교사, 군인이 전부이던 때였습니다.

물론 요새도 대통령이 꿈인 아이들, 나아가 어른들도 있지만 사실 우리나라에 대통령은 한 사람이면 충분하지 않습니까. 모든 직원이 사장이 되면 그건 개인사업장에 불과할 거고, 모든 장병이 사성장군이라면 그걸 군대라고 부를 수 없듯이 말입니다.

사회의 수많은 자리에서 구성원 각자가 책임과 최선을 다한다면 그것으로 세상은 충분하게 돌아갑니다. 회사에서라면 사장은 사장으로, 임원은 임원으로, 사원은 사원으로 주어진 역할을 다하고요, 또 대통령은 대통령의 자리에서, 환경미화원은 환경미화원의 자리에서 자신의 일을 충실하게 해낸다면 말입니다. 그렇게 각자의 위치에서 모두가 존중받는 사람이 되어야 하고 또 그런 사람을 존중해주어야 하는 세상이 되어야 하는 겁니다.

기업도 다르지 않습니다. 세상에 필요한 가치를 만들어내고, 임직원에게 삶의 터전을 제공하며, 주주나 채권자에게 수익을 돌려주는 역할이면 충분하지 않겠습니까. 착한 사람, 훌륭한 기업, 뛰어난 능력, 이런 기준이 나쁘다고 할 순 없습니다. 다만 착하지 않고, 훌륭하지 않고, 뛰어나지 않다고 해서 무시당하고 가볍게 취급받는 게 합당치 않다는 이야깁니다.

십수 년 전 제가 이데일리 회장직을 맡았을 때 가장 오래 고민한 일이 있습니다. 언론사가 지향하는 사시가 있어야겠다는 거였습니다. 숙고 끝에 지금의 '세상을 올바르게 세상을 따뜻하게'가 만들어졌지요.

하지만 처음엔 반발이 없지 않았습니다. 일부에서 '좀 더 큰, 좀 더 강한' 회사로 끌고 나아가는 게 목표여야 한다는 의견을 내놨지요. 언론사 직원까지도 남보다 나아야 한다는, 강박에 가까운 비교의식을 가지고 있었던 겁니다.

과연 지금은 어떨까요. 당시 시큰둥했던 직원들도 이젠 저의 이런 생각에 트집을 잡을 순 없을 겁니다. 1등만 인정받고 첫째만 존재하는 기업, 훌륭한 사람만 키우고 뛰어난 사람만 대접하는 세상보다는 어딘가에 필요한 사람이고 회사라면 인정받고 대접하는 세상을 만들어야 한다는 그 생각 말입니다. 1등이 아니라고 해서 어디가 한참 모자란 건 아니지 않습니까.

오늘 하루도 여러분이 각자의 자리를 충실히 지켰다면 그걸로 충분합니다. 남들과 감히 비교당할 수 없는 당신의 역할을 성실히 해냈다면 이미 당신의 몫을 다한 것입니다.

책장수와 약장수

 세월이 뒤바꾼 세상일이 어디 한두 가지겠습니까만, 그중 굳이 하나를 꼽으라면 지금은 사라진 두 가지 직업이 먼저 떠오릅니다. 특히 요즘 청년들은 잘 모르는, 아예 보거나 들은 적도 없을 이 두 직업은 격세지감을 넘어 가끔 애틋한 향수까지 느끼게 하는데요. 바로 '책장수'와 '약장수'입니다.
 당장 이렇게 생각할 수 있을 겁니다. 서점에서 일하는 MD나 약국에서 일하는 약사를 '아주 편안하게' 부르는 별칭이 아니겠느냐고요. 천만에요. 몇십 년 전, 그러니까 제가 젊었을 때만 해도 진짜 책장수와 약장수가 있었습니다. 전문인력과 영업장을 제대로 갖춘 요즘과는 딴판인 두 직업의 결정적인 특징이라면 고객을 기다리는 게 아니라 고객을 찾아다니는 '외판'이라는 데 있습니다.

먼저 책장수. 서점이란 시스템이 제대로 갖춰지지 않았던 시절, 출판사에서 책이 나오면 책장수의 업무가 시작되었습니다. 단행본보다는 대하소설이나 위인전, 백과사전 같은 주로 부피가 큰 전집류를 담당했는데요. 새 책을 장황하게 소개한 카탈로그를 한 보따리 들고 가가호호 방문을 감행하는 겁니다. 대문을 두드리거나 초인종을 누른 뒤 이렇게 말하지요.

"좋은 책이 나와 소개해드리러 찾아왔습니다. 잠시 들어가도 되겠습니까?"

집 안에 책장수를 들인다? 아니 책장수가 집 안으로 들어온다? 지금은 상상도 못 할 일이지만 책장수는 당시 나름 인기직종이었습니다. 물론 '힘들고'(하루종일 쏘다녀도 허탕치는 일이 다반사고), '더럽고'(환경이나 조건이 그렇다기보다는 간혹 상대해야 하는 거친 사람들이), '위험한'(왜 그리 '개조심'을 써 붙인 집이 많았던지) 3D 업종인 건 틀림없었습니다. 하지만 딱히 받아주는 일자리가 없고 자영업을 할 형편도 못 되는 사람 입장에서는 그나마 가장 손쉬운 돈벌이일 수 있었던 겁니다.

지금 어르신들은 예전 젊었을 때 주변의 아는 책장수에게서 '책을 좀 사달라'는 권유를 한두 번씩 받아본 경험이 있을 겁니다. 저 역시 잠깐 이 일을 해본 적이 있고요, 윤석금 웅진그룹 회장도 젊은 시절 책장수의 경험을 바탕으로 교육사업을 일구신 걸로 알고 있습니다.

다음은 약장수입니다. 역시 약국이 많지 않던 시절의 이야깁니다. 병원 문턱도 높았지만 약값도 넉넉하지 않았을 때였지요. 그러니 누구나 한두 가지 아픈 곳은 그냥 안고 또 참고 살았던 겁니다. 그렇게 불편했던 시대, 약장수는 이른바 블루오션에 뛰어들어 저렴한 가격을 무기로 틈새시장까지 공략한 슈퍼 영업맨이었던 겁니다.

그렇다면 약장수는 고객을 어떻게 찾아다녔을까요? 책장수처럼 가가호호 방문했을까요? 아니 그보단 쉬운 방법을 택했습니다. 힌트는 '쇼'에 있습니다. 어느 동네 공터에 자리를 잡고 뱀이나 원숭이 등 희귀동물이 벌이는 재롱쇼로 사람들을 불러모으는 거지요. 본 게임은 그다음입니다. 어김없이 이런 대사가 나옵니다. "머리 아픈 사람, 속병이 난 사람, 심장이 두근거리는 사람, 이 약을 잡숴봐. 싹 다 나을 수 있어."

'만병통치약'이란 말은 바로 거기서 나왔습니다. 두통과 위장병은 물론 심장병까지 무슨 병이든 다 고칠 수 있다는 '신의 손' 같은 약 말이지요. 정말 놀랍지 않습니까? 그야말로 노벨의학상을 받을 만한 약을 떠돌이 약장수가 개발해서 팔고 다녔다는 게 말이지요. 하지만 더 놀라운 일은 이후에 벌어집니다. 그 쇼를 벌인 약장수의 말에 혹해 약을 사는 사람들이 제법 많았다는 겁니다. 순진했는지 무지했는지, 그 시절에는 직업뿐만 아니라 사람들도 지금과는 많이 달랐던 것 같습니다.

책장수와 약장수의 스토리를 이처럼 길게 말한 것은 그저 다 지난 시대상과 추억담에 새삼 빠져보자는 게 아닙니다. 시절이 변하고 세상이 바뀌어도 여전히 책장수와 약장수는 존재하고 있으니 말입니다. 어떻게 해서든 책을 팔아야 하고, 어떻게 해서든 약을 팔아야 하는 그네들의 절박함은 지금 기업들이 처한 상황과 그리 다르지 않습니다. 대화로 광고로 고객을 설득하고 제품과 서비스에 믿음을 갖게 만들어야 하는 일까지도 비슷합니다.

비단 장사와 연관된 일뿐일까요. 세상을 살다 보면 누군가에게 간절히 전달하고, 반드시 이해시키고 싶은 일들이 생기기도 합니다. 그 절박함 때문에 상대를 설득하는 과정에서 사안이 과장되고, 제품의 기능이 부풀려지기도 하는 거겠지요.

하지만 아무리 제가 원하는 일이라고 해도 '경계'라는 게 있습니다. 그 경계를 넘어서는 순간 누군가에게 해를 끼치게 마련이고 결국 신뢰가 무너져내립니다. 바로 그 경계를 책장수와 약장수로 나눌 수 있지 않을까 생각하는 겁니다. 다시 말해 책장수처럼 과장은 할 수 있지만, 약장수처럼 거짓은 하지 말아야 한다는 거지요.

"이 책을 읽으면 공부를 잘하게 됩니다"란 책장수의 말은 과장입니다. 그 책을 읽어서 공부를 잘할 아이는 하나고, 나머지 아흔아홉은 아닐 수도 있습니다. 물론 한 아이마저 그 책을 안 읽어도 공부를 잘할 아이였을지도 모르고요. 하지만 책 읽는 일 자체가 해가 되는 건 아니지 않습니까.

하지만 "이 약을 먹으면 병이 낫습니다"란 약장수의 말은 거짓입니다. 책장수와는 상황이 완전히 다르다는 뜻입니다. 병이 나을 확률은 제로 퍼센트인데다가 자칫 도리어 건강을 해칠 수도, 생명이 위태로워질 수도 있으니까요.

책장수와 약장수, 둘 다 사실보다 크게 한참을 부풀려 누군가를 현혹하는 일이 아닙니까. 하지만 어떤 경우라도 약장수처럼 사실이 아닌 것을 사실처럼, 진실처럼 뒤바꾸는 행위는 분명 잘못된 일입니다. 책장수는 '뻥쟁이'로 끝날 수 있지만, 약장수는 '범죄자'가 될 수도 있습니다.

물론 있는 그대로의 사실을 전달할 수 있다면 가장 좋겠지요. 하지만 내 마음대로 풀리지 않는 세상살이에서 부득이하게 묘수가 필요하다면 책장수는 될지언정 약장수는 되지 말자는 겁니다.

만유인력의 역설

제주도를 여행했다면 지나갔을지도 모르겠습니다. '도깨비 도로'라는 곳 말입니다. 오래전 막 결혼한 부부가 신혼여행을 갔다가 우연히 발견했다는 이상한 길 말입니다. 차에서 내려 사진을 찍다가 세워둔 차가 슬금슬금 오르막길을 올라가는 기이한 현상을 목격했다는 거지요. 도깨비처럼 뜬금없이 도깨비도로 이야기를 꺼낸 건 지금 말하려는 주제와 관련이 있어서입니다.

모든 사람이 알고 있듯이 세상에 존재하는 거의 모든 사물은 위에서 아래로 떨어집니다. 물이 대표적이지요. 옆으로 천천히 진행하는 듯하지만 좀 더 높은 곳에서 좀 더 낮은 곳으로 흐르게 되어 있습니다. 지구에 중력이 작용하는 한 만고불변의 진리입니다.

그렇다면 도깨비도로는 진짜 도깨비가 조화를 부린 걸까요? 아닙니다. 그저 착시현상일 뿐입니다. 전문가를 동원해 측량을 해보았더니 '과학적인 수치'로는 오르막길 위쪽이 아래쪽보다 고도가 낮게 나왔다는 겁니다.

여기까지라면 '생활 속 과학이야기'인가 할 수 있겠지만, 그건 아닙니다. 모든 것이 위에서 아래로 흐르는 게 진리인 세상에서, 아래에서 위로 올려야 하는 어떤 것에 관해 말하려는 것이니까요. 바로 우리가 하는 '말의 방향성'에 관한 겁니다.

제 나이쯤 되면 연배로 보나 지위로 보나 어느 모임에서든 서열상 위쪽에 앉게 되어 있습니다. 그런데 이 상석이 말입니다. 그냥 자리만 상석인 게 아닙니다. 상석에 걸맞은 행동을 요청하는 겁니다. 그중 가장 큰 것이 '말'입니다.

이런 자리에서 제가 취하는 가장 조심스러운 행동은 가급적 말을 적게 하는 겁니다. 제 생각과 의견을 전하고 싶은 대로 다 꺼내놨다간 주책없는 꼰대로 몰리기 십상입니다. 제 생각과 의견이 맞고 틀리는 것과는 별개로 말입니다.

그런데 사실 이 '말의 문제'가 그리 간단치 않습니다. 단순히 주책바가지가 되느냐 마느냐, 꼰대가 되느냐 마느냐로 끝나지 않기 때문입니다. 상석에서는 '상석의 고민'이 따르게 마련이니까요.

친한 지인들이 모이는 사적인 모임이라면 그리 심각할

건 없습니다. 문제는 공적인 모임, 가령 회사에서 중요한 회의를 거쳐 중대한 의사결정을 해야 하는 자리라면 상황이 완전히 다릅니다. 이때 '상석의 고민'이 시작되는 겁니다. '그냥 두고 볼까' '개입할까' '개입하면 얼마나 끼어들어야 할까' 등.

사실 위쪽 자리의 제가 굳이 생각과 의견을 내지 않아도 아래쪽의 누군가가 생각과 의견을 내주면 됩니다. 그런데 그게 잘 안된다는 거지요. 중요한 자리라는 걸 서로 아는 겁니다. 회의에 참석한 하위직급자는 어떻게 해서든 입을 다물고 있으려 하고, 그런 광경에 상위직급자의 속은 더 타들어갑니다. 그러다 보니 결국 말을 꺼내놓는 건 상위직급자가 되고, 그 말이 곧 회의의 의견이 되며, 그 의견으로 의사결정이 되어버리는 겁니다.

이쯤 되면 사람의 말까지도 위에서 아래로 흐른다고 봐야 할까요. 만유인력의 법칙이 여기에까지 영향을 미친다고요? 하지만 그건 아니라고 봅니다. 말이 위에서 아래로 흐르는 순간 거대한 댐이 생깁니다. 그 댐이 다수를 통해 지식과 지혜를 모을 수 있는 기회를 막아버립니다.

대신 거꾸로, 그 말이 아래에서 위로 타고 오른다면 인간관계와 회사업무와 일상생활에서 드라마틱한 변화를 이끌어낼 수 있습니다. 무엇보다 집단지성의 기회가 생기고, 한쪽으로 치우치지 않는 현명한 판단을 이끌어낼 수 있습니다. 또 감동은 배가되고 관계는 유연해집니다.

좀전의 회의실 풍경을 떠나 다른 한 장면을 볼까요. 회사에서 어떤 일이 마무리된 뒤 흔하게 들리는 말이 있습니다. "김 과장, 수고했어!" "이 대리, 고생했어!" 상급자가 하급자에게 전하는 훈훈한 위로야 이상할 게 하나도 없습니다. 가끔은 지나치게 일상적이어서 썩 감동적이진 않지요.

그런데 만약 이런 말이 들린다면요. "부장님, 수고하셨습니다!" "과장님, 애쓰셨어요!" 하급자가 상급자에게 전하는, 그러니까 아래에서 위로 타고 오르는 역류 같은 말이라면 어떨까요? 아마 기대조차 못한 감동을, 그것도 두 배로 세 배로 던져줄 겁니다.

아래에서 위로 끌어올린 말, 감동의 강도가 배가되는 그 말은 모든 인간관계에 적용이 됩니다. 부모와 자식, 스승과 제자, 선배와 후배 등 우리가 보통 연배와 지위에 간격이 있다고 여기는 사람과 사람 사이에서요. '고생하셨습니다'가 되었든, '멋지십니다'가 되었든, '존경합니다'가 되었든 말입니다.

이쯤에서 묻고 싶은 게 있습니다. 우리는 왜 칭찬이든 격려든 위로든 좋은 말은 위에서 아래로만 내려보내는 것을 당연한 듯 여기고 살까요? 같은 말이어도 아래에서 위로 전할 때 효과는 커지고 파급력은 더욱 강해질 텐데요.

제가 강조하고 싶은 한마디는 바로 '만유인력의 역설'입니다. 우리가 하는 말에서만큼은 굳이 '만고불변의 진리'를 따를 필요가 없지 않을까 합니다. '위에서 아래로 흐르는 말'보다 '아래에서 위로 흐르는 말'이 가진 영향력이나 전파력이 훨씬 막강하니까요. 가히 우주적인 섭리를 거스를 정도라고 할까요.

'물 흐르듯이'라는 말을 사람들은 참 좋아합니다. 높은 데서 낮은 곳으로, 억지로 비틀지 않고, 자연스럽게 흘러가는 섭리를 따르는 게 맞다고들 합니다. 그런데 '물 흐르듯이'란 말이 왜 나오게 되었을까요. 아마 물길을 바꾸는 일이 결코 만만치 않아서일 겁니다. 수긍하고 적응하며 사는 게 편한 선택이었던 겁니다.

그런 물길에 비한다면 말길을 바꾸는 일은 훨씬 수월합니다. 고정관념을 깨는 일부터겠지요. 뭐든 위에서 아래로 흐르는 게 마땅하다는 생각을 뒤집는 겁니다. 길어 올리든 밀어 올리든 똑같은 말이어도 방향이 바뀌는 순간 센 말이 됩니다. '거스르는 폭포수' 같다고 할까요. 늘 보던 '떨어지는 폭포수'와는 차원이 다르지 않겠습니까.

오너란 것은 없습니다

　기업을 경영하면서 겪는 애로점 중 하나는 모든 임직원을 한자리에 모아 놓고 속 시원히 이야기 한번 나누기가 쉽지 않다는 겁니다. 회사가 커질수록 그 기회와 통로는 점점 줄어드는데요. 아마 경영자라면 누구나 그 부분에 대한 답답함이나 갈증이 있을 겁니다.
　저 역시 다르지 않습니다. 직원들과 허심탄회하게 대화를 해보고 싶어도 가족사마다 수백 명씩인 인원을 불러 모을 방법부터 마땅치 않습니다. 특히 KG모빌리티는 현장에 있는 기술직 직원만 수천 명입니다.
　그 물리적 한계 때문에 고심하다가 좀 다른 방식으로 KG모빌리티 직원들을 만난 적이 있습니다. 직원들이 직접 뽑은 노조 대의원들과 간담회라는 형식으로 대화를 한 겁니다. KG모빌리티가 KG 가족사가 된 지 얼마 지나지 않은 시점이었습니다.

직원들이 질문하고 제가 답하는 형식이었습니다. 그런데 그중 한 명이 단순하지 않은 이야깃거리를 던졌습니다. 질문 자체가 아닌 질문에 섞인 표현 때문이었는데요. "KG그룹이란 새로운 주인으로 바뀌었다"란 대목이었습니다.

저는 대답 대신 그 친구에게 되물었습니다. "KG그룹이 어떻게 생겼고 어디에 있습디까?" 그랬더니 그 친구 얼굴에 당황한 기색이 역력했습니다. 물론 제가 그 말뜻을 알아채지 못한 건 아닙니다. 하지만 이참에 한 번 짚고 넘어가야겠다는 생각이 들었던 겁니다.

KG그룹이란 회사는 없습니다. 그냥 'KG'란 이름을 가진 가족사를 지칭하는 대명사로 쓰일 뿐 실체가 있는 개체는 아니란 이야기입니다. 그 설명 끝에 그 친구에게 물었던 질문의 답을 제가 대신했습니다. "그런 의미에서 KG모빌리티는 이미 KG그룹입니다. 회사의 주인이 KG그룹인 게 아니라요." 아마 이 간단한 코멘트가 그날 제가 직원들과 나눈 대화의 핵심이었다고 생각합니다.

가끔 가족사 직원들을 만날 때마다 묻곤 합니다. "당신이 다니는 회사는 어떻게 생겼나요?" 몇 번 당하기도 한 직원들은 이제 요령껏 대답을 잘 골라 내놓지만, 처음이라면 으레 난감할 수밖에 없을 겁니다. 회사가 사람도 아닌데 대뜸

'어떻게 생겼느냐'고 묻다니. 하지만 답은커녕 뜻도 파악이 잘 안 되는 이 질문이 저는, '회사란 무엇인가'를 다시 생각해볼 수 있게 하는 적절한 도구라고 여깁니다. 그래서 종종 사용하기도 하고요.

그렇다면 과연 회사는 무엇일까요? 당장 법적 구분이 떠오를 겁니다. 대부분 주식회사지만 합자회사·합명회사 등 주주나 권리·의무의 실행방식에 따라 조금씩 형태가 달라지기도 합니다.

제가 하려는 이야기는 이런 법률적인 분류가 아닙니다. 물론 회사든 기업이든 서류상으로 존재하는 법인이긴 하지만요. 그런 이유로 회사는 눈으로 보고 손으로 만질 수 있는 형상이 없습니다. 하지만 꼭 그렇게 볼 것도 아닙니다. 그 법인에 속한 모든 구성원이 그 회사요, 곧 그 기업이기 때문입니다.

결국 회사에 모인 임직원 모두가 그 회사라고 할 수 있습니다. 임직원이 약속을 잘 지키지 않으면 그 회사는 약속을 지키지 않는 회사가 되고, 반대로 임직원이 신뢰로 뭉쳐있다면 그 회사는 신뢰를 중히 여기는 회사가 됩니다.

이런 예라면 어떨까요. 간혹 구성원이 무의식적으로 사용하는 말에는 회사에 대한 마음과 행동이 묻어나기도 하는데요. 뭔가 회사에 불만이 있을 때는 "회사가 말이야"라며 투덜대고요, 뭔가 회사를 자랑하고 싶을 때는 "우리 회사가 말이야"라고 하더란 겁니다.

여기서 문제는 단순히 회사에 불만이 있고 없고가 아닙니다. 편의에 따라, 기분에 따라 자신을 회사에 넣었다 뺐다 하는 게 문제입니다.

회사에 다니고 있는 동안에는 그 회사가 자신일 수밖에 없습니다. 물론 많은 사람이 모인 집합체이긴 합니다만, 그렇다고 회사가 내 일부가 아니라고 말할 순 없는 겁니다. 그건 마치 제 손가락으로 제 발가락이 못났다고 손가락질하는 것과 다를 게 없습니다. 제 발가락이 예쁘지 않다면 제 손으로 예쁘게 다듬고 보듬어야 하지 않겠습니까.

그렇다고 회사가 개인의 소유권이나 재산권을 행사할 수 있는 도구인 건 아닙니다. 주식이란 형태로 회사에서 필요한 의사결정에 참여할 순 있지만 결국 회사는 구성원들의 책임과 권리로 운영되는 독립된 공동체입니다. 간혹 회사의 주인은 따로 있고 직원은 노동을 제공하고 대가를 받을 뿐이라 여기기도 하는데, 대단한 착각입니다. 거꾸로 대주주가 회사를 자신의 소유물인 양 몰고 가는 것 역시 잘못된 일입니다.

기업에 '오너'란 것은 없습니다. 경영자는 회사의 주인이 아니며, 회사의 주인이 회장도 아닙니다. 회장 역시 회사에 속한 구성원 중 한 명입니다. 다른 직원들과 다른 점이 있다면 중요한 의사결정을 할 수 있는 권리, 해야 하는 의무가 있다는 것뿐입니다.

변수를 상수로 만드세요

지난 40년은 정말 '버라이어티'했습니다. 기업경영을 해온 그 세월 동안 참으로 다양한 산업군을 겪었다는 이야깁니다. 하지만 2년 남짓 경험한 이 '하나'에 비할 바는 아니었습니다. '자동차산업' 말입니다.

KG모빌리티를 경영하는 일은 마치 갈수록 어려운 수학 문제를 푸는 것 같습니다. 생산과 판매에만 몰두하는 일차방정식으론 어림도 없습니다. 나라 안팎의 경제·외교 상황은 물론 전쟁·자연재해 같은 지정학적 이슈까지 고려해야 하는, 변수가 급증하는 고차방정식을 해결해야 합니다.

보통 산업구조는 크게 두 가지로 봅니다. BTB와 BTC. 기업과 기업 간 거래가 대다수인 BTB 비즈니스와 기업이 일반 소비자와 직접 거래하는 BTC 비즈니스로 나뉩니다.

KG그룹 가족사 중에서 이 둘을 가치쳐보면 F&B나 에듀윌은 BTC 비즈니스로, 스틸이나 케미칼은 BTB 비즈니스로 나뉠 겁니다. 그런데 KG모빌리티는 이 두 개의 비즈니스 모두에 걸쳐 있습니다. 양쪽을 모두 고려해야 하는 것도 골치가 아픈데 중요한 변수가 하나 더 있습니다. BTB와 BTC 간의 시차가 많이 벌어진다는 점입니다.

일반 소비자는 체감하기 어렵겠지만 신차가 나오는 데는 매우 오랜 준비가 필요합니다. 짧게는 2~3년, 길게는 5~6년이 걸려야 번듯한 새 차가 대중 앞에 선보이게 되는데요. 이 출시 직전까지 KG모빌리티는 온갖 부품을 구입하는 소비자이고, 상대는 이 부품을 판매하는 기업체인 BTB 구조가 됩니다. 이후 완성차를 판매하면서부터는 상황이 뒤바뀌는데요. KG모빌리티는 오로지 일반 소비자의 선택만을 기다려야 하니 완벽한 BTC 구조입니다.

이 복잡한 이중구조를 제외한다 해도 나머지 과정은 착착 계획대로 진행되느냐 하면 그런 것도 아닙니다. 작은 부품 하나라도 수급이 안 맞으면 라인을 멈춰 세워야 하는 게 자동차 생산입니다. 환율과 금리가 급등해 예상치 못한 자금난에 몰리기도 하고요. 어느 날 갑자기 옆집에서 비슷한 모델의 자동차를 만들고 있다는 '선전포고'를 들어야 할 수도 있습니다.

이처럼 무수하게 발생하는 변수를 어찌어찌 피해 차 한

대를 완성했다 해도, 확신보단 걱정으로 출발해야 합니다. 막대한 자금과 시간을 투입한 우리의 결정체인 이 신차를 과연 소비자가 알아봐줄까, 구매해줄까 노심초사하면서 말이지요. 한마디로 제작부터 출시, 판매까지 한시도 안심할 수 없는 게 자동차비즈니스라는 겁니다.

 자동차산업 이야기를 이토록 길게 한 건 요즘 문득 이런 생각이 들어섭니다. '우리네 인생도 자동차를 만들고 파는 일과 별반 다르지 않구나.'

 지난한 과정, 고달픈 완성, 불안정한 미래 이런 것도 참 비슷하지만, 제가 여기서 짚으려는 포인트는 좀 다른 데 있습니다. '살면서 계획대로 삶을 이끌어 나간 게 얼마나 되던가' 하는 겁니다.

 사실 지금 자신의 상황이 좋든 좋지 않든 간에 '계획대로 되었다'고 확신할 수 있는 사람은 별로 없을 겁니다. 이유는 단순합니다. '변수' 때문입니다. 계획이란 게 변수를 가정해놓고 세워나갈 순 없는 거니까요. 거의 대부분 고정되어 있는 '상수'로 계획이 짜입니다. 그러니 어디선가 변수가 훅 날아들면 계획이 휘청일 수밖에요. 휘청이는 정도가 아니라 와르르 무너져 '없던 일'이 되기도 합니다. 아무리 치밀하게 '플랜 A·B·C'를 만들어둔다고 해도 세상에 발생할 모든 변수를 다 고려하는 건 애초에 불가능하겠지요.

 사적인 일이나 회사업무 외에 인간관계도 마찬가지입

니다. 혹시 누군가 "당신의 연인 혹은 배우자가 당신의 이상형이었나요?"라고 묻는다면, 또는 "당신의 상사 혹은 부하직원이 당신이 옆에 두려 했던 사람이었나요?"라고 묻는다면 몇 명이나 "네!"라고 대답하겠습니까.

이렇게 본다면 우리 삶도 자동차산업만큼 녹록지 않은 여정이 아닙니까. 그럼에도 자동차나 인생이나 둘 다 멈춰 세울 수가 없으니 말입니다. 딱 한 가지 방법이 있긴 합니다. 변수와 상수, 둘의 위치를 바꿔버리는 겁니다. 그러니까 언제 생길지 모를 변수를 언제든 생기게 마련인 상수로 만드는 겁니다.

이게 어떻게 가능하냐고요? 스스로 변수가 되면 됩니다. 어떤 상황이나 어떤 사람이 내 계획에 의한 상수가 아니라고 낙담하거나 포기하지 말고, 발생한 변수에 맞춰 내가 변하면 그 상황이나 그 사람은 내가 원하는 상수가 되는 겁니다.

쉬운 예를 볼까요. 주변에서 흔히 자신의 배우자나 연인을 두고 이런 조의 불평을 하는 걸 자주 듣습니다. "저 사람이 변할 줄 몰랐어!" 아마도 그 불평한 사람의 결혼이나 연애에는 '배우자나 연인은 변하지 않는다, 나의 경우만큼은'이란 상수가 들어 있을 겁니다. 그러니 갑자기 배우자나 연인이 돌변하는 변수가 들이닥치면 당혹스러울 수밖에요. 상심 말고는 뾰족한 답이 없을 겁니다. 그런데 만약 '사람은 누구나 변한다'가 상수였다면 어땠을까요. 제가 변수가 되어 상대의 변화에 따라 움직인다면? 장담컨대 전혀 다른 결과를 가져올 겁니다.

일이 잘 안 풀리면 사람들은 늘 변수 탓을 합니다. 잘할 수 있었는데 돌발상황이 생겨 다 망쳤다고들 합니다. 하지만 자세히 들여다보면 변수를 위로 삼아 잘못된 일을 정당화하는 경우가 더 많습니다.

기업이든 인생이든 자신을 한 발짝도 떼지 않는 상수로만 박아둔다면 앞으로도 변수 탓을 할 일이 계속 이어질 겁니다. 내가 변수가 되어 이리저리 움직인다면 상대는 내 계획에 항상 협조적인 귀한 상수가 될 겁니다.

지혜의 창

2

허들은 넘는 거지
피하는 게 아닙니다

삼세판은 간절함입니다

가끔 내기를 하다 보면 이런 광경을 종종 봅니다. 두어 번 내리 진 쪽이, 삼세판이니 마지막으로 한 번만 더 기회를 달라고 애원하는 장면입니다. 상대에 따라 애원이 먹힐 때도 있고 아닐 때도 있지만, 그와는 별개로 사람들은 삼세판을 그리 즐기지는 않는 듯합니다. 첫판에 진 것은 실수라고 해도, 두 번째 판까지 진 것은 실력이 없어서고, 세 번째 판이라고 뭐 뾰족한 수가 나오겠는가 해서지요.

그런데 제가 생각하는 삼세판은 좀 다릅니다. 첫 번째 판은 보고 듣고 느끼는 단계, 두 번째 판은 그 내용을 확인하는 단계 그리고 앞의 두 판이 다 맞다는 전제 아래 '더 나은 것은 없나' 고민하는 단계가 세 번째 판이란 겁니다. 어떤 결정을 할 때, 더구나 그것이 대단히 중대한 결정이라면 세

번 정도는 생각해야 실수나 후회가 생기지 않을 거라는 뜻입니다.

사실 우리가 수시로 하는 의사결정은 첫 단계나 두 번째 단계까지도 위험할 수 있습니다. 더 좋은 방법이 세 번째 단계에 남아 있을 수 있으니까요.

'첫 번째 판'은 주로 내가 보고 들은 것으로 결정합니다. 만약 여기서 상황을 종료한다면 참 무지하고 게으르다고 밖에 달리 표현할 말이 없습니다. 더 알아보려고도, 더 생각하려고도 하지 않은 것이니까요.

'두 번째 판'은 보고 들은 내용이 맞는지 크로스체크하는 절차까진 갑니다. 그나마 좀 낫지요. 이제까지와는 다른 각도에서 사실확인을 해보는 것이니까요.

그럼에도 나중에 돌아보면 과연 그 결정이 진짜 옳았는가 싶을 때가 있습니다. 설령 적절한 판단이었다고 해도 '그렇게밖에 못 했을까' '이런 방법도 있었는데' 할 수 있다는 거지요. 그것이 바로 '세 번째 판'입니다. 세 번째 판은 고민이 따라야 하는 결정이고요, 두 번째 판에서 내린 결론을 뒤집을 수 있을 정도로 강력합니다.

이런 경우라면 설명이 될까요. 진급을 놓친 한 직원이 억울한 마음에 회사를 때려치우기로 작정했습니다(첫 번째 판). 하지만 그 전에 진급에서 빠진 이유라도 알아봐야겠다 싶었습니다. 인사고과점수가 형편없더랍니다. 상사에게서 능력을 인정받지 못한 거지요. 직원은 이직할 결심을 굳혔습니다(두 번째 판). 그런데 어느 순간 당장 그만두는 것만이 능사는 아니란 생각이 들었습니다. 사표를 쓸 때 쓰더라도 자신에 대한 상사의 판단을 바꿔보려는 노력은 한 번쯤 해봐야 하지 않겠나 싶더라는 거지요. 직원은 이직을 잠시 보류하기로 합니다(세 번째 판).

보통 사람들은 두 번째 판에서 판단을 대부분 종료합니다. 그래서 정작 세 번째 판은 뒤늦은 후회나 회한으로 남고 맙니다. '그때 그 선택을 하지 않았더라면……' 하고 말입니다. 만약 그 사람이 인생에서 가장 신중하게 '세 번째 판단'을 고려했다면 세상은 달라졌을 겁니다. 인간에게 가장 위험한 결정인 극단적 선택이란 것도 생기지 않았을 거고요. 그런 이유로 삼세판은 매우 중요합니다. 결과를 뒤집을 수 있어서냐고요? 아닙니다. 결과에 상관없이 후회를 남기지 않을 수 있어섭니다. 주어진 조건과 여건에서 최선을 다했다는 든든한 흔적은 될 테니까요.

삼세판은 혼자 하는 내기입니다. 자신과의 대화이고요. 섣부르지 않았나, 실수는 없었나를 되짚어보는 반성입니다. 제가 말하는 간절함이란 게 바로 이겁니다. 삼세판이야말로 농도가 아주 진한 진짜 간절함입니다.

눈으로 확인하고 귀로 생각하세요

시대가 바뀌긴 했습니다만 전통적으로 자리를 지켜온 '3대 거짓말'이 있습니다. 장사꾼이 늘 입에 달고 사는 "밑지고 파는 겁니다"가 하나입니다. 다른 하나는 미혼 여성이 말하는 "저 시집 안 갑니다"고요. 나머지 하나는 노인의 레퍼토리인 "어서 죽어야지"입니다. 여기까지는 다들 아는 내용일 겁니다. 그런데 여기에 하나 더 추가할 거짓말이 있답니다. 중매쟁이(요즘은 '커플매니저'라고 한다지요)가 기필코 결혼을 성사시키기 위해 하는 그 말, "그 사람 진짜 괜찮습니다."

어제도 오늘도 세상은 참 소란스럽습니다. 듣지 않으려고 해도 들리는 이야기가 넘쳐 납니다. 특히 '3대 거짓말' 같은 '센소리'에는 팔랑귀가 되기 십상이지요. 어떤 일을 판단할 때 우리는 타인의 말을 참 많이 듣습니다. 그 타인이 누구냐에 따라 정도의 차이가 있을 뿐이지요. 듣는 데만 그치지 않고 심하게 의존합니다. 심지어 듣자마자 잽싸게 결정해버리기도 합니다. 누군가가 슬쩍 던진 말만 믿고 직장을 옮기고, 연인과 헤어지고, 집을 팔고 사고, 주식을 팔고 사고. 이 가운데에는 눈으로 한 번 확인하지 않은 일이 수두룩합니다. 과연 이것이 잘하는 일일까요?

제 대답은 "아닙니다!"입니다. 위험천만한 짓이기 때문이지요. 상대를 믿고 안 믿고의 문제가 아닙니다. 책임을 회피하는 문제여서 그렇습니다. 내 운명을 남에게 떡하니 맡기는 형국이어서 그렇습니다. 내 생각을 다른 사람의 머리 안에서 꺼내오는 꼴이어서 그렇습니다. 내 지갑을 타인의 주머니에 넣어둔 모양이어서 그렇습니다.

한마디로 요약하자면 귀로 들은 건 믿을 게 못 된다는 이야깁니다. 중매쟁이, 아니 커플매니저가 혀를 내두르며 칭찬한 '진짜 괜찮은 사람'과 덥석 결혼했는데 살아보니 '영 아닌 사람'이라면 어떻게 하겠습니까. 결혼을 무를까요, 이혼을 할까요.

어떤 때 우리는 내 눈으로 확인한 것도 어느 순간 달라져 있는 걸 봅니다. 눈으로 직접 봤던 사실조차 주변 여건이나 처한 상황, 또 그날의 기분에 따라서 변하기도 하더란 겁니다. 눈으로 확인한 내용이 이 정도니 그저 귀로 전해 들은 내용은 어떻겠습니까.

그렇다고 '귀'가 필요 없는 건 아닙니다. 듣는 것은 보는 것과 달리 나 자신의 판단과 생각을 객관적으로 점검할 수 있는 기회를 만들어줍니다.

이미 듣고 나서 생각이 고정된 다음에는 아무리 좋은 것을 본다고 해도 그 생각을 뒤집는 게 쉽지 않습니다. 마치 한 사람을 믿으면 그가 속이 빤히 보이는 허위사실을 말해도 진실처럼 믿게 되듯이 말입니다.

물론 듣고 보는 일을 같이 할 수 있으면 더할 나위 없겠지요. 그럼에도 굳이 차례를 정해야 한다면 어떤 것이 먼저일까요? 저는 단연코 '일단 보고 다음에 듣는' 순서가 맞다고 봅니다. 누구나 현명한 결정을 하고 정확한 판단을 내리고 싶어 합니다. 방법은 어렵지 않습니다. 편견이나 선입견 없이 눈으로 먼저 보고 그에 대한 의견을 나중에 들으면 됩니다. 철석같이 믿어온 그 귀는 결정하는 도구가 아니라 점검하고 생각하는 도구입니다.

수고의 기쁨

난생처음 네팔 히말라야로 트레킹을 다녀온 적이 있습니다. 2016년 가을이었습니다. 그해 추석 연휴에 맞춰 임직원 몇 명과 뜻을 모았습니다. 일부는 부부 동반으로 따라나섰는데요. 그만큼 출발은 가벼웠습니다. 우리가 잘 아는 유명 산악인들이 비로소 등반을 시작하는 출발지인 베이스캠프까지만 가는 코스이고, 등반이 아닌 트레킹이란 말에 한결 편안한 마음이었습니다. 8박 9일 일정 중 나흘 정도는 올라가고 이틀 반 정도 내려와 하루쯤 쉬고 귀국하는 스케줄이라 그리 험난하지 않을 거라 생각했고요.

그런데 뜻밖의 복병이 우리를 기다리고 있었습니다. 현지 날씨가 변수였던 겁니다. 네팔은 건기와 우기가 6개월씩 이어지는데 딱 그때가 우기였던 거지요. 아무리 우기라고 해도 정말 지독했습니다. 거의 매일 쉼 없이 비가 내리고 산길에는 해충과 거머리가 지천으로 깔려 있었으니까요. 그런 이유로 현지인들도 우기에는 산에 오르려 하지 않는다는 정보도 도착해서야 들었습니다. 추석 연휴에 일정을 잡느라 현지 상황을 전혀 몰랐던 겁니다.

말 그대로 진퇴양난. 이러지도 저러지도 못하는 난처한 처지에 빠졌지만 이왕 먼 길 온 거 강행해보자고 발걸음을 뗐습니다. 하지만 그간 경험해보지 못한 사투 그 자체였습니다. 종일 내리는 빗속에 어느덧 몸에 들러붙어 시뻘겋게 피를 빨고 있는 거머리를 떼어가며 하루에 열 시간 가까이 산을 탔습니다. 숙소라고 편했겠습니까. 산 중턱, 잠자리 불편한 롯지에서 한 주 정도를 지내야 했고요.

결국 정해둔 기간 내에 애초 목표한 지점까지 도달하지 못한 채 아쉽게 돌아서야 했습니다. 귀국 일정이 정해져 있었기 때문입니다. 하지만 사진이나 영상으로만 접했던 히말라야 설산의 높은 봉우리들을 눈앞에서 바라보던 기분은 형언하기 힘들 정도로 감격스러웠습니다. 그때 고락을 함께했던 동료들은 "다시 가보고 싶다"는 말을 합니다. 그 악몽 같은 거머리의 추억은 싹 잊어버리고 말이지요.

문득문득 당시 여정을 떠올릴 때마다 드는 생각이 있습니다. 우리가 살면서 항상 갈구하는 기쁨과 행복이 과연 어디에서 나오는 건가 하는 겁니다. 사람은 누구나 힘들고 불편한 고통은 싫어하고 피하려고 합니다. 즐겁고 편안한 기쁨은 반기고 좋아하는 것과 달리 말이지요. 그런데 정말 고통과 기쁨이 상반된, 전혀 다른 형태일까요? 저는 그렇게 생각하지 않습니다. 서로 닮아 있다 싶습니다. 한마디로 인생의 긴 여정에서 차례로 거쳐가는 통로라는 생각이 듭니다. 힘들고 고통스러운 과정을 지나야 비로소 행복과 기쁨을 제대로 느낄 수 있지 않을까 싶은 겁니다. 물론 별스러운 고통 없이 행복을 얻어낼 수 있다면 더할 나위 없이 좋은 일일 겁니다. 하지만 세상에 그런 무임승차 같은 일이 얼마나 있겠습니까.

여기 두 사람이 있습니다. 두뇌가 명석해 어딜 가나 '수재' 소리를 들어온 한 사람은 단번에 고시에 합격했습니다. 반면 보통 수준의 머리와 능력을 가진 다른 사람은 피나는 노력으로 여러 번의 시도 끝에 고시 관문을 통과했고요. 이들 두 사람 중 과연 어느 쪽이 합격의 기쁨을 더 크게 만끽할 수 있겠습니까.

기쁨이나 행복은 보이거나 만질 수 있는 게 아닙니다. 돈을 주고 살 수 있는 것도 아니지요. 그저 우리가 느끼는 여러 감정의 한 갈래고 혹은 그 감정을 재는 척도에 불과합니다. 그럼에도 거의 본능적으로 우린 기쁨과 행복을 좇습니다.

이럴 때 어떻게 해야 그 기쁨과 행복을 '온전히 잡았구나' 하겠습니까? 결국 답은 내가 지불한 수고와 고통에 있을 겁니다. 기쁨에는 반드시 수고가 따르고, 얻으려는 행복의 크기만큼 감내할 고통의 크기 역시 정비례할 수밖에 없다는 소립니다. 배고플 때 먹는 밥 한 그릇, 김치 한 종지가 배부를 때 받는 진수성찬보다 훨씬 값지고 고마운 법이니까요.

물론 이해는 합니다. 기왕이면 작은 수고로 큰 수확을 바라는 것, 그것이 사람이라면 어찌할 수 없는 본바탕이란 것을요. 하지만 현실이 어디 본성대로 움직이든가요. 그러니 내 생각을 바꾸는 수밖에요. 지금 내가 힘들고 어려운 상황이라면 '이 상황이 나에게 기회가 될 수 있겠구나' 여겨보는 겁니다.

세상에 공짜는 없습니다. 공짜로 먹는 점심도 없지만, 공짜로 하는 수고도 없다는 게 제 지론입니다. 그래서 세상의 모든 수고에는 반드시 대가가 따릅니다. 다만 그 대가가 자신이 생각하는 시공간에 잘 맞아 떨어지지 않을 순 있습니다.

어느 집 아이들이 경제적 고충 없이 살고 있다면 그건 오래전 부모가 기울인 수고의 대가를 받은 것입니다. 어느 회사가 승승장구하고 있다면 그건 오랫동안 직원들이 기울인 수고의 대가고요. 그 회사가 성장해 얻은 결과물은 다시 직원에게 돌아갑니다. 물론 시간은 좀 필요하겠지요.

하지만 이렇듯 어긋난 시공간도 반드시 되돌아오게 되어 있습니다. 시험공부를 열심히 했는데 공부한 데서 문제가 출제되지 않았다고 실망할 필요가 없다는 이야깁니다. 어차피 내가 노력해 얻은 지식은 고스란히 남아 있으며 언제든 필요할 때 나를 위해 쓰일 테니까요.

오늘 하루, 올 한 해 당신이 기울인 수고 역시 어디엔가 차곡차곡 적금처럼 쌓이고 있을 겁니다. 그러곤 언젠가 당신에게 큰 이자로 돌아올 겁니다. 제가 네팔에서 경험한 험난한 여정이 지금 이렇듯 자랑스러운 것처럼 말입니다.

허들은 넘는 거지 피하는 게 아닙니다

육상종목 중에 '허들 경주'라는 게 있습니다. 출발점부터 일정한 간격으로 설치한 허들 열 개를 훌쩍훌쩍 뛰어넘으며 달리기를 겨루는 경기를 말하지요. 장거리 허들 경주라면 허들뿐만 아니라 가끔 물웅덩이도 한 번씩 넘어줘야 합니다. 어쨌든 경기의 핵심은 장애물을 모두 통과하고 골인 지점에 빨리 도착하는 겁니다.

그런데 드물게 경기장에서 황당한 장면이 연출되기도 합니다. 선수가 허들을 피해 옆으로 통과하는 경우 말입니다. 결과가 어찌 나올까요. 그 선수는 1등으로 들어온다고 해도 바로 실격 처리됩니다.

허들 경주를 가만히 보고 있자면 우리네 세상살이가 이런 장애물 경주와 같지 않을까 싶습니다. 사는 일에 허들이나 태클 따위가 없으면 참 좋으련만 현실은 전혀 그렇지 않으니까요. 그런데 한편으로는 이런 생각도 듭니다. '장애물이란 게 우리 인생에서 험난한 과정이기만 할까.'

간혹 직원들과 대화를 하다 보면 느끼는 게 있습니다. 어떤 업무의 진행이 영 시원치 않을 때 말입니다. "왜 제대로 안 되고 있지?"라고 물으면 대개 이런 이유가 돌아옵니다. "인원이 부족합니다." "시간이 촉박합니다." "다른 부서에서 협조를 안 해줍니다." 이 말들을 다시 풀어보면 '잘하고 싶은 마음은 굴뚝같으나 환경과 여건이 온통 지뢰밭이라 뭘 제대로 못 하고 있으니 좀 알아주세요'란 뜻이지요.

이런 장면은 굳이 저와 직원 간의 대화가 아니더라도 상사와 부하직원 사이에서 자주 펼쳐질 겁니다. 그런데 이쯤에서 슬슬 의심이 생깁니다. 과연 그 이유들이 정말 '넘지 못할 장애물'인가. 그저 '넘기 불편하고 힘든 장애물'은 아닐까. 아마 적잖이 그럴 겁니다. 무조건 장애물 탓만 하는 경우 말입니다. 눈앞에 죽 서 있는 장애물이 애초에 넘기가 불가능한 건지 그냥 귀찮기만 한 건지 제대로 묻지도 따지지도 않고서요.

원체 우리 삶은 '허들 넘기'의 연속입니다. 차이가 있다면 '더 높은 허들'과 '좀 낮은 허들'이 있을 뿐이지요. 제가 아는 한 세상은 절대로 꽃길만 내어주지 않습니다. 편한 길 같아 마냥 좋아했지만 얼마 지나지 않아 생각지도 않은 어려움을 만나게 되더란 겁니다. 대체로 '뒤끝'이 좋지 않은 쉬운 길에 비하면 차라리 허들은 깔끔합니다. 숨 한번 크게 쉬고 폴짝 뛰어넘으면 한 고비는 넘긴 거니까요. 몇 차례 넘다 보면 기량도 늘고 자신감도 생깁니다.

 허들 경주에 나서자고 했으면 허들을 상대해야 합니다. 허들은 넘으라고 놓아둔 거지 피하라고 놔둔 게 아니니까요. 우리 인생도 다를 게 없습니다. 어차피 장애물 경주를 피할 수 없다면 장애물을 넘어야 게임이 끝납니다. 요리조리 빠져나간다고 해결되는 일은 아무것도 없다는 뜻입니다.

 다만 스포츠의 허들 경주와 인생의 허들 경주는 다른 점이 있습니다. 스포츠에서는 허들을 피해버리면 실격자로 끝나지만, 인생에서는 실격자로만 끝나지 않는다는 겁니다. 운 좋게 한두 번은 피할 수 있다고 칩시다. 점점 크고 높아진 장애물이 몰아닥칠 거고요, 이를 감당하지 못해 헉헉대다가 결국 인생의 패배자로 낙인찍힐 테니까요.

 다른 점은 하나 더 있습니다. 스포츠의 허들 경주는 누가 잽싸게 들어오는가에 따라 순위를 매기는 '빨리 달리기 시합'이지만, 인생의 허들 경주는 빠르고 늦는 게 그다지 중요하지 않은 '끝까지 달리기 시합'이란 겁니다.

 혹여 달리다가 넘어지기라도 하면 어떻게 되느냐고요? 그건 봐줍시다. 스포츠에서도 그렇지 않습니까. 허들을 부러뜨리든 자신이 고꾸라지든 장애물을 피하지만 않는다면 적어도 '실격 처리'는 하지 않으니까요.

만년과장과 소크라테스는 한 끗 차이

KG그룹에는 특별한 문화가 있습니다. '자율진급신청제'란 것인데요. 진급을 원하는 직원이 직접 신청서를 내고 회사가 그것을 토대로 그 직원을 승진시킬까 말까를 결정하는 제도입니다. 지금이야 가족사도 직원 수도 크게 늘어나 각 가족사 대표가 최종 관리자로 이 제도를 운영하고 있지만, 초기에는 제가 직접 관여했습니다. 진급신청서를 일일이 다 읽고 하나하나 평가하면서요. 물론 처음 시행한 제도라 좀 생소하기는 했습니다.

아무튼 당시 일입니다. 어느 날 과장 직급의 한 직원이 제출한 진급신청서를 읽고 있는데 참 눈물 빼는 신파조였습니다. 사연은 이랬습니다. 홀어머니를 모시고 사는데 어머니가 자신이 진급하지 못한 걸 늘 걱정하신다는 것, 입사

동기들은 죄다 부장을 달았는데 자신은 10년째 과장이란 것, 아마 그 이유는 딱 하나뿐일 텐데 다름 아닌 윗사람에게 찍혔기 때문이란 것, 자신은 일도 잘하고 성과도 냈는데 상사가 그걸 알아주지 않으니 억울할 뿐이란 것 등.

그래서 전 즉시 팩트체크에 들어갔습니다. 은밀히 사실관계를 조사하기 시작했지요. 그런데 결과가 영 의외였습니다. 이 직원이 말로만 듣던 그 '고문관'이란 겁니다. 군대에서 많이 쓰는 용어인 고문관은 한마디로 '손이 많이 가는 사람'을 말합니다. 말귀 못 알아듣고, '빠릿빠릿'은 다 내다 버렸고, 맡은 일은 곧 사고 치는 일이고, 선임이나 상급자에게 반항하는 것을 나라 사랑이라고 믿는.

물론 그 친구가 이 정도까지는 아니었습니다만 여러 사람의 공감대를 충분히 이끌어낼 만큼 '골칫덩이'였던 건 맞는 듯했습니다. 더 큰 문제는 남들은 다 아는 무능력을 자신은 전혀 파악하지 못한다는 데 있었습니다. 도리어 그것이 억울하다고 호소하기까지 했으니까요.

어쨌든 사정을 알고 난 뒤 저는 개인적으로 좀 안타깝다 싶었습니다. 그래서 따로 면담을 했지요. 동료와 상사의 의견을 전하고, 제 생각도 말했습니다. 그런데 그다지 인정하는 눈치가 아니었습니다. 그럼에도 결론을 냈습니다. "10년 과장은 너무 잔인하고, 나이 드신 어머니도 생각해야 하니 일단 진급은 시켜주마. 그러니 일하는 방식을 한번 바꿔 잘

해보자."

결과는 어찌 되었을까요? 애석하게도 그 직원은 전혀 변하지 않았습니다. 오히려 진급 이후 더 세진 업무강도로 과중한 스트레스에 시달리다가 결국 못 견디고 스스로 사직하고 말았습니다.

좀 장황해졌습니다만 옛이야기를 길게 꺼내놓은 데는 까닭이 있습니다. 하나는 그때 제 판단의 실수를 다잡기 위해섭니다. 만약 그 직원을 과장으로 그냥 두었다면 진급은 못 해도 직장생활은 더 할 수 있지 않았을까 하는 생각이 드는 겁니다. 다른 하나는 자신이 부족하다는 걸 인정하지 않으면 결코 진보할 수 없다는 참 평범한 진리를 말하고 싶어섭니다. 모든 일의 근원은 '자신을 아는 일'부터란 이야깁니다.

이 분야에 관한 한 독보적인 대선배가 있지요. 철학자 소크라테스 말입니다. "너 자신을 알라"란 독한 소리를 여기저기서 하고 다니지 않았습니까. 그런데 2천 년이 넘도록 인구에 회자되는 이 불후의 명언이 나온 배경이 무엇일까요.

어디선가 이와 관련한 에피소드를 본 적이 있습니다. 한때 고대 그리스 사람들이 '세상에서 제일 똑똑한 사람'을 찾아다녔답니다. 그런데 누구를 붙들고 물어봐도 다들 한목소리로 외쳤다는 거 아닙니까. "소크라테스요!"라고. 그래서 사람들이 소크라테스에게 몰려갔다지요.

"당신이 세상에서 가장 똑똑하다는데 비결이 뭡니까?"

가만히 듣고 있던 소크라테스가 대답했습니다.

"나는 내가 똑똑하지 않다는 걸 아는 사람이기 때문일 거요."

사실 소크라테스의 명언으로 알려진 '너 자신을 알라'는 고대 그리스 델포이 신전에 씌어 있는 말이랍니다. 소크라테스가 좌우명 삼아 자주 사용했다고 하고요. 결국 소크라테스는 '내가 똑똑하지 않다는 것을 아는 것이 가장 똑똑하다'는 사실을 알고 실천한 사람이었다는 거지요.

누구나 자신을 잘 알 수 있다면 완벽하지는 않더라도 어느 정도는 실수 없이 살아갈 수 있을 겁니다. 자신을 잘 안다는 게 무엇이겠습니까. 지혜가 부족하면 부족하다고 인정하고, 능력이 없으면 없다고 인정하는 겁니다. 그래야 빠지고 모자란 부분을 채워나갈 수 있으니까요. 부족한 것을 알아야 남의 것을 채울 수도 있을 거고요. 게다가 인생은 알면 알수록 모르는 게 많아지는 법입니다.

진급신청을 했던 그 직원과 소크라테스의 차이는 사실 한 끗이었습니다. 자신이 부족한 것을 알았느냐 몰랐느냐 하는 그것 말이지요. 바로 세상 사는 지혜를 얻는 방법의 차이였습니다.

현명과 미련

우리가 자주 쓰는 말 중에 '현명하다'와 '미련하다'가 있습니다. 너무 편하게 쓰다 보니 그만큼 함정도 있습니다. 정확한 의미 없이 그냥 그런 뜻이려니 한다는 말입니다. 이번 기회에 한 번 잡고 갈까요.

제가 구분하는 '현명'과 '미련'은 이렇습니다. 지금 자신이 처한 현실을 잘 파악하고 상황을 잘 이해하는 것을 현명이라고, 자신이 처한 현실과 상황을 도대체 구분하지 못하는 것을 미련이라고요. '현명한 사람'과 '미련한 사람'에 대한 분석도 바로 나옵니다. 지금 처한 현실과 상황을 잘 판단하는 것뿐만 아니라 잘 대처하는 사람을 현명한 사람이라고 말하지요. 그렇다면 미련한 사람은? 현실감도 없고 상황도 모르고 거기다가 대처도 제대로 못 하는 사람입니다.

어떤 친구가 제게 인신공격성 발언을 했다고 칩시다. 참고 넘길 것인가 참지 않을 것인가를 잠시 생각한 뒤 '들이받자'고 결정합니다. 여기까지는 뭐 괜찮은 판단입니다. 그다음의 대처가 중요한데요. 들이받을 친구가 키 190센티미터에 체중은 100킬로그램이 넘는 거구랍니다. 과연 분노했다는 이유만으로 그 친구에게 응징하겠다고 덤벼든다면 현명한 대처를 했다고 하겠습니까.

흔히 연인 사이도 마찬가지일 겁니다. 뭔가 상대에게 계속 불만스러운 쪽이 자신이 처한 상황을 이해하려 들지 않고 '사람이 변했다'며 따지고만 든다면, 혹여 서로의 감정을 식게 한 원인은 찾지 않고 자신이 원하는 것만 관철하려 든다면 활화산에 기름을 들이붓는 미련한 짓이 되겠지요.

현명과 미련이 비단 사람에게만 해당하는 것도 아닙니다. 현명한 기업과 미련한 기업도 있고요, 현명한 국가와 미련한 국가도 있습니다. 기업과 국가에서 나타나는 현명과 미련의 차이는 흔히 협상테이블에서 잘 드러납니다. 기업 간 M&A나 국가 간 FTA 같은 중차대한 결정 말입니다. 현명한 기업과 국가는 협상에서 중요한 게 '밀당'이란 걸 압니다. 양보할 건 하고 받을 건 받고, 밀고 당기는 기술이 협상력을 높인다는 걸 간파하고 있지요. 그런데 무조건 받아내는 게 이기는 거라고 막무가내로 고집만 부린다면 어떻게 되겠습니까. 아예 협상을 깨자고 덤비는 대단히 '미련한 짓'인 겁니다.

이렇듯 현명과 미련은 개인의 삶을, 기업의 진퇴를, 국가의 운명을 가름합니다. 그렇다면 어떻게 미련을 벗겨내고 현명에 다가설 수 있을까요. 당장 이런 질문이 나오지 않을까요. "많이 배우고 공부해야 현명해질 수 있는 겁니까?"

제가 생각할 때 현명과 미련은 지식이 얼마나 풍부한가와는 다른 차원입니다. 옛 어르신을 회상하며 '현명한 분'이라 할 때는 그분이 얼마나 배웠는가를 재고 말하는 게 아닙니다. 사리판단이 지혜롭고 처신이 슬기로웠을 때에야 현명이란 수식을 붙이지요. 교육받을 여건이 과거보다 훨씬 좋아진 요즘도 다르지 않습니다. 최고 학벌의 엘리트 코스 출신이라고 해도 항상 '현명하다'란 소리를 듣는 건 아니더란 거지요.

결국 관건은 나 자신을 어디에 두느냐일 듯합니다. 모든 판단과 대처에서 나를 배제하고 상황을 객관적으로 보려는 노력에 따라 '현명'과 '미련'이 갈린다는 뜻입니다. 상사에게 욕 한 번 먹고 과감히 사표를 던진 직원이 있다고 칩시다. 꽤 근사해 보입니다. 하지만 거기까지입니다. 우린 그 직원을 결코 현명하다고 말하지 않습니다. 차라리 억울한 심정을 일단 내려놓고 자신을 욕먹게 한 원인을 찾아 상사에게 해결책을 제시하는 게 훨씬 현명한 처신일 겁니다. 상황은 이내 반전드라마가 될 테니까요.

미련하게 보였으나 현명하게 길을 찾아가는 사람, 인생에서 '진짜 주인공'은 바로 그입니다. 문득 이런 생각이 드네요. "너 자신을 알라"던 소크라테스의 말뜻이 바로 그런 의미가 아니었을까. "제발 미련 좀 떨지 마!"

팩트와 맥락

"지난 금요일 서울 모 호텔에서 A기업 임원 김씨가 경쟁업체인 C기업의 임원 이씨와 식사를 하며 담소를 나누었다."

살다 보면 '사람 잡는 오해'라는 걸 가끔 겪기도 합니다. 아마 이런 경우가 그에 해당될 겁니다. 만약 앞의 광경을 A기업이나 C기업의 직원, 아니면 이들을 아는 언론사 기자가 우연히 목격했다면 아주 난처한 처지가 되지 않겠습니까. "정보 유출을 하나? 스카우트 제의인가? 아니면 가격 담합?" 어떤 것이어도 앞의 문장은 성립이 됩니다. '팩트'이기 때문이지요.

그날 만난 김씨와 이씨가 어릴 적 친구 사이였고, 이러저러한 이유로 연락이 끊겼다가 실로 오랜만에 우연찮게 만나 밥 한 끼 먹게 된 거라면 어떻습니까. 저 식사 장면이 문제가 될 일은 없어 보입니다. '맥락'을 파악할 수 있는 상황이기 때문입니다.

이렇듯 우리 삶에서 팩트와 맥락은 무척 중요합니다. 각각도 중요하긴 하지만 둘이 딱 붙어 떨어질 수 없는 밀착 관계라는 게 더 중요합니다. 그런데 맥락은 제쳐두고 팩트로만 세상일을 판단하는 잘못을 밥 먹듯이 한다는 게 문제입니다.

비단 '호텔의 그들'처럼 개인적인 비즈니스로 끝나지도 않습니다. 정치든 경제든 근거가 애매한 이슈가 툭 불거지기도 하는데요. 간혹 언론이 하는 실수가 이렇게 만들어지지 않나 싶습니다. "나는 던져놓을 테니 판단은 그대들이 알아서 하시오!" 하는 식으로 말입니다. 이슈 한 줄만 봐선 어떤 배경에서 그런 내용이 나왔는지 도대체 알 수가 없는 거지요. 그러니 그 팩트를 두고 온갖 추측에, 아전인수식 해석이 난무할 수밖에요. 그래서 언론계 히트상품인 '팩트체크'란 코너가 관심을 끄는 게 아닐까요. 어찌 보면 참 씁쓸한 일이 아닙니까. 팩트에 달린 맥락을 풀어주는 건 당연한 일인데 이것이 마치 심층취재처럼 떠오르니까요.

맥락이 없는 팩트는 없는 법입니다. 팩트만 보고 판단해 버리면 아주 곤욕스러운 상황을 만들 수도 있는데요. 멀쩡한 사람을 살인자로 둔갑시킬 수도 있고요, 파렴치한으로 몰고 갈 수도 있습니다. 앞에서 본 '김씨와 이씨'의 경우처럼요. 게다가 말이지요. 만약 김씨와 이씨가 남녀 사이였다면 어땠을까요. '나쁜 놈' 정도로 그치지 않을 겁니다. 아마 소설책 한 권은 나오지 않았을까요. 물론 팩트만 보고 내린 판단이 '진짜 사실'일 때도 있을 겁니다. 하지만 그건 주사위를 던져 항상 숫자 1만 나오길 바라는 '헛된 꿈'인 거지요.

그러니 팩트를 제대로 확인하지 못했다면 아예 판단을 하지 말자는 게 제 의견입니다. 어설픈 판단은 안 하느니만 못하니까요. 판단을 못 하는 상태에서 이러쿵저러쿵 하는 건 각자의 취향에 맞춘 해석밖에 안 되는 겁니다. 또 어설픈 판단이 세상을 위험에 빠뜨릴 수도 있고요. 오해가 생기고 갈등이 터지고, 서로 미덥지 않아 하다가 모두를 지치고 힘들게 할 겁니다.

맥락이 별것인가요. 지금 우리 눈에 보이는 팩트의 전후 사정이 맥락입니다. 그러니 그 전후 사정을 알아보자는 겁니다. 앞에는 어떤 원인이 있었고, 뒤에는 어떤 처지에 놓이게 되었는지를 살펴보자는 겁니다. 이렇게만 된다면 말이지요. 적어도 팩트에 눈이 멀어 상황을 잘못 받아들이거나 엉뚱한 싸움거리를 만드는 일은 많이 사라질 겁니다.

자, 이젠 달랑 팩트 하나로 일의 전부를 판단하는 실수가 좀 줄어들까요. 결국 제대로 알지도 못하면서 쓸데없이 아는 척을 해 문제를 만들지 말라는 이야기이기도 한데요. 좀 더 친절하게 풀어주면 이런 뜻입니다.

"팩트로 멀쩡한 사람 잡지 말고 맥락을 보고 판단하세요. 모르면 차라리 판단정지가 낫습니다. 그편이 우리 인생이나 사회에 훨씬 도움이 될 겁니다."

주위에 이런 충고 한 번씩 날려주고 싶은 사람이 한둘은 꼭 있지 않습니까. 물론 나 자신을 먼저 알아야겠지요. 정말 나는 맥락을 잘 살피고 있는지 '팩트체크'부터 하는 게 순서이지 싶습니다.

과정을 즐겨보는 겁니다

 과연 우리가 사는 세상이 공평할까요, 불공평할까요? 따져볼 것도 없이 세상은 불공평합니다. 일단 시작이 그렇습니다. 누구는 미남미녀로 태어나고요, 누구는 멘사 회원이 될 만큼 좋은 머리를 가지고 태어납니다. 또 누구는 금수저, 은수저를 세트로 물고 태어나기도 합니다. 반면 '뛰어난 외모' '좋은 머리' '엄청난 부'라는 신이 내린 '3대 계시'에서 완전히 소외된 채 태어나는 사람도 있습니다. 그러니 세상은 불공평하기 짝이 없습니다. 내가 원하는 건 쏙쏙 다 빼놓고 엉뚱한 배경과 조건에 뚝 떨어졌으니 말이지요.
 어디 출생의 비밀만 그런가요. 세상일도 그렇습니다. 일은 똑같이 죽어라고 하는데 버는 돈은 죽어라고 차이가 나는 경우 말입니다. 누구는 대기업에 다니고, 누구는 중소기업에 다닌다는 이유만으로요. 결국 그 사람의 능력과는 상관없이 그 사람이 가지고 있는 환경 때문에 제대로 대접을 못 받는 일이 생긴다는 겁니다.

사람 사는 세상이 그렇습니다. 누구는 존대 받고 누구는 하대 받고, 이런 불공평한 처지가 불만스러울 수 있습니다. 그런데 왜 이런 상황에 불만이 생길까요? 바로 인간이라면 누구나 행복해지고 싶어서입니다. 행복하기 위해 좀 더 가지려 하고 좀 더 대접받으려 하는데 자신이 타고난 환경과 여건이 자꾸 막아서니 불평스러운 신세한탄만 하게 되는 겁니다.

그런데 과연 이런 일들을 두고 '세상은 그냥 불공평한 것'으로 초간단 결론을 내려버려도 될까요? 한번 상상해봅시다. 이재용 삼성전자 회장이 1조 원을 버는 행복감과 시장통에서 떡볶이집을 운영하는 할머니가 1백만 원을 버는 행복감 중 어느 것이 더 크겠습니까? 아마 어쩌면 떡볶이집 할머니의 행복감이 더 클지도 모릅니다. 이게 무슨 말일까요? 결국 행복의 크기는 어디서 출발하느냐의 문제가 아니란 뜻입니다.

시작은 물론 불공평합니다. 하지만 살아가는 과정에서 이러저러한 노력을 하고, 열심히 일해 얻은 성취감만큼은 참으로 공평하다는 겁니다. 다만 이런 질문은 할 수 있겠지요. "노력하는 과정이 누구나 다 똑같다고 볼 순 없지 않습니까. 일하는 개미 옆에서 노래하느라 베짱이도 정말 힘들었다고 하니까요."

물론입니다. 각자 최선을 다하는 거겠지요. 그에 따라 결과물은 달라질 수 있을 테지만 결국 행복감은 정신적인 거니까요. '내가 느끼는 정신적인 만족감'이 바로 행복이니까요. 그러니 어떤 사람은 소형 아파트에 살아도 한없는 행복감을 느끼고, 또 어떤 사람은 대저택에 살아도 별 감흥 없이 사는 거겠지요.

많이 가진 자가 행복한 것도 아니고, 못 가진 자가 불행한 것도 아닙니다. 잘생긴 자가 행복한 것도 아니고, 못생긴 자가 불행한 것도 아니고요. 겉으로 드러난 것만 보고 "행복하겠네" "불행하겠네" 쉽게들 말하지만 과정은 보이는 것과 전혀 다를 수 있습니다.

그렇다고 끝은 공평할까요? 아닙니다. 이 경우도 봅시다. 비슷한 시기에 태어난 김씨와 이씨가 어느덧 생을 마감할 때가 되었답니다. 각자 남긴 것을 정리해보니 김씨는 1억 원, 이씨는 100억 원쯤 되더랍니다. 딱 여기까지만 놓고 보면 이씨가 아주 해피한 생애를 보냈을 것처럼 보입니다. 그런데 사정을 알고 봤더니 김씨는 100원에서 시작해 1억 원을 남겼고, 이씨는 110억 원에서 시작해 100억 원을 남긴 거랍니다. 어떤가요. 다른 사연은 다 빼버리고 이 과정을 본다면 아마도 김씨는 평생 행복했으리라, 이씨는 평생 우울했으리라는 견적이 나오지 않습니까? 단지 누구는 1억 원을 얻고 누구는 10억 원을 잃었기 때문만이 아닙니다. 얻고 잃는 과정에서 느끼고 또 느끼지 못했을 행복감의 크기가 보이기 때문입니다.

결국 결과물은 큰 의미가 없습니다. 시작이 별 의미가 없었던 것처럼요. 행복이란 건 각자의 정신적 만족감이니까요. 노력한 만큼만 대가를 받는 법이고, 바로 그 과정만큼은 공평하다는 이야기인 거지요. 우리가 행복해지려는 과정, 예를 들어 건강해지려는 노력, 돈을 벌려는 노력, 다른 사람과 친해지려는 노력 등은 우리가 투입한 만큼 결과물이 나오게 되어 있습니다. 가령 내가 누군가와 친해지고 싶다고 합시다. 50보 다가서면 50만큼은 친해질 수 있고 100보 다가서면 100만큼은 친해질 수 있습니다. 결코 '내가 잘났지 못났지'와 연관된 일이 아니란 소립니다.

제가 여기서 말하고 싶은 건 이겁니다. 만약 시작이 불공평하다고 "난 이거 안 할래" "하면 뭐하니? 달라지지도 않을걸" 하며 다 내던져버린다면 과정의 행복감은 끝까지 얻지 못할 겁니다. 노력해도 안 되는 일은 분명히 있습니다. 100원에서 시작한 사람이 100억 원으로 끝내는 건 쉬운 일이 아니지요. 그렇다면 그 차이는 어찌 해결할까요? 바로 행복감이 해결해줍니다. 이재용 회장의 1조 원과 떡볶이 할머니의 100만 원처럼요.

이야기가 길어졌습니다만 한번쯤 이런 이야기가 필요하다 싶었습니다. 요즘 가끔 젊은 친구들을 보면요. '어쩔 수 없는 불공평'에 대해서만 따지고 드는 것 같습니다. 이미 자신도 다른 누구와 비교하면 불공평한 출발일 수 있습니다. 그런데 오직 자신만 불공평의 피해자인 양 코스프레 하고 있는 건 아닌가 합니다. 어차피 상대적인 겁니다. 그러니 시작도 아니고 결과도 아니고 오로지 과정일 수밖에요. 과정에 기울이는 노력은 결코 불공평하지 않으니까요. 다만 '과정의 행복'도 얻으려고 노력하는 사람만 쟁취할 수 있는 법입니다.

이미 우리는 인생을 불공평하게 출발했습니다. 그건 당신이 어찌할 수 없는 신의 영역입니다. 하지만 과정은 아닙니다. 컨트롤할 수 있습니다. 100만큼 노력하면 100이 나오고 10만큼 노력하면 10이 나올 것이고요. 여기서 100과 10은 정량의 문제가 아닌 정신적인 문제, 행복의 문제입니다. 그래서 세상은 한편으로는 공평하다고 하는 겁니다. 정확하게 말하면, '과정이 공평하다'이겠지요. 그러니 어찌할까요. 불공평한 출발을 탓하지 말고, 평계 대지 말고, 결과물에 대해서도 신경을 꺼버리고요. 그냥 과정을 즐겨보는 겁니다.

걱정하고 있습니까
고민하고 있습니까

사람이든 동물이든 차이가 없는 한 가지가 있다면 아마 '걱정'일 겁니다. 생명이 붙어 있는 한 크고 작은 걱정이 없을 수 없으니까요. 사자는 사슴을 안 먹으면 죽고, 사슴은 사자에게 먹히면 죽고, 잡아먹느냐 잡아먹히느냐 매번 생사가 달린 문제가 오락가락하니 굳이 경중을 따지자면 동물의 걱정이 더 클 것 같긴 합니다.

물론 사람 사는 세상도 다르지 않겠지요. 잡아먹거나 잡아먹히는 살벌한 상황이 여기저기서 벌어지지 않습니까. 장사하는 사람은 장사가 되지 않아 걱정이고, 학생은 원하는 성적이 나오지 않아 걱정이고. 직장인은 뭐 한두 가지겠습니까. 업무는 내 맘대로 안 되지, 상사는 매일 들들 볶지, 후배는 지독하게 말을 안 듣지. 하여간 살아있는 한 걱정과 멀어지기는 대단히 어렵습니다.

　핵심은 '내게 떨어진 이 수많은 골치 아픈 문제들을 어찌하면 좋을까'이겠지요. 제가 볼 땐 그 문제들의 운명이 전혀 다른 성향의 사람을 만나 두 갈래로 갈리는 것 같습니다. 하나는 '걱정하는 사람'이고요, 다른 하나는 '고민하는 사람'입니다.

　'걱정하는 사람'은 걱정거리가 생길 때마다 머리를 싸매고 생각만 하는 사람을 말합니다. 반면 '고민하는 사람'은 같은 걱정거리라도 이를 어떻게 해결할 건가 궁리하는 사람일 테고요. 그런데 흥미로운 건 정작 당사자는 자신이 걱정을 하는지 고민을 하는지 잘 모르고 있더란 겁니다. 우리 임원들과 대화하다 보면 이런 '정체성 실종 현상'을 자주 목격하곤 합니다. 제가 볼 땐 어떤 문제에 대해 걱정을 하고 있는 것 같은데, 자신은 열심히 고민하고 있는 것처럼 이야기를 하니까요.

　재미있는 예를 하나 들어볼까요. 연애를 하는 두 남자(둘이 사귄다는 뜻은 아닙니다)가 자신들의 연애에 대해 허심탄회하게 이야기를 하고 있습니다. 두 남자가 원하는 것은 같습니다. '이 여자와 계속 연애를 하다가 결혼에 골인하고 싶다'입니다. 두 남자의 문제도 같습니다. '내 여친이 과연 나와 똑같은 생각을 할까?'

　다만 두 남자가 가진 문제의 색깔은 좀 다른 듯합니다.

한 남자의 머릿속은 이렇게 뱅뱅 돌고 있네요. '여자친구가 나를 좋아하긴 하는 건가. 바람을 피우진 않나. 혹시 양다리를 걸치고 있는 건 아니겠지?' 다른 한 남자의 생각은 이겁니다. '어떻게 하면 여자친구가 나를 좀 더 좋아하게 할 수 있을까. 더 좋은 관계로 갈 방법은 없을까?'

어떻습니까. 한 남자는 걱정을, 다른 한 남자는 고민을 하고 있는 게 분명해 보이지요. 이렇게 제각각 걱정과 고민을 하던 이 둘은 어떤 엔딩에 도달하게 될까요?

걱정하는 남자는 걱정에 빠져 있다 못해 여자를 점점 의심하게 되었습니다. 마음과는 다르게 불만도 생기기 시작했고요. 이쯤 되면 둘의 관계는 매일 갈등에, 싸움일 거고, 그 이후는 '안 봐도 비디오'겠지요. 반면 '고민하는 남자'는 상대가 원하는 뭔가를 꾸준히 찾으려고 했습니다. 그것이 선물이든 행동이든요. 둘의 관계가 좋아지는 건 당연할 겁니다.

결론적으로 말입니다. 아무리 목적이 같고 바라는 게 일치해도 걱정한 쪽과 고민한 쪽의 결과물은 완전히 다르더란 겁니다. 부수입도 있습니다. 걱정과 고민, 둘 중 어디로 올라타느냐에 따라 과정도 달라집니다. 걱정하는 동안은 천하의 '멘탈 갑'도 힘이 듭니다. 하지만 고민하는 동안은 좀 낫습니다. 계속 히죽거릴 수만은 없겠지만 즐거운 상상은 해볼 수 있으니까요.

걱정과 고민, 언뜻 보면 참 비슷합니다. 하지만 두 단어의 의미와 결과는 정반대라는 게 제 생각입니다. 다만 순서는 있는 것 같습니다. 스스로 질문을 해보는 것이 먼저일 겁니다. '내가 지금 걱정을 하고 있나 고민을 하고 있나' 말입니다. 물론 아무리 물어봐도 끝까지 아리송할 때도 있겠지요.

그때를 위한 깨알 팁을 하나 소개할까요. 어떤 문제로 마음이 불편하다 싶을 땐 자가진단을 해보는 겁니다. 만약 '스트레스가 쌓이고 슬슬 짜증이 나기 시작한다'고 하면 그건 걱정 중이란 뜻입니다. 또 만약 '머리는 아프지만 결과가 궁금하다, 기대도 좀 된다'고 하면 그건 고민 중이란 뜻입니다.

중요한 것은 내가 원하든 원하지 않든 둘 중 하나는 반드시 골라야 하는 겁니다. 왜냐고요? 우리가 사는 동안 문제는 늘 온천수처럼 솟아오르니까요. 결국 방법은 하나, 걱정할 것인가 고민할 것인가를 선택하는 겁니다.

사실 이건 꽤 흥미로운 확률게임이기도 합니다. 고민하면 최소한 반은 건질 수 있지만 걱정하면 그 반도 건질 수 없다는 것. 무슨 말이냐고요? 걱정한다는 건 끝까지 제자리를 떠나지 못한다는 뜻이니까요. 걱정하는 동안은 한 발짝도 못 움직입니다. 하지만 고민은 다릅니다. 고민 끝에 일단 답이 나오면 '못 먹어도 고' 하면 됩니다. 답이 안 나오면 '스톱' 하면 그만이고요.

혹시 앞의 두 남자처럼 연애 문제로 마음이 불편한가요? 그렇다면 걱정 말고 고민을 해보세요. 걱정만 하다간 혼자 늙어 죽을 확률이 100퍼센트입니다. 고민을 하면 혼자 늙어죽을 확률이 50퍼센트로 줄어드는 건 물론 결혼까지 넘볼 수 있습니다.

하지만 우리 인생에서 골치 아픈 문제가 어디 연애뿐이겠습니까. 당신 뒷주머니에 이미 여러 개가 꿈틀대고 있지 않나요. 이제 그 문제, 걱정이란 친구한테 맡기지 말고 고민이란 친구한테 맡겨보는 게 어떨지요.

싸움의 기술

오래전 재미있게 본 영화 중에 〈싸움의 기술〉이란 게 있습니다. 배우 백윤식이 출연했던 영화인데요. 그 영화에 유명한 대사가 나옵니다. "너 피똥 싸볼래?" 그런데 이 대사 말고 명대사가 하나 더 있습니다. "싸움을 안 해본 자는 자기가 강한지 약한지 모른다." 이게 무슨 말일까요? 싸움을 무조건 피하는 게 장땡은 아니란 소립니다.

우리 사는 세상에 다툼이란 게 없을 수 없습니다. 가족이든 친구든 동료든 다투긴 해야 합니다. 안타까운 건 이 다툼이 모르는 사람보다 나하고 가까운 사람 사이에 더 자주 있을 수밖에 없다는 거지요. 이유 없는 싸움은 있을 수 없고, 그 이유는 결국 친분 있는 사람과 생기니까요. 싸움은 또 왜 일어날까요. 화를 풀거나 원하는 바를 얻고 싶어서일 겁니다. 그러니 길거리에서 마주친 모르는 사람과 다툴 일이 있겠습니까. '묻지마 시비' 같은 게 생기지 않는 이상이요.

어쨌든 인생에서 싸움은 계속됩니다. 그런데 영화 〈싸움의 기술〉이 일러준 대로 상대에게 '피똥 싸게 만들겠다'고 덤벼들면 어떻게 될까요. 과연 이 싸움이 이기는 싸움일까요? 아마 아닐 겁니다. 그렇다면 어떻게 싸우는 게 좋겠습니까? 바로 제가 말하고 싶은 이야기가 이것입니다. '어떻게 하면 싸움을 잘할까'가 아니라 '어떻게 하면 현명하게 싸울 수 있을까'.

현명한 싸움을 하려면 반드시 필요한 것이 있습니다. '팩트와 맥락'입니다. 저는 기회가 될 때마다 '상대를 파악할 땐 팩트보다는 맥락을 보라'고 말해왔습니다. 그런데 싸움에서는 예외인 듯합니다. 싸울 땐 맥락이 아니라 팩트를 보는 게 낫다는 소립니다.

《성경》〈솔로몬의 잠언〉편을 보면 이런 말이 나옵니다. "너는 네 이웃과 다툼이 있을지라도 이웃의 은밀한 곳을 들춰내지 마라." 쉬운 말로 '다투고 있는 그 일만 따지고 그밖에 다른 이야기는 꺼내지 마라'는 겁니다. 팩트만 이야기해라 그거지요. 다른 이야기를 하면 할수록 싸움이 커지니까요. 그런데 희한하게도 싸움을 할 땐 죽어라고 다른 이야기(맥락)만 붙들고 늘어지지 않습니까. 팩트는 보지도 않고요.

아주 흔한 예가 있지요. 한 부부가 싸움을 합니다. 어젯

밤 남편이 술을 마시고 연락도 없이 외박을 했다고 합니다. 남편이 잘못했다고 사과했습니다. 그래도 아내는 잔소리를 해댑니다. 그러자 남편이 성질을 못 이기고 버럭 해버렸습니다. 여기에다가 할리우드액션까지 더해 베개를 집어 던졌네요. 상황이 어찌 흘러갔을까요? 이때부터 부부에게는 딱 한 가지 사건만 남게 됩니다. '베개를 던졌다!' 이후론 걷잡을 수 없는 말 폭탄이 떨어지기 시작합니다. "당신은 맨날 그래." "사람을 왜 무시하지?" "당신 식구들이 다 그렇지 뭐." 그러다가 대미는 이렇게 장식하지요. "저 집안은 원래 저렇게 무식해!"

집 밖 상황도 다르지 않습니다. 친구들끼리 만나기로 했는데 누가 약속시간에 좀 늦었다고 칩시다. 정상이라면 "왜 늦었어?"만 해야 합니다. 그런데 왕왕 이렇게 확대가 되지요. "쟤는 원래 늦어." "항상 자기 생각만 하지." "저 집안 내력에 남을 무시하는 성향이 있어."

싸움을 할 때 팩트가 사라지면 이런 일은 수시로 벌어집니다. 확대 해석을 하다가 무엇으로 싸우기 시작했는지 본질은 온데간데없이 사라지는 일 말입니다. '쟤는 예전에도 그랬어'라는 생각을 끼워 넣기 시작하면 그 다툼은 엉뚱하게 흐르게 되어 있습니다.

특히나 요즘처럼 '내가 맞다, 너는 틀리고'라는 내로남불이 성행할 때는 더더욱 팩트만 가지고 이야기를 해야 합니다. 그런데 여기에 자기 생각을 넣었다 뺐다 하는 일이 번 번이 벌어지는 겁니다. 이런 상황에선 절대로 현명한 싸움 을 할 수가 없겠지요.

인간관계가 오랫동안 틀어져 있다면 싸움의 본래 내용 탓인 경우는 많지 않습니다. 대개는 팩트를 벗어나 이상하 게 진화할 때 그렇지요. 그 조짐을 보이는 상황으로 이런 게 있습니다. 두 사람이 싸움을 합니다. 1번 문제가 생겼습 니다. 짧게 해결을 했습니다. 2번 문제가 생겼습니다. 짧게 해결을 못 했습니다. 왜냐고요? 1번 문제부터 다시 이야기 를 시작했으니까요. 3번 문제요? 더 오래 걸립니다. "원래 그래" "전에도 그랬어" 등 끼워 넣기를 거쳐 1번과 2번을 통 과해 3번까지 와야 하니까요. 이런 경우 저는 "곰국을 끓인 다"란 표현을 씁니다.

냉철한 비즈니스 세계에서도 마찬가지입니다. 고객과의 관계든 거래처와의 관계든 곰국처럼 끓여둔 개인감정이 훅 들어오는 순간 거래고 계약이고 다 깨져버리는 일이 벌 어지는 겁니다. 이성으로 판단할 일에 감정의 판단이 끼어 든다면 그 싸움은 그냥 폭탄이 되어버립니다.

싸움에서 상대방의 피똥을 기어이 보고야 마는 게 '싸움 의 기술'일까요? 제 생각은 다릅니다. 진정한 싸움의 기술 은 '싸움에서 어떻게 이길 건가'가 아니라 '싸움을 어떻게 잘 수습할 건가'여야 한다고요. 세상살이 어떤 일에도 예전 그 상대와의 안 좋았던 기억이 섞이면 팩트는 과장되거나 축소될 수 있습니다. 그래서 현명한 싸움을 해야 한다는 겁니다. 맥락(감정)이 뒤엉키면 화도 안 풀어지고 원하는 것도 얻을 수 없습니다.

당신의 싸움은 어떻습니까? 팩트는 내팽개치고 맥락만 들이대고 있진 않습니까? 사는 동안 정말 싸움을 피할 수 없다면 현명하게 싸웁시다. 팩트만 들고 하는 싸움 말입니다. 곰국은 그만 끓이고요.

칠복이를 찾습니다

해학과 익살, 통쾌, 이런 것이 물씬 풍기는 옛 노래가 있습니다. 〈최 진사댁 셋째 딸〉이란 노래입니다. 다들 알고 있을 테지만 오랜만에 다시 음미해볼까요. 별생각 없이 그저 흥겨운 노래려니 했던 그 안에 든 속뜻도 따져볼 겸 해서요.

가사는 이렇습니다. 건넛마을 최 진사댁에 과년한 딸이 셋 있었다는 거지요. 그중 셋째 딸이 제일 예뻤다고 하고요. 그러니 신붓감으로 탐내는 총각들이 줄을 섰겠지요. 먹쇠, 밤쇠, 칠복이가 그 줄에 끼였다는 거 아닙니까. 문제는 어느 누구도 셋째 딸 얼굴을 한 번도 제대로 보지 못했다는 건데요. 왜 그랬을까요? 최 진사가 원체 호랑이라고 소문이 난 터라 미리 겁먹은 총각들이 아예 접근조차 못 했던 거지요. 그런데 어느 날 칠복이란 친구가 겁도 없이 최 진사를 찾아가 "셋째 딸을 좋아하니 저에게 주세요" 했단 말이지요. 그 말 한마디에 최 진사는 아무 조건 없이 셋째 딸을 덜컥 줘버립니다. 큰절 꾸벅 받고 말이지요.

참 드라마틱한 반전이 아닙니까? 그런데 아마도 여기에 시비를 거는 사람이 분명 있을 듯합니다. '칠복이가 한 게 도대체 뭐냐'고 말이지요. 그렇습니다. 별것 없습니다. 그런데 제가 볼 땐 칠복이에게는 다른 점이 하나 있습니다. 최 진사가 무서워 먹쇠나 밤쇠는 엄두도 못 냈던 그 일을 칠복이가 해냈다는 겁니다. 두려움을 떨쳐내고 호랑이라고 소문난 최 진사 앞에 일단 넙죽 엎드려보자는 '시도' 말입니다. 다들 안 될 거라고 미루어 짐작해 지레 포기했던 일이 아니었던가요.

노래야 흥얼거리고 그냥 흘려보낼 수 있겠습니다만, 이 스토리가 우리에게 던지는 질문은 한 번쯤 짚어볼 필요가 있습니다. "당신은 먹쇠입니까, 밤쇠입니까, 칠복이입니까."

옛 노래만도 아닙니다. 알리바바에서 은퇴한 마윈 전 회장이 했던 유명한 이야기와도 연결이 되는데요. '가난한 사람들의 이유'라는 겁니다. 요약하면 이렇습니다. 세상에서 가장 같이 일하기 힘든 사람은 가난한 사람이라고 합니다. 작은 비즈니스를 하자고 하면 그들은 '돈을 별로 못 벌지 않느냐'고 하고, 큰 비즈니스를 하자고 하면 '투자할 돈이 없다'고 한답니다. 새로운 사업을 해보자고 하면 '경험이 없다'고 하고, 상점이나 같이 하자고 하면 '자유가 없다'고 한다네요. 참신한 비즈니스라고 하면 '다단계가 아니냐'고 하고, 전통적인 비즈니스라고 하면 '시대에 맞지 않는다'고 하고요. 그래서 직접 물어봤다지요. "그럼 뭘 할 수 있습니까?" 그랬더니 아무 대답도 못 하더랍니다.

마윈이 여기서 하고 싶은 말은 '기다리다가 끝난다'는 겁니다. 가난한 사람들은 바로 그 이유 때문에 실패한다는 거지요. 그러니 심장이 빨리 뛰길 기다리는 대신 행동을 더 빨리하고, 고민하는 대신 그냥 뭐라도 하라고 합니다. 그러곤 늘 자신에게 확인하랍니다. '나는 가난한 사람인가?'

이야기를 풀다 보니 예전 제가 한 대학에서 했던 특강이 생각납니다. 당시 학생들이 털어놓은 가장 큰 고민은 이것이었습니다. "이 크고 대단한 세상에 저는 아주 작은 존재일 뿐인데요. 도대체 제가 이 세상에서 뭘 할 수 있겠습니까?"

제 대답은 '김밥'이었습니다. 무슨 소리냐고요? 김밥의 주재료가 무엇인가요. 물론 김이고 밥입니다. 그런데 여기에 소시지 한 줄을 넣으면 '소시지김밥'이 되지요. 달걀 한 줄을 넣으면 '달걀김밥'이 되고요, 오이를 한 줄 넣으면 '오이김밥'이 됩니다. 김밥의 주재료가 김이고 밥인 건 맞는데, 따져보니 작은 재료 하나가 들어가 김밥의 주인이 되더란 말입니다.

세상에 막강하게 자리를 차지하고 있는 것이 김이고 밥이라고 칩시다. 그 세상에서 우리는 소시지, 달걀, 오이에 불과하고요. 그런데 정작 세상을 주도하고 뒤바꾸는 건 그 소시지고 달걀이며 오이였던 겁니다. 소소한 재료 하나가 이처럼 주제를 설명하고 주인공도 될 수 있는데 굳이 김과 밥에 목을 맬 필요가 있을까요.

뭐 김밥이 싫다면 샌드위치라도 상관없습니다. 주재료는 빵이지만 햄이든 치즈든 그 안의 재료 하나가 나머지를 지배하지 않습니까. 이름까지 바꿔버리고요. '햄 샌드위치' '치즈 샌드위치' '에그 샌드위치' 등.

이것이야말로 정말 '드라마틱한 반전'이 아닙니까. '나는 한낱 오이일 뿐인데 어떻게 거대한 김이나 밥의 세계를 넘보겠어'라는 생각 때문에 끼어들 시도조차 하지 않는다면 결코 얻을 수 없는.

뭔가를 시도할 때 '되든지 안 되든지'의 확률은 50퍼센트입니다. 하지만 아무것도 시도하지 않으면 '될' 확률은 0퍼센트입니다. 이제 답이 나오지요. 50퍼센트 확률이라도 챙기는 게 낫다는 소립니다.

설사 최 진사가 진짜 호랑이여서 칠복이가 셋째 딸을 얻지 못할 수도 있었겠지요. 그래도 50퍼센트의 가능성이라면 도전해볼 가치가 있지 않습니까. 예쁜 아가씨를 멀쩡히

눈 뜨고 남의 손에 뺏기는 먹쇠나 밤쇠보다 훨씬 낫지 않을까요. 그 옛날 최 진사가 그랬던 것처럼 오늘도 우리 사는 세상은 칠복이를 찾고 있습니다.

'너무' 말고 '답게' 삽시다

"회장님은 좋으시겠어요. 돈도 많으시고······."

간혹 만나는 사람들에게서 듣는 말입니다. 딱히 제가 가진 돈이 얼마인지를 따져서 하는 말이겠습니까. 그룹의 회장이니 어느 정도는 되려니 짐작한 것이겠지요. 물론 보통 사람 기준에서 볼 때 제 재산이 좀 되긴 할 겁니다. 하지만 결정적으로 말입니다. 돈이 많아서 행복하다는 생각은 해본 적이 없는 것 같습니다.

괜한 소리라 할지 모르지만 사실입니다. 저는 흔히들 말하는 2세나 3세 경영인이 아닙니다. 가난한 집 아들로 태어나 월세방에서 출발해 지금에까지 왔지요. 가난함과 부유함 양쪽을 다 경험한 셈입니다. 생활이 어려울 땐 고달픈 마음이 들었던 적도 있었습니다만, 그때에 비하면 지금은 많이 여유로워졌지요. 그런데 '이게 행복인가?' 하면 꼭 그런 것만은 아닌 것 같더란 이야깁니다.

제가 유별난 걸까요. 아닐 겁니다. 제 재산이 조금 애매하다면 규모를 좀 높여볼까요. 굳이 실명을 거론하진 않겠습니다만, 우리나라에서 재산이 제일 많은 '그분'이 우리나라에서 제일 행복할까를 물었다고 칩시다. 이 질문에 "그럼!"이라고 대답할 사람은 별로 없을 겁니다. 남들이 못 가진 것을 왕창 가졌는데도 그리 행복해 보이질 않는 겁니다.

제가 볼 때 여기엔 분명한 이유가 있습니다. '너무' 때문이란 거지요. '적당히'였다면 좋았을 텐데 '너무' 많아 역작용을 만든 게 아닌가 싶은 겁니다. '돈을 너무 많이 가진 탓'에 생긴 역작용이라면 지난 세월 재벌가들이 겪어온 수난사에서 고스란히 드러납니다. 사회적으로 지나친 관심과 질시를 받고, 가족 간에 다툼이 생기고, 주변에선 비리가 끊이질 않는 등 혹독한 대가를 치르지 않았습니까. '과유불급'이라고 할까요.

우리에게 벌어지는 일이 대부분 그렇습니다. 세상을 살아보니 정말 문제가 되는 게 '너무'라는 단어더란 거지요. '너무 좋아' '너무 싫어' 같은 감정 상태를 비롯해 돈이든 일이든 취미든 행위든 대상이든, 아니면 갖고 싶은 것이든 뭐든지 그 앞에 '너무'가 붙으면 바람직하지 않은 결과가 생기더란 겁니다. 돈이란 건 '너무' 많아도 탈이지만 '너무' 없어도 불편해지는 것 아닙니까. 일을 '너무' 해서 '워커홀릭' 소리를 들어도 문제지만 '너무' 안 해서 '식충이'란 비난을 받아도 문제가 될 거고요.

많으면 많을수록 좋을 것 같은 '사랑'이라고 예외는 아닙니다. 사랑이 '너무' 나갔다 싶으면 부작용이 생기는 겁니다. 상대를 소유욕으로 옭아매 힘들게 하고, 자신은 매시간 섭섭하다, 서운하다 타령할 수도 있거든요. 하다못해 운동도 지나치면 당장 몸에 무리가 오지 않습니까.

이쯤 되면 문득 이런 게 궁금해지기도 합니다. '너무의 유혹에 빠지지 않고 세상을 잘사는 방법은 무엇일까'라는. 제가 생각할 땐 '답게'가 그 열쇠가 아닐까 합니다. 말 그대로 각자의 위치, 각자의 자리가 정해준 대로 '답게' 사는 겁니다. 그것이 세상을 잘사는 방법이며 좋은 세상을 만드는 가장 쉬운 길이 아닌가 싶고요.

그중 하나가 '인간답게 살자'일 겁니다. 그런데 문제는 이 말을 자주 하면서도 '인간답게'가 뭔지 별로 생각들을 안 한다는 거지요. 그게 뭐 대단한 건 아닙니다. 부모는 부모답게, 자식은 자식답게, 학생은 학생답게, 교사는 교사답게, 직원은 직원답게, 사장은 사장답게면 어느 정도 해결될 일이니까요. 자신이 처한 위치에 가치를 부여하는 일 말입니다.

이런 미담이 세상에 알려진 적 있습니다. 문상을 가던 소방관들이 터널 안 트럭에서 화재가 나자 약속이나 한 듯 차에서 뛰어내려 불을 껐다는 겁니다. 방화복은커녕 장비도 없던 이들이 터널 안에 비치된 소화전만으로 진화작업을 했다는 건데요. 정말 소방관답지 않습니까.

사실 우리의 직책에 정의가 없는 경우는 별로 없습니다. 회장은 어떤 사람이어야 하고, 기자는 어떤 일을 해야 하는지 다들 알고 있습니다. 대통령은, 또 국회의원은 어떻게 살아야 하는지도 알고 있지요. 그러니 그 직책에 걸맞은 일과 행동만 하면 '답게'가 되는 겁니다. 사회와 조직에 문제가 생기는 건 그 단순한 '답게'를 못할 때입니다. 남편답지 못하고 아내답지 못하면 그 부부의 관계는 끝났다고 봐야 할 겁니다. 군인과 경찰이 '답게'를 포기하면 국가의 질서와 안전은 장담할 수 없겠지요.

앞의 '너무'가 자기중심적이라면, 뒤의 '답게'는 상대중심적입니다. '너무'가 늘어나면 내가 불행하고, '답게'가 안 되면 상대가 피해를 보니까요. '너무'는 내가 부리는 욕심의 크기일 거고, '답게'는 상대를 생각하는 기준이 될 겁니다.

사람은 본능적으로 '너무'를 지향합니다. 자신에게 유리하니까요. 욕구에 충실한 거니까요. "난 쟤가 너무 좋아." "난 쟤가 너무 싫어." 이 얼마나 확실한 자기표현입니까. 하지만 싫든 좋든 결국 '너무'는 언젠가 화근이 됩니다.

그렇다면 도대체 얼마만큼이 적당한 것일까요? 지금 부

족하지 않으면 이미 충분한 겁니다. 당장 갖고 싶은 것을 못 갖고, 하고 싶은 것을 못 해 불만이라면 '너무' 때문은 아닌지 의심해야 하고요. 십중팔구는 부족한 게 아니라 욕심이 불러내는 것일 테니까요.

자신에겐 한없이 관대한 '너무'와는 달리 '답게'는 자신에게 꽤 불편하긴 합니다. 그 사람의 타이틀이 무엇이든 '답게'를 직책으로 삼아야 하니까요. 그렇다고 '답게'가 손해만 입히는 건 아닙니다. 한 사람이 '답게'를 충분히 했을 때 그 사람이 꿈꾸는 또 다른 '답게'를 할 수 있는 디딤돌은 만들어진 거니까요.

이야기가 길어졌습니다만 결론은 간단합니다. '나를 위해 너무하지 말고, 남을 위해 답게 살자.' 이것이 아마 서로 잘되는 확실한 방법일 겁니다. 사실 쉽고도 어려운 일입니다. 스스로 통제하고 조절해야 하는 일입니다. 좋아해도 그렇게 좋아하지 말아야 하고, 싫어도 그렇게 싫어하지 말아야 합니다. 순식간에 역할 변신도 해야 하지요. 회사에선 구성원답게, 집에선 부모 혹은 자식답게. 모든 일에 '적당히' 또 '중심잡기'도 해야 하고요. 그러고 보면 역사상 최고의 수양서적이라는 《중용》의 '도'가 바로 이것이 아닐까요.

물론 이런 삶을 살 때 얼마간 부작용이 있긴 합니다. 주위에서 재미없는 사람이란 소릴 듣기 십상이지요. 감정 표현에 약하고 고지식하고 융통성도 없고, 좀 더 나가면 꼰대로 보일 위험성까지 감수해야 합니다. 그래서 딱 한 가지 예외는 필요하겠다 싶습니다. 남녀 간에 애정 표현을 해야 할 때 말이지요. 약간의 '너무'는 당신의 안녕과 평화에 큰 도움이 될 수도 있습니다.

나만 알고 나만 모르는 것

　선거 때마다 벽보에 붙은 많은 후보들의 사진을 보면서 생각합니다. '저분들 모두가 당선을 확신하면서 출마했겠지'라고요. 비단 벽보에 얼굴을 대문짝만하게 붙인 출마자만 그렇겠습니까. 당도 다르지 않을 겁니다. 우리 당을 더 많은 유권자가 지지해줄 거라 믿고 나서는 거지요. 그럼에도 불구하고 결과는 어떻습니까. 선택받는 출마자는 한 명뿐이고, 선택받는 당도 정해져 있습니다. 늘 그렇듯 결과는 내 기대와 맞아떨어질 수도 있고 완전히 동떨어질 수도 있습니다.
　조금 결이 다르긴 합니다만 재미있는 에피소드가 하나 있습니다. KG스틸이 가족사로 합류하고 얼마 지나지 않았을 때의 일입니다. 미국 현지법인과 주요 거래처를 방문하기 위해 출장을 갔습니다. 도착해 보니 현지법인장이 여러 일정을 열심히 준비했더군요. 출장 스케줄은 물론이고 봐야 할 것, 만나야 할 사람, 식사할 장소까지요. 처음 가보는 방문지도 있고 해서 가능한 한 준비해둔 계획대로 소화하는 중이었습니다.

그런데 일정이 마무리될 때쯤 느낀 게 있습니다. 출장기간도 한 주 이상이고, 여러 도시를 다녔는데도 말입니다. 식사메뉴가 한결같더란 겁니다. 두툼한 고기가 나오는 육식으로요. 좀 이상하다 싶었지만 저는 '우리 직원들이 육식을 참 좋아하는구나'라고만 생각했을 뿐 별다른 이야기는 하지 않았습니다. 그러다가 마지막 날 또 고기 굽는 식당으로 예약이 되어 있기에 이제는 물어봐야겠다 싶었습니다.

"미국에 살면 늘 고기를 먹을 텐데 그래도 육식이 좋은가 보지?" 그랬더니 참 기가 막힌 대답이 돌아왔습니다. "서울에서 정보를 얻었습니다. 회장님께서 육식을 좋아하신다고요." 그러니까 저를 배려해 애써 '육식 식단'을 짰다는 겁니다. 첫 밥상부터 마지막 밥상까지 한 끼도 빠지지 않고 일관되게 '고기 퍼레이드'로요. 정작 저는 평소 육식을 즐기지 않는데도 말이지요. 결국 어디선가 흘러든 '저만 모르는' 정보로 인해 한 주 내내 여러 사람들이 고기를 먹느라고 생고생을 한 겁니다.

어이없는 해프닝 같지만 사실 이런 일은 왕왕 생깁니다.

좁게는 회사 사람들이, 넓게는 세상 사람들이 다 알고 있는 '나에 대한 일'을 막상 '나만 모르고 있는' 경우 말입니다. 또 내가 아는 것 혹은 내가 생각하는 것은 '이런 것'인데 다른 사람들은 전혀 달리 '저런 것'으로 판단하기도 합니다.

팩트에 대한 각자의 의견이나 생각은 다를 수 있습니다. 문제는 의견이나 생각이 다른 게 아니라 알고 있는 팩트 자체가 다른 때입니다. 출발점이 다르니 오해가 만들어지고 불필요한 갈등이 생기겠지요.

개인의 일상에서 이런 일은 드물지 않게 벌어집니다. 대표적인 '착각'이 있습니다. '모두들 나를 좋아하지'라고 굳게 믿는 경우 말입니다. '어제 내가 잘못 처리한 그 일은 귀신도 모를 거야'라고 속 편하게 생각하는 경우도 있습니다. 내가 모르는 것은 다른 사람도 다 모를 거라고, 또 내가 알고 있는 건 다른 사람도 다 알 거라고 철석같이 믿는 그런 어리석은 착각에 사로잡혀 있다면 인간관계는 힘들어질 수밖에 없습니다.

그런데 이것이 '회사 일'일 때는 좀 더 심각해집니다. 개인끼리일 때도 크고 작은 피해가 생길 수밖에 없는데, 그 대상이 고객이고 소비자라면 어찌 되겠습니까. 회사가 고객과는 다른 판단을 하고 있고, 소비자의 니즈를 직원이 자기식대로 파악하고 있다면 그 회사의 생명력은 끝인 겁니다. 고객의 생각과 다른 방향으로 흐르는 회사는 살아남기

어려울 테니까요.

 이 문제를 어떻게 풀어갈 수 있을까요? 저 역시 뾰족한 해답을 가진 건 아닙니다. 그나마 적절한 방법이라면 이런 게 아닐까 합니다. '가정'을 해보는 겁니다. 다시 말해 '틀어서 생각해보기'입니다. 내 판단이나 내 행동의 기준이 다른 사람의 것과 다를 수 있다고 인정하고 다시 들여다보는 겁니다. 여기에 하나 더. 어떤 사안이 생겼을 때 다른 사람은 이것에 대해 어떻게 생각할까를 궁금해하고 알아보려 노력하는 겁니다.

 맞습니다. 말은 참 쉽습니다. 내 말, 내 생각, 내 행동을 오해하는 사람을 만나면 당장 욱하는 것이 보통사람의 속성이니까요. 사실 제가 육식을 별로 좋아하지 않는다는 것을 다른 사람들이 다 알 거라고 믿어버린 것도 제 착각이었을 겁니다. 덕분에 한 주 내내 고기를 먹어야 하는 고충을 감내해야 했던 거고요. 나도 알고 그도 알고, 나도 모르고 그도 모른다면 세상 사는 일이 정말 편해질 텐데, 그게 참 만만치 않습니다.

내로남불

'아시타비 我是他非.' 2020년 대학교수들이 뽑은 '올해의 사자성어'입니다. 한 해 동안 대한민국을 되돌아보니 '이 넉 자가 딱 들어맞네' 했다는 겁니다. 풀어내면 '나는 옳고 남은 그르다'란 뜻입니다. '난 맞고 넌 틀려'라는 소리니, 탓하고 시비 걸고 발뺌하기에 진짜 '딱'인 말이겠지요. 익숙지 않은 이 사자성어를 이미 우리가 알고 있는 쉬운 말로 바꿀 수도 있습니다. '내로남불'입니다. 맞습니다. 아시타비는 내로남불을 고급스럽게 업그레이드한 버전입니다.

아시타비처럼 사자성어도 아니면서 무늬만 사자성어로 오래도록 사람들 입에 착 감겨온 히트어가 바로 내로남불입니다. 예전에는 감추고 썼다지만 요즘은 대놓고 쓰는 모양새입니다. 불편한 기색 없이 신문이나 방송에서 심심찮게 보이고 들리니까요. 말 그대로 '내가 하면 로맨스, 남이 하는 불륜'이란 뜻인데, 제가 볼 땐 사실 여기에도 허점이 있습니다. 로맨스나 불륜이나 시각 차이만 있을 뿐 팩트는 같은 게 아닌가 해서요.

십수 년 전 이런 일이 있었습니다. 실명은 거론할 수 없는, 지금은 다른 회사로 떠난 옛 우리 기업의 한 임원 이야기입니다. 당시는 매주 월요일 오전에 임원들과 차 한잔씩 하며 업무보고를 받곤 했습니다.

하루는 그 친구가 제 방에 와서 넋두리처럼 한탄을 하는 겁니다. 한마디로 '요새 부하직원들에게 문제가 너무 많아 일하기가 힘들다'는 거였습니다. 그래서 제가 물었지요. "무슨 문제가 그렇게 많아 일하기가 힘들다는 건데?" 그러자 폭포수 같은 불만이 쏟아졌습니다.

"뭘 지시를 하면 다시 묻기 전까지 피드백을 안 해줍니다. 매번 제가 다시 물어야 합니다. 간신히 일을 하게 해놔도 결과를 확인하지 않아 또 어찌 되었는지 물어봐야 하고요. 제 의중은 '옆집 개는 오늘도 짖는다' 하듯 그냥 무시하나 봅니다. 지레짐작으로 일처리를 해놓는데 번번이 어찌나 성질이 나던지요."

뭐 나름대로 이유는 있었습니다. 잠시 어떤 반응을 내놓아야 할까 생각하다가 일단 이렇게 운을 뗐습니다. "속 썩이는 직원들 때문에 고생이 많네. 힘들겠어." 그 위로가 먹했는지 표정이 좀 밝아지더군요. 그래서 덧붙였지요. "근데 말이야, 당신만 힘든 게 아니고 나도 힘들어."

그 말에 그 친구의 눈이 둥그레졌습니다. 이후에 이런 대화가 오갔던 걸로 기억합니다.

"회장님께선 무슨 일로 힘이 드세요?"

"부하직원이 내 뜻과 다르게 자기 마음대로 일처리를 하고, 결과도 확인 안 해서 실수를 연발하고, 시킨 일에 피드백을 안 줘 늘 신경 쓰이게 하고."

"아니 도대체 누가 그런답니까?"

나올 거라 예상했던 반응이 나왔기에 쏜살같이 밀어붙였습니다.

"바로 당신이잖아."

연이어 그 친구가 했던 실수 몇 가지를 짚어주는 것도 잊지 않았고요. 그제야 멋쩍은 얼굴로 머리를 긁적이며 "죄송합니다" 하더군요.

내로남불이란 말을 들을 때마다 그때 그 장면이 떠오르는 것은, 내용은 달라도 이 역시 결국 '로맨스'와 '불륜'의 문제인 듯해서입니다. '내가 한 짓'과 '남이 한 짓'을 전혀 다른 시각으로 바라본다는 것인데요. 정확하게 말하면 '다른 시각' 정도가 아니라 아예 '다른 차원'입니다. '난 그런 적 없고 넌 그랬다'니까요. 꺼내 보면 찍어낸 듯 똑같은 '짓'인데도요.

여기에 한술 더 떠서 말이지요. '남이 한 짓'에 대해선 칼같이 지적합니다. "완전 내로남불이군!" 하면서요. 그러면서도 '내가 한 짓'에 대해선 그렇게 너그러울 수가 없습니다. "다 사연이 있어요"라고요. 혹시 주위에서 자신의 행동이 내로남불이었다고 자백한 사람을 본 적이 있습니까? 아마 없을 겁니다.

나와 남, 세상을 정확히 둘로 나눠 비판하는 이런 이중잣대는 용기의 문제일 수도 있습니다. '나도 그렇다'를 인정하지 못하는 거니까요. 남을 겨누고 있는 손가락의 방향을 틀어 나를 겨냥하는 그 일을 하지 못하는 거니까요. 결국 언젠가는 남의 손가락이 나를 저격하고 있을 게 뻔한데도요.

나를 제대로 들여다보는 용기를 내지 않는 이상 우리는 오늘도 내일도 내로남불 타령을 하고 있을 겁니다. 모두 다 '나는 아닌데'지만, 결국 모두가 '나'인 셈이니 '내로남불의 역설'이라고 할 수밖에요. 이런 상황을 2천 500년 전쯤 사람인 '테스 형'은 이미 간파하고 있었다는 거 아닙니까. "너 자신을 알라"고 하면서요. 21세기의 우리는 '아시타비'가 아닌 '타시아비'의 자세로 반성해볼 일이 아닐까 생각합니다.

지혜와 지식

 누군가 다가와서 상자 두 개를 내밉니다. 한쪽에는 '지혜'가, 다른 한쪽에는 '지식'이 담겨 있습니다. 그러곤 대뜸 물어보네요. "둘 중 어느 것을 가지겠습니까?" 이때 당신은 어느 쪽 상자를 선택하겠습니까?
 지혜와 지식. 우리가 세상을 사는 데 꼭 필요한 도구입니다. 앞의 질문은 그 중요한 도구 중 딱 하나만 준다고 하면 뭘 고르겠느냐고 물은 것입니다. 그 선택을 좀 더 현명하게 하려면 그 둘의 정의와 차이를 명확히 해두는 게 좋겠지요. 사전에서 말하는 지식의 뜻은 이렇습니다. "배우거나 실천을 통해 알게 된 명확한 인식과 이해." 또 지혜에 대해선 이렇게 정의하고 있지요. "사물의 이치를 빨리 깨닫고 정확하게 처리하는 정신적 능력."

그런데 뭔가 허전합니다. 그 차이가 피부에 와닿지 않는다고 할까요. 그래서 제가 저만의 방식대로 분석해보았습니다.

'지식이 없으면 무식하다는 말을 듣지만, 지혜가 없으면 바보라는 말을 듣는다.'

'지식이 없으면 얻을 것을 얻지 못하지만, 지혜가 없으면 가진 것도 빼앗긴다.'

'지식은 급할 때 남의 것을 빌려 쓸 수 있지만, 지혜는 아무리 급해도 남의 것을 빌려 쓸 수 없다.'

'지식은 그나마 노력하면 채울 수 있지만, 지혜는 노력만으로 도저히 채울 수 없다.'

이제 좀 분명해졌습니까. 분명해진 것뿐만 아니라 둘 중 뭐가 더 중요한가에 대한 판단도 확실해졌을 겁니다. 지혜와 지식 중 한 가지를 가질 수 있게 해준다면 아마 당신의 선택은, 또 우리 중 열에 아홉은 '지혜를 갖겠다'고 할 겁니다.

맞습니다. 지혜가 단연 지식보다 상위에 있습니다. 굳이 제가 나름대로 둘의 차이를 대비했던, 지극히 현실적인 분석 때문은 아니더라도 지혜가 모두에게 1순위인 이유는 간단합니다. 지식보다 더 필수적이라고 생각하기 때문이지요. 과거에도, 미래에도 사람 사는 일에는 단연 지혜가 더 긴요하다고 확신했던 겁니다.

그런데 뭔가 앞뒤가 맞질 않습니다. 지혜가 그토록 우월하고 더 필요하다고 하면서도 그 지혜를 얻기 위해 과연 무엇을 해왔던가 생각하면 말이지요.

살면서 지식을 얻기 위해 쏟아부었던 우리의 노력은 가히 눈물겨울 정도입니다. 초등학교 6년, 중·고등학교 6년, 대학 4년은 정규과정이라 해두고요. 틈틈이 학원도 다니고 개인교습도 받았습니다. 십수 년을 넘겨 20여 년 가까이 돈과 시간을 아낌없이 쏟아부었을 겁니다. 이런 노력에 비해 지혜는 어땠을까요. 글쎄요. 딱히 지혜를 얻기 위해 뭘 한 기억이 없습니다.

제가 하고 싶은 이야기가 그겁니다. 사는 데 별로 필요치도 않다고 한 지식을 얻으려곤 피눈물을 쏟았는데, 진짜 소중하다고 한 지혜를 얻기 위해선 그 10분의 1, 100분의 1만큼이라도 했느냐는 겁니다.

여기까지 동의를 했다면 이제부터라도 뭔가 해야겠다 싶을 겁니다. 문제는 그 지혜를 얻기 위해 도대체 뭘 어떻게 해야 할까에 있습니다. 수만 가지 방법이 있겠지만 딱히 정답은 없습니다. 물론 저도 잘 모릅니다. 다만 제가 살아온 경험을 살려 가이드는 할 수 있을 듯합니다.

첫 번째는 책을 읽는 겁니다. 다만 그 책이 지식을 주는 것보다는 지혜를 주는 것이면 좋겠습니다. 인문학 책이 도움이 될 겁니다. 단언컨대 이 책 읽기는 감히 넘볼 수 없는

'남의 지혜'를 가장 수월하게 가져올 수 있는 방법입니다. 그러면서 티도 안 나고 확실한 효과까지 기대할 수 있습니다.

두 번째는 가정해보는 겁니다. 어떤 결정을 해야 할 때 내 판단이 틀릴 수 있다고 가정을 해보는 겁니다. 내 판단이 맞다고 장담하는 건 '지식'입니다. 틀릴 수도 있다고 생각하는 건 '지혜'입니다. 맞다고 여기면 더는 들여다보지 않습니다. 하지만 틀릴 수 있다고 가정하면 다시 들여다볼 겁니다. 지혜의 시작은 바로 '뒤집는 것'부터입니다.

예전에 한 지인이 어느 산사에서 봤다는 좋은 문구를 보내준 적이 있습니다. '인간은 영적 체험을 하는 육체적 존재가 아니라 육체적 체험을 하는 영적 존재다'라고 적혀 있었다고 합니다. 이 말에 저는 크게 공감했습니다. 인간은 동물과 다른, 인간만이 생각할 수 있는 지혜가 늘 필요한 영적 존재라는 의미가 든 문구 같았던 겁니다.

우리는 '삶의 지혜'라고 말하지, 결코 '삶의 지식'이라고는 말하지 않습니다. 제가 이 책을 쓰고 있는 이유도 그렇습니다. 결국 '삶의 지혜'를 독자와 공유하기 위해서입니다. 세상을 살아오면서 제가 경험한 것, 터득한 것, 달리 생각한 것을 살짝 풀어 나누고 또 전달하고 싶어섭니다. 결국 제가 전달하고 싶은 내용은 명쾌합니다. 지혜는 없고 지식만 있는, 돼지 목에 진주목걸이를 걸고 있는 사람은 되지 말자는 것입니다.

어떻게 살아야 할까요

"담담한 마음을 가집시다. 담담한 마음은 당신을 바르고 굳세고 총명하게 만들 겁니다."

젊은 시절 제가 마음속에 새겼던 문구입니다. 의욕과 열정이 하늘을 찔러 여기저기 들이받기 딱 좋았던 그때 그 시절, 이리저리 나대는 몸과 정신을 붙들기에 그 문구가 참 좋았습니다.

혹여 '우리 세대'라면 기억하는 사람도 있을 겁니다. 정주영 전 현대그룹 회장이 친필로 직접 썼다는 이 문구는 예전 현대그룹 사옥 어디에나 붙어 있었고, 직원은 물론 가끔 사옥에 들르던 저조차 편하게 엿볼 수 있었습니다. 한동안 잊고 지냈던 '그 시절 그 문구'를 다시 떠올린 건 몇 해 전입니다.

당시 지구상의 모든 사람이 '코로나19'라는 바이러스와의 전쟁으로 힘들어했지만, 그 와중에도 저는 개인적으로 기쁘고 소중한 시간을 보냈습니다. 가정에서는 친손자와 외손녀가 두 달 터울로 태어나 첫돌 맞이를 했고, 기업에서는 가족사 전부가 이익을 낸 KG그룹의 화끈한 저력을 보여주었습니다. 가족사가 여럿이다 보니 매해 한두 개 회사는 어려움을 겪기 마련인데, 다들 어려웠다는 그 시기에 모두가 힘을 합쳐 빛나는 성과를 냈던 건 더욱 감사할 일이었습니다.

물론 그만큼 힘들고 짜증스러운 일도 분명 있었을 겁니다. 하지만 사람은 무던히도 많은 시간을 보낸 뒤에야 그 결과물을 종합적으로 받아들 수 있게 되는 것 아니겠습니까. 돌이켜 보면 실로 오랫동안 저는 어떻게 사는 것이 현명한 삶이고, 그 결과물을 어떻게 받아들여야 행복할 수 있을 것인가를 쉼 없이 생각하며 살아왔던 것 같습니다.

마침 두 아이의 돌잔치에서 그런 생각을 내비칠 기회가 있었는데요. 가까운 지인들이 함께한 자리에서 가족 대표로 인사를 할 때 말이지요. 이제 막 한 살이 된, 그래서 백세 인생에 99년을 더 살아나가야 할 아이들에게 '이런 마음으로 산다면 좀 더 행복한 삶을 살 수 있지 않을까' 하는 할아버지의 바람을 담아 전했던 겁니다.

그때 바로 정주영 회장의 '담담한 마음'이 떠올랐던 거지요. 손자에게 바라는 것이 그거였습니다. 앞으로 아이가 긴 인생을 살아가는 데 얼마나 많은 우여곡절이 있겠습니까. 그럴 때마다 일희일비하지 말고 닥친 상황에 그저 담담하게 대응했으면 했던 겁니다.

'담담淡淡'이란 한자어는 '차분하고 맑고 조용하다'란 뜻을 가지고 있습니다. '욕심이 없고 마음이 깨끗하다'란 뜻도 있습니다. 저는 거기에 '평온함'이란 의미를 덧붙이려 합니다. 세상을 살아가면서 평온한 마음을 유지할 수 있다면, 속상할 때도 억울할 때도 담담하게 대처할 수 있다면 긴 인생에서 어느 정도는 큰 낙담 없이 살 수 있겠다는 생각이 들었던 겁니다.

얼마 뒤 손녀의 돌잔치를 치를 때 이 아이에게 바란 마음은 이것이었습니다. 역시 긴 세월을 살아갈 손녀가 그 시간 내내 사랑을 받고 사는 게 무엇보다 좋은 일이겠지요. 하지만 그저 사랑을 받는 사람으로 만족하기보다 사랑을 주는 사람으로 성장했으면 하는 거였습니다. 자신과 더불어 사는 모든 사람을 배려하고 아끼고 가진 것을 기꺼이 나눌 수 있는 그런 인간애를 가진 사람 말입니다.

얼핏 생각하면 당장은 사랑을 받는 게 사랑을 주는 것보다 달콤할 듯합니다. 하지만 조금만 깊이 들어가 보면 알 수 있습니다. 사랑은 받을 때보다 줄 때가 훨씬 행복하다는 것을요. 다들 내가 어떤 이를 사랑할 때의 마음이 어땠는지

되돌아보면 쉽게 와닿을 일입니다.

손자에게 바라는 것, 손녀에게 바라는 것이 모양은 다르지만 결국 한 줄기입니다. 한 인간이 품고 살아야 할 덕목 두 가지를 나누어서 전한 것이니까요. 두 아이의 부모가 양쪽 모두를 다 들었으니 치우치거나 모자라지 않게 잘 키워내리라 생각합니다.

하지만 어찌 이것이 손자·손녀 돌잔치에 나선 할아버지의 바람일 뿐이겠습니까. '어떻게 살아야 하는가'에 대한 답을 구하는 일은 우리가 생일상을 받을 때마다 생각했어야 할, 평생을 짊어지고 갈 숙제입니다. 스스로가 찾아내고 발굴해가는 '행복으로 가는' 길이고 방법일 테니까요. 그런데 그 중차대한 과제를 받아들고도 다들 그다지 고민하는 것 같지 않습니다. 행복하고 싶은 마음들은 간절할 텐데도 말이지요.

그래서 '돌잔치 찬스'를 써봐야겠다 했던 겁니다. 모두에게 슬쩍 찔러주는 자연스러운 팁으로 말이지요. 여기에는 행복하게 살기를 바란다면 이 두 가지만 잘 실천하면 될 거란 확신도 한몫했습니다. 바로 '담담한 마음으로 세상을 사랑할 것'입니다. 그렇게 욕심 없이 깨끗하고 평온한 마음으로 세상 누구라도 먼저 사랑해보겠다고 덤벼본다면 말이지요. 장담컨대 당신은 행복이 핀 꽃길만 사뿐히 걸을 수 있을 겁니다.

자유와 방종

대한민국은 자유민주공화국입니다. 자유와 민주주의를 지향하는, 독재도 아니고 전제도 아닌 '공화정치를 펼치는 나라'입니다. 다만 여기서 딱 하나 걸리는 게 있는데요, 바로 '자유'입니다. 도대체 자유란 게 뭘까 싶습니다. 사전부터 찾아보니 이렇게 적고 있네요. "외부적인 구속이나 무엇에 얽매이지 않고 자기 마음대로 행동할 수 있는 상태"라고요.

그런데 "자기 마음대로"란 문구로만 볼 때 문득 떠오르는 단어가 있지 않습니까? 바로 '방종'입니다. 방종은 또 뭘까요. 사전은 이렇게 일러줍니다. "제멋대로 행동하여 거리낌이 없음"이라고요.

어쨌든 이렇게 나란히 두고 보니 언뜻 그 말이 그 말인 듯해 '자유'와 '방종'을 섞어 쓸 수도 있겠다 싶습니다. 그런데 '자유'와 '방종'이 매번 뒤죽박죽 같이 쓰이느냐 하면 그건 아닙니다. 전혀 다른 의미로 사용합니다. 게다가 주위에서 누군가 두 단어를 뒤바꿔 쓰고 있다면 앞장서서 지적도 마다하지 않을 겁니다. "초등학생처럼 자유와 방종도 구분하지 못하냐?" 하면서요.

그런데 참 희한한 일입니다. 의미로는 이토록 칼같이 따지면서 행동으로는 이 둘을 헷갈리기 일쑤니까요. 그래서 생각해보자는 겁니다. 우리가 자유라고 바득바득 우기며 행동하는 그것이 혹여 방종일 수 있지 않을까 하고요.

냉정하게 말하면 자유와 방종은 '노는 물'이 다릅니다. 그 물을 가르는 결정적인 요소가 있는데, 바로 '책임'입니다. 방종에서는 찾아볼 수 없는 책임이 자유에는 반드시 따라주어야 한다는 소립니다.

조선시대부터 우리 선조는 책임을 가르쳤습니다. 사람이 살아가면서 지켜야 하는 기본적인 도리인 '인仁·의義·예禮·지智'로 말입니다. 오죽하면 한양 도성 4대문의 이름으로 이 기본적인 도리를 박아두기까지 했겠습니까. 이미 다들 아는 역사이야기지만 '되짚는 상식 코너'로 다시 한번 정리해볼까 합니다.

조선시대 4대문을 지칭하는 이름은 단순히 동대문, 서대문, 남대문, 북대문이 아니었습니다. 유학에서 사람이 모름지기 갖춰야 할 네 가지 도리를 뜻하는 '4자'인 인·의·예·

지를 넣어 각각의 방향대로 이름을 지었습니다.

'어질다'란 뜻의 '인' 자를 넣은 문이 동쪽의 흥인문(동대문)입니다. '의롭다'란 뜻의 '의' 자를 넣은 문이 돈의문(서대문)이지요. 또 '바르고 단정하다'란 뜻의 '예' 자를 넣은 문이 숭례문(남대문)이고, '지혜롭다'란 뜻의 '지' 자를 넣은 문이 숙지문(북대문)입니다. 다만 숙지문은 '숙정문'이란 이름으로 바뀌어 전해져 왔는데요. 일설에 의하면 백성들이 많이 알아 똑똑해지고 지혜로워지는 걸 그리 달가워하지 않았던 조선시대 지배층이 일부러 '지혜로울 지智' 자를 피해 갔다고도 합니다.

굳이 이렇게까지 했던 이유는 '인·의·예·지'가 바탕인, 사람이 살면서 마땅히 가져야 할 책임을 강조하기 위해서였을 겁니다. 그런데 사람이 한평생을 인·의·예·지로 산다는 게 어디 쉬운 일이겠습니까. 바로 그 이야기입니다. 자유는 대단히 어려운 일입니다. 무엇보다 그토록 무거운 책임이란 것을 전제조건으로 삼고 있으니 말이지요.

이런 예라면 어떨까요. 대한민국 곳곳에서 벌어지는 수많은 집회와 시위를 지켜보면서 든 생각입니다. '집회와 시위의 자유'는 헌법으로 보장하고 있습니다만 누군가 "그 자유가 책임을 전제한 자유입니까?"라고 묻는다면 이건 분명 다른 사안이 될 겁니다.

다시 말해 내 권리를 관철하겠다고 다른 이들의 권리를

침해한다면, 큰소리를 내거나 길을 막는 등의 불편을 아무렇지도 않게 만들어내고 있다면 그것이 진정한 자유일 수 있겠는가 하는 이야깁니다. 그것은 '인'에도 어울리지 않고 '의'에도 거슬립니다. '예'에도 어긋나며 '지'와도 무관합니다.

내친김에 흔히들 끌어안고 사는 자유에 대한 오해도 해소하고 가기로 하지요. 자유는 내가 '하고 싶은 것을 내 마음대로' 하는 게 아닙니다. 내가 '마땅히 해야 일을 내 마음대로' 하는 겁니다.

이를테면 어느 회사의 사장이 마케팅부 직원들에게 축구를 하라고 지시했다 칩시다. 그런데 그 직원은 축구가 싫었고 그래서 '하지 않겠다'고 했습니다. 마케팅 담당으로서 축구를 하든 안 하든 그건 그 직원의 자유입니다. 얼마 뒤 그 직원이 매출을 올리라는 다른 지시를 받았습니다. 아무리 일이 힘들고 하기 싫다고 해도 '매출을 올리든 말든 내 자유'라고 할 수 있겠습니까? 마땅히 해야 할 일을 내팽개치는 건 자유가 아닙니다. 방종입니다.

세상에서 가장 빛나는 가치이며 많을수록 좋은 것이고 편한 것이라 믿어왔던 그 자유를 우리가 너무 몰랐다는 생각이 들지 않습니까? 아마도 이제부턴 거의 입버릇처럼 달고 살았던 "그건 내 자유야"란 말도 대단히 조심스러울 겁니다. 그중 절반 이상은 "그건 내 방종이야"로 정정해야 할 테니까요. 자유로 가는 길, 이토록 힘들고 이처럼 험난합니다.

쏟아진 물은 주워 담을 수 없습니다

 다들 경험이 있을 겁니다. 물컵이나 커피잔을 엎질러 허둥대던 일 말입니다. 달랑 컵 하나에 들었던 액체인데 책상 위에 쏟아지면 왜 그리 불어나는 걸까요. 그걸 보고 있자면 탄식이 절로 나옵니다. "도로 주워 담을 수만 있다면 참 좋겠는데."
 하지만 어차피 되돌리기는 불가능하다는 걸 우린 잘 압니다. 그 사실을 점잖게 찔러주는 속담도 있지 않았습니까. '엎지른 물은 다시 주워 담을 수 없다.' 그런데 얼마 지나지 않아 뭔가 엎지르는 일이 또 생긴다고 해도 별로 달라지는 게 없더란 말입니다.
 막상 물을 엎지르면 대부분 가장 먼저 하는 일이 허겁지겁 주워 담으려 드는 겁니다. 주워 담을 수 없다는 걸 잘 알면서 왜 그러는 걸까요?

제 생각에는 두 가지 이유가 있습니다. 하나는 엎질러진 물에 대한 '아쉬움' 때문이고, 다른 하나는 엎질러진 물이 만드는 '흔적'이 싫어서입니다. 아쉬움이라면 어떤 일이 잘못되었을 때 거기에 쏟아부은 물질과 노력 등이 사라지는 손해에 관한 것입니다. 흔적이라면 그로 인해 내가 받아야 할 비난이나 내가 배상해야 할 피해에 관한 것일 테고요. 아마 그게 두려워 '엎지른 물 주워 담기'를 매번 시도하려 드는 것이겠지요.

하지만 이미 벌어진 상황은 결코 없던 일이 되지 않습니다. 영화에서처럼 시간을 거스를 수 있다면 '사고 발생' 바로 직전으로 돌아갈 수도 있겠지만, 현실적으로 그건 '미션 임파서블'이 아니겠습니까.

비단 물이나 커피뿐이겠습니까. 살아가면서 우리가 '엎지른 물'은 여기저기서 등장합니다. 본의 아니게, 잠깐의 착오로, 괜한 욕심을 부리는 바람에 말이나 행동에서 실수나 잘못을 하게 되는 겁니다. 그런데 그 실수나 잘못을 '킹정(요새 젊은이들 말로 '크게 인정한다'란 뜻입니다)'하지 않고 그저 상황을 모면하려다가 낭패를 보게 되는데요. 조그만 불편이나 비난을 피하려고 시작한 작은 거짓말이 자꾸 꼬여 점점 커지게 되고, 끝내 나조차도 감당하기 어려운 걷잡을 수 없는 상태가 되어버리는 겁니다. 어린 시절 부모님이나 선생님, 어른이 된 지금은 가까운 연인이나 부부 사이에 흔히 있을 수 있는 일입니다. 처음에는 그럴 의도가 아니었겠지요. 하지만 하나를 숨기려 들다 보면 일이 점점 엉뚱한 방향으로 흐르게 되고, 사소한 일이 엄청난 일로 번지는 경우가 생깁니다.

회사 일도 그렇습니다. 우리 직원들에게서도 가끔 보이는 모습인데요. 업무를 하다 보면 뜻하지 않은 실수가 생길 수 있는데 그것을 인정하지 않거나, 감추려 들거나, 다른 방향으로 틀어버리려다 도리어 회사에 막중한 손해를 입히는 경우 말입니다. 이 모두는 말 그대로 '엎지른 물을 주워 담으려' 하다가 벌어진 사태입니다.

그렇다면 기왕에 쏟아진 물, 어떻게 하면 좋겠습니까? 솔직하게 인정하는 겁니다. 이후에 사과할 일은 사과하고 이해를 구할 일은 이해를 구하면 됩니다. 그렇게 하는 것이 되지도 않을 주워 담기를 시도하고 그 흔적을 지우려 드는 것보다 낫습니다.

경제용어 중에 '매몰비용'이란 말이 있습니다. 이미 발생해서 회수할 수 없는 비용을 말하는데요. 어떤 일을 추진할 땐 비용이 들게 마련입니다. 그런데 중간에 그 결과를 예측해 '중단하자'고 결정하면 그때까지 투입한 비용은 '버리는 돈'이 됩니다. 하지만 그 매몰비용이 아깝다고 계속 진행한다면 어떻게 되겠습니까? 손해가 점점 더 커지게 될 건 '안 봐도 비디오'입니다.

이 역시 엎지른 물과 같은 형국입니다. 잘못 추진한 일을 알아챘을 때 빨리 인정하고 수습에 들어가는 게 맞다는 이야기입니다. 물론 쉽지는 않습니다. 그래서 매몰비용에 대한 결단은 리더의 역량이기도 합니다. 과감하게 결정해야 하는 일이지요.

우리 속담인 '호미로 막을 일을 가래로 막는다'도 같은 맥락입니다. 작은 실수를 눈가림하듯 얼렁뚱땅 막으려다가 더 큰 낭패를 본다는 이야기니까요. 혹여 실수를 인정하고 잘못을 사과하고 용서를 구했는데도 이를 받아들이는 데 영 인색한 상대를 만날 수도 있습니다. 하지만 그건 당신의 문제가 아니니 그다지 걱정할 일이 아닙니다. 그저 실수의 공이 상대에게 넘어갔다고 여기면 됩니다.

이미 물은 질펀하게 엎질러졌습니다. 그러니 어쩌겠습니까. 엎질러진 물은 그 물을 쏟은 사람에게나 그 물을 뒤집어쓴 사람에게나 돌이킬 수 없는 일입니다. 피해버린다고 사라질 일이 아닙니다. 이럴 때 필요한 것은 용기와 솔직함입니다. 비록 실수는 했을지언정 '인간성은 괜찮더라'는 평가는 받아야 하지 않겠습니까.

안나푸르나가 알려준 것

2023년 봄. 네팔 히말라야 안나푸르나에 다시 올랐습니다. 거의 7년 만이었습니다. 산은 여전히 의연했습니다. 아주 당연한 듯 고고한 자태를 뽐내며 예전과 똑같은 모습으로 우뚝 서 있었습니다. 하기야 이 거대한 산맥이 만들어진 게 이미 수만 년 전 아닙니까. 그 장구한 시간에 비하면 7년이란 시간은 촌각도 안 될 테니 대단하게 변할 일도 없었을 겁니다.

문제는 그곳에 사는 사람들이겠지요. 다행인지 불행인지 7년 만에 다시 찾은 네팔의 수도 카트만두의 환경이나 히말라야 곳곳에서 터전을 꾸리고 사는 사람들의 삶 역시 별반 달라진 게 없어 보였습니다.

다만 카트만두의 여건은 그리 좋아 보이지 않았는데요.

요즘 우리가 제일 걱정하는 미세먼지가, 우리나라와는 차원이 다른 지독한 매연과 섞여 도시를 뒤덮고 있었고, 인프라 부족으로 무질서한 분위기 속에 삶의 질은 가히 최악인 듯했습니다.

도심을 벗어난 산골도 그리 다르지 않았습니다. 보통 사람이라면 견디기 힘든, 좀 심하게 표현하면 원시적인 형태 그대로 사는 듯하다고 할까요. 그런데 현지인들은 외부인의 눈에 비치는 그런 불편함과 어려움을 잘 모르는 것 같았습니다.

문득 예전에 인상 깊게 봤던 한 통계가 떠올랐습니다. 네팔 국민의 행복지수가 한국 국민보다 훨씬 높은, 나아가 여느 선진국 못지않은 상위권에 올라 있는 거였습니다. 사실 이번 히말라야 트레킹 내내 그 이유가 궁금했습니다. 한동안 곰곰이 생각하다가 제 나름대로 그 답을 찾을 수 있었습니다. 제가 그 분야의 학자나 전문가가 아니니 정확한 분석이야 내놓을 수 없겠지만요.

만약 우리의 인생을 세 등분해 끊어볼 수 있다면 지난 과거의 일을 어제라 하고, 지금 처한 상황은 오늘이라 하겠지요. 또 누구도 알 수 없는 미래를 내일이라 할 겁니다. 그런데 가만히 따져보니 우리가 살면서 마땅히 느껴야 할 행복감을 현저히 떨어뜨리는 요인들은 어디 먼 데가 아닌 바로 이 어제, 오늘, 내일이란 시간과 나란히 연결되어 있더란 겁니다.

다시 말해 지난 일들에 대한 아쉬움·후회·분노를 끌어안은 채 현재 처한 상황을 몹시 불편해하거나 난처하게 여기고, 앞으로 닥칠 미래에 대한 걱정·불안·공포까지 품고 사는 형국이라고 할까요. 물론 이외에도 다양한 요인이 있을 수 있겠지만 제가 생각할 땐 매일 매시간 우리를 억누르는 이런 거북한 생각과 감정이 우리 행복을 저해하는 결정적인 요인이 아닌가 싶었습니다.

제 이런 생각을 더욱 확실하게 다질 수 있게 된 계기가 바로 네팔인의 삶이었던 거지요. 과연 그들은 어떨까요. 곁에서 지켜보고 대화도 해보면서 내린 결론은 이랬습니다. '그들은 대체로 어제의 일에 연연하지 않고, 미리 가늠할 방법조차 없는 내일에 대해선 더더욱 신경을 쓰지 않고 산다.'

사실 그랬습니다. 어제와 내일의 부담과 짐을 덜어낼 수 있다면 오늘 잠깐의 불편함이란 건 일부러 수고스러움을 찾아 히말라야로 떠난 우리 일행과 크게 다를 바 없지 않겠습니까. 그 순간 뭔가에 크게 한 대 맞은 것처럼 울림이 컸습니다.

그런데 말입니다. '쿵' 하는 울림은 있었지만 한편에선 또 다른 의문도 슬슬 피어오르더란 겁니다. '우리도 이들 네팔인처럼 살면 행복할 수 있는가? 아니 그 이전에, 어제를 잊

고 내일은 덮고 사는 삶을 과연 옳다고 할 수 있는가?'

어제 일을 지우고 내일 일을 걱정하지 않는 삶이 진짜 행복인 건지, 아니면 불행을 느끼지 못할 따름인지 그건 잘 모르겠습니다. 하지만 분명한 건 그런 생에는 대가가 따른다는 겁니다. 쉽게 말해 척박한 환경을 기본으로 깔고 인간으로 누려야 할 풍족한 삶을 포기할 수밖에 없다는 거지요.

가령 내 아이의 아침 등굣길이 설악산 하나를 넘어야 하는 환경이고, 기온이 영하로 곤두박질치는 산골의 밤에도 난방은 꿈도 꿀 수 없는 일상이라면 과연 행복에 대해 운운할 수 있을지 의문이란 이야깁니다. 또 오지탐험이나 극기훈련 같은, 아니면 극한에 도전하는 캠핑 같은 생활을 평생 하면서 살아야 하는 것과 다르지 않은 환경이라면 말입니다. 만일 그것이 누군가 말하는 행복이라면 우리가 이미 알고 있는 행복과는 상당히 결이 다르지 않을까 싶은 겁니다.

우리는 어제를 후회하고 아쉬움 속에 분노를 기억하며 또 내일을 걱정하고 고민하느라 밤잠을 설쳐댑니다. 하지만 그 덕분에 어제보단 괜찮은 오늘, 오늘보다 나은 내일을 꿈꿀 수 있는 것 아니겠습니까. 누가 등을 떠민 것도 아닌데 안나푸르나 고지를 죽어라 걷고 또 걷는, 순간순간 더는 못 간다고 주저앉아버릴까 고민하는 그런 우리 삶이 더 보람찰 수 있겠다 싶은 겁니다.

히말라야 안나푸르나의 여정은 역시 제게 평범치 않은 깨달음을 안겨주었습니다.

육체의 근손실, 정신의 근손실

한번은 경영인들이 모이는 한 모임에서 제게 특강을 요청해왔습니다. 굳이 나설 자리인가 한참 고민하다가 그래도 KG그룹과 여러 가족사 홍보를 위해 나서보기로 했습니다. 그 모임은 한국무역협회와 한국능률협회가 공동주관하는 CEO들의 하계 세미나였습니다.

스피킹이라면 웬만해선 기죽지 않는 제게도 부담스러운 강연이었습니다. 수백 명의 CEO와 부인들이 참석하는 대규모 세미나에서 기조강연이었으니 왜 아니었겠습니까. 하지만 비단 외형이 주는 중압감만은 아니었습니다.

주어진 시간은 70분. 그 시간 내에 수많은 CEO의 눈과 귀를 사로잡을 것인가, 아니 사로잡는 것까진 기대치 않는다 해도 그분들의 아까운 시간을 낭비하지 않고 뇌리와 마음에 '한 줄' 정도 새겨넣을 수 있을까 걱정이 되었습니다. 이뿐이겠습니까. 어쩌면 많은 분에게 첫인상일 KG그룹을 제가 어떻게 하면 좀 더 자랑스럽게 알릴 수 있을까, 사명감도 생겼습니다.

그렇게 작전명 '두 마리 토끼를 잡아라'는 실행에 옮겨졌고, 무사히 잘 마무리되었습니다. 많은 분에게서 칭찬도 받고, KG그룹에 대해 잘 알게 되었다는 덕담도 듣자 보람도 느꼈습니다. 그러면서 문득 든 생각이 하나 있었습니다. '근손실'입니다.

운동을 하든 하지 않든 아마 근손실이란 말은 들어본 적이 있을 겁니다. 말 그대로 몸에서 근육이 줄어들다가 끝내 없어지는 현상을 뜻합니다.

보통 근육량이 많은 사람은 먹는 음식의 양이나 종류, 효과적인 운동으로 근손실을 예방하기 위해 무척 노력합니다. 한두 끼를 아무렇게나 먹고 며칠만 운동을 안 해도 우리 몸의 근육은 순식간에 빠져나가기 때문이지요. 결국 꾸준함만이 좋은 몸을 유지할 수 있는 유일한 방법이라고 할 수 있습니다.

그렇다면 '근손실'이란 게 과연 육체의 근육이 빠져나가는 것만을 의미할까요? 그렇지 않습니다. 정신에서도 근육이 빠져나갈 수 있습니다.

우린 좋은 근육을 만들기 위해 땀 흘려 운동하고 식단을 조절하는 등 무척 애를 씁니다. 그만큼 옳고 바른 정신을 갖기 위한 많은 노력이 필요합니다. 굳이 연관을 지어 생각해보진 않았지만 뭔가 결심하고 반성하고 성찰하는 과정이 그걸 겁니다. 수없이 달려드는 달콤한 유혹을 뿌리쳐 가면서요.

문제는 이렇게 힘들여 만든 '옳고 바른 정신'도 시간이 흐르고 실행이 게을러지면 무너지게 된다는 겁니다. 굳게 다짐한 결심도 한순간에 끼어든 타협에 스르르 녹아버리고 마는 거지요.

육체의 근손실을 막을 방법은 이미 알려진 대로입니다. 식단과 운동을 멈추지 않는 겁니다. 그런데 정신의 근손실은 어떻게 막아낼 수 있을까요? 몸의 근육이 빠져나가는 것보다 더 중요한 우리 생각·의지의 근력이 무너지는 것은 어떻게 방지할 수 있을까요?

지난 특강을 통해 깨달은 게 그겁니다. '나 자신의 생각과 의지를 여러 사람에게 알리면 되겠구나' '혼자만의 힘으로 해결책을 찾기 어렵다면 이런 식으로 다른 사람의 도움을 받으면 되겠구나' '그것이 내 정신의 근력이 도망가지 않게 붙드는 가장 현명한 방법이겠구나' 했습니다.

사실 다들 그렇지 않습니까. 다른 사람에게 나를 전달할 때는 진중해집니다. 한 번 더 생각하고 의지를 다지고 결심을 얻은 뒤 말합니다. 한 사람 앞에서도 허투루 나서지 않게 마련인데 하물며 여러 사람 앞에서라면 어떻겠습니까. 내가 어떤 생각을 가지고 있으며 어떻게 살아왔고 어떻게 살아갈 건가를 이야기하고 나면 내 말에 막중한 책임감이 생기지 않겠습니까. 마치 금연이나 금주를 혼자 시도하는 것보다 여럿 앞에서 선언으로 내걸 때 훨씬 무겁게 느껴지는 것처럼요.

물론 쉬운 일은 아닙니다. 육체의 근손실을 막는 일도 험난하지만, 정신의 근손실을 막는 일은 더 험난할 수 있습니다. 게다가 육체가 망가지는 건 금방 눈에 띄기라도 하지요. 정신이 망가지는 건 잘 보이지도 않습니다. 세상에서 가장 어렵다는 '보이지 않는 적'과 싸우는 격이라고 할까요.

결코 육체의 근손실을 과소평가하는 건 아닙니다. 건강을 위해 반드시 지켜내야 하는 일입니다. 하지만 정신의 근손실은 더 중요한 문제입니다. 육체의 근손실을 좌우지하는 것도 결국 정신의 근손실 영역이니까요.

이런 예라면 어떨까요. 여기 두 명의 골프선수가 있습니다. 출중한 실력으론 우열을 가릴 수 없는 선수들입니다. 어느 대회에 나란히 출전한 두 선수는 역시 화려한 성적으로 최종라운드에 도착해 우승경쟁을 펼치게 되었습니다. 마지막 퍼터 하나로 승패를 가려야 하는 순간. 과연 둘 중 어느 선수가 우승을 차지하게 되었을까요? 아니, 두 선수 중 우승을 가리는 결정적 요인은 무엇이었을까요? 이 상황에서 실력 차이는 그다지 중요치 않습니다. 그렇다면 무엇이 중요할까요? 바로 우리가 흔히 '멘탈'이라고 부르는 정신력의 차이입니다. 결국 정신의 근손실을 끝까지 막아낸 선수가 엄청난 중압감을 이겨내고 우승컵을 들어 올릴 수 있는 겁니다.

그렇다고 모든 사람이 마치 골프선수가 멘탈을 키우듯 거창한 프로젝트에 뛰어들 필요야 있겠습니까. 틈틈이 책을 읽고 교육프로그램에 기웃거리는 작은 실천들이 정신의 근력을 단단히 붙들어 맬 수 있는 방책입니다.

누구나 옳은 판단을 할 수 있고 바른 가치관을 가질 수 있습니다. 하지만 오래도록 올곧게 유지하는 건 아무나 할 수 없습니다. 이건 근손실의 문제기 때문입니다. 정신의 근육이 빠져나가기 시작하면 딴딴하던 정신세계가 허물어지는 것 역시 순간입니다. 그러니 당장 초콜릿 복근 하나에 일희일비하는 육체의 근손실만 신경 쓸 일이 아닙니다. 우리의 정신을 지탱하고 나아가 행복지수를 좌우하는 정신의 근손실을 막는 게 훨씬 중요합니다.

어쩌면 제가 이 책을 쓰는 이유도 다르지 않을 겁니다. 회장이란 위치에서 누군가를 옥죄고 단속하기 위해서가 아니라, 그 위치에 걸맞은 생각과 행동을 다잡아보려는 노력인 겁니다. 정신적 근손실을 조금이라도 막아보려는, 바로 그것입니다.

당신이 행복하지 않은 이유

우연히 본 드라마 한 편이 이런저런 생각을 하게 했습니다. 연휴에 시간이 좀 생겨 넷플릭스에 들어갔다가 '픽'하게 된 드라마는 〈나의 아저씨〉였습니다. 한두 회만 볼 줄 알고 시작했는데 결국 16회까지 끝을 봤습니다. 가수 아이유와 배우 이선균이 주연으로 스토리를 이어갔는데, 이선균 배우의 안타까운 일이 오버랩되어 결말이 더 궁금했던 겁니다.

두 주인공은 누구랄 것도 없이 불행한 삶을 살고 있었습니다. 아이유가 배역을 맡은 '지안'이란 인물은 홀할머니를 모시고 사채꾼에 시달리며 끼니를 걱정해야 하는 처지였습니다. 어쩌다가 살인까지 저지르게 되면서 인간으로 볼 때 최악의 환경에 놓이게 됩니다. 그러다 세상을 끊어내고 사람을 혐오하면서 스스로를 고립시키기에 이릅니다.

이선균이 연기한 '동훈'이란 인물은 겉으로 볼 땐 멀쩡했습니다. 본가는 그리 넉넉지 않지만, 좋은 학교 나와 좋은 직장에 다니면서 능력 있는 아내, 예쁜 아이와 평범하게 사는 샐러리맨이었습니다. 하지만 직장과 가정 안팎에서 내적인 갈등을 겪고 있었습니다. 자신이 꿈꾸는 세상과 다른, 치열한 경쟁과 견제 속에 사는 것을 받아들이기 힘들어했습니다.

한 직장에서 사회적 관계를 맺게 된 두 사람은 각자가 처한 외적인 환경은 완전히 달랐지만 공통점이 하나 있었습니다. '불행하다'란 것입니다. 자신만의 성을 쌓고 불행이란 동굴에 파고드는 처지가 꽤 닮아 보였습니다.

이야기가 전개되면서 드라마는 두 사람이 서로의 불행을 들여다보게 되는 과정에 초점을 맞추었습니다. 동정과 배려로 상대의 처지를 안타까워하고 또 도움을 주기도 하면서 처한 역경을 조금씩 벗겨냅니다. 결국 끝에 가선 두 사람 모두 불행의 동굴에서 빠져나오는 것으로 결말을 지었습니다.

비단 이 드라마처럼 극단적인 상황은 아니라고 해도 말입니다. 사람은 누구나 외부환경에서 한두 가지 이상 고통을 받습니다. 저도 드라마 속 '지안'만큼이나 척박한 외부환경에서 살았던 적이 있고요, 아마 여러분 각자는 '동훈'만큼이나 치열한 내적 갈등을 겪고 있을지도 모르겠습니다.

그런데 그 외적인 환경으로 인한 불행이란 게 사실 대단히 '일반적'입니다. 직장에서라면 말입니다. 치열한 경쟁을 뚫어야 하고 남을 밟아야 유리한 고지에 올라서는 생존 다툼이 벌어지지만, 이것이 특수한 경우는 아니란 뜻입니다. 물론 정도의 차이는 있겠지만요. 상황이 이러한데 설사 그 외부환경을 뜯어고친다고 하루아침에 불행이 행복으로 뒤바뀔 수 있겠습니까.

드라마로 잠시 돌아가 봅시다. 두 주인공이 지독한 불행의 동굴에서 빠져나오는 게 결말이었는데 말입니다. 그럼에도 환경적으로 달라진 건 아무것도 없었습니다. '지안'이 갑자기 재벌집 딸로 변신하지도 않았고, '동훈'이 고속 승진을 하지도 않았습니다. '지안'은 다른 회사로 이직해 평범한 직장인이 되었고요, '동훈'은 작은 회사를 차려 독립을 했습니다.

결국 드라마는 두 주인공이 처한 환경을 개선하는 데는 별 관심이 없었던 겁니다. 아예 극본을 쓴 작가가 환경을 뒤바꾸는 것으로 두 사람의 문제를 해결하려 들지 않았던 거고요. 그럼에도 두 사람은 더 이상 불행해하지 않습니다.

그 전개를 오롯이 지켜본 제 생각은 이랬습니다. '우리는 우리가 행복하지 않은 이유를 우리 스스로 만들어내고 있구나.' 다시 말해 외부환경 때문에 불행한 것이 아니라 불행한 이유를 외부환경에서 찾으려 한다는 것입니다. '나 홀로 이 험한 환경 속에 뚝 떨어져 있고, 그 불행한 사정은 누구에게도 말할 수 없다'는 식으로, 자신을 세상과 애써 차단하면서 말이지요.

기업도 마찬가지입니다. 멀리 갈 것도 없이 KG그룹에 속한 회사들을 보면 말입니다. 케미칼, 스틸, 모빌리티 모두 말 그대로 최악의 상황에 빠져 있었습니다. 물론 이젠 모두 정상 이상의 궤도에 올라서 있지만요. 이것이 어떻게 가능했을까요? 환경적인 요소가 싹 바뀌었을까요? 아닙니다. 바뀐 건 하나도 없습니다. 근무하는 사람도 그대로고, 제품을 생산하는 공장, 거래처 사람들도 다 그대로입니다. 그런데도 회사가 달라졌다? 희한하지 않습니까.

특히 모빌리티의 경우에는 KG그룹 가족사가 된 지 1년 만에 흑자를 기록했습니다. 16년 만에 바뀐 변화라고 했습니다. 하지만 역시 외부환경 요소는 그대로입니다. 공장이 바뀌었나, 직원이 바뀌었나, 차를 사는 소비자가 바뀌었나 아무리 따져봐도 말이지요. 결국 그 결과를 단순히 환경적 요소와 연결하기엔 근거가 빈약하다는 이야깁니다.

물론 환경이 나쁘다면 조금 더 힘들 순 있습니다. 하지만 그것이 사람의 행복과 불행, 기업의 성공과 실패를 좌지우지할 정도는 아닙니다. 동일한 환경에서도 내가 어떻게 마음을 먹느냐, 회사가 어떻게 시스템을 갖추느냐에 따라 상황은 늘 달라집니다. 그럼에도 그 외적인 환경이 못내 거슬린다면 차라리 '운이 없다'고 생각하는 게 낫습니다. 불행의 문제가 아니라 운수의 문제라는 뜻입니다.

우리의 본질이 아닌, 우리 주위에 붙어 있는 환경적인 요인으로 우리의 행·불행을 재는 것처럼 어리석은 짓은 없습니다. '기업환경이 시원치 않으니 우리 회사는 뭘 해도 안 된다'는 생각 자체가 이미 불행의 시작입니다. 이후엔 집단행군하듯 다 함께 불행의 동굴로 들어갑니다. 회사는 계속 적자를 내는데도 직원들은 그걸 당연하게 여기는 겁니다. "누가 우리 제품을 살까요" "수출길이 막혀 있어요" "부품 공급이 안 되잖아요" "노조가 어디 말을 듣던가요" 등 백만 가지 이유를 대면서 말이지요.

불안이 없는 인생은 없습니다. 걱정이 없는 기업도 없지요. 그러니 방법은 하나입니다. 미리 불행에 순응하지 말고 지레 행복을 포기하지 말라는 겁니다. 오로지 나만 불행하다 여기지 말고 우리 회사만 안된다고 단정하지 말라는 겁니다.

당신이 행복하지 않은 이유는 당신의 환경이 아닌 당신의 생각 때문입니다. 일단 생각이 바뀌면 다음엔 행동이 바뀝니다. '아무것도 안 된다'는 동굴에서 빠져나와 '뭐든 되겠다'는 동굴로 가뿐히 옮겨갈 수 있습니다.

관계의 창

3

원하는 게 다릅니다

미루어 짐작하지 마세요

살다 보면 누구나 생각지도 않게 크고 작은 사건·사고에 휩싸이게 됩니다. 의도와는 다르게 갈등과 실수가 생기고 정신적으로 물질적으로 큰 낭패를 보기도 합니다. 그런데 가만히 되짚어보면 이런 낭패는 대부분 '미루어 짐작'하는 데서 나오더란 겁니다.

사람과 사람 관계에서 흔히 생기는 오해가 대표적입니다. 대단한 이유가 있다기보다 그렇겠거니 상대의 마음을 '미루어 짐작'해 만들어낸 경우가 적지 않다는 거지요. 내 감정 위주로 생각하기 때문입니다. 기분이 좋으면 좋게 몰고 가고, 기분이 언짢으면 언짢게 몰고 가는 겁니다.

일에서도 '미루어 짐작'이 만드는 실수가 있습니다. 내 편의대로 판단하기 때문입니다. 간단한 확인조차 하지 않아 발생하는 사고를 들여다보면 십중팔구는 '미루어 짐작' 한 탓입니다. 점검하는 데 게을렀다는 말이지요.

예를 들어볼까요. 매일 늦던 남편이 어느 날 일찍 퇴근했습니다. 말하기조차 힘들 만큼 피곤했는지 반기는 아내를 보는 둥 마는 둥 바로 누워버렸지요. 그런데 아내는 그런 남편을 보고 다른 생각을 합니다. 이제 나를 싫어하나 보다 의심이 발동한 거지요. 결국 쉬고만 싶은 남편에게 잔소리를 해댑니다. 아내의 지레짐작을 이해하지 못한 남편은 남편대로 아내가 섭섭합니다. 아내의 마음이 변한 것 같다고 역시 지레짐작합니다.

사람은 누군가와의 관계 속에서 살아갑니다. 부모·형제부터 이웃·친구·동료·선후배 등과 수많은 관계 맺기를 하지요. 그 관계 속에서 웃을 일을 만드느냐 울 일을 만드느냐에 따라 행복과 불행이 갈립니다. 그런데 이렇게 중요한 관계를 참 터무니없는 '미루어 짐작'으로 그르쳐서야 되겠습니까. 오해도 자초지종을 들어보면 내가 좋을 대로 생각했기 때문이고, 실수도 따져보면 내가 편한 대로 판단했기 때문이라면요.

나이가 들어갈수록 예전에는 보이지 않던 것이 보이기도 합니다. 요즘 특별히 눈에 들어오는 것이라면 바로 '사람과 사람 사이'입니다. 서로 친해지는 '관계의 공식'이라고 할까요. 가만히 들여다보고 있으면 사람이 친해지고 또 만남을 이어가는 이유를 알 것 같다는 말입니다. 여기에는 이성과 동성 간의 차이가 좀 있는 것 같습니다.

남녀 간의 만남은 아주 단순합니다. 일단 본능입니다. 남녀가 가진 본능에 서로 끌리다 보면 아무 이유 없이 친해질 수 있는 거지요. 한 영화나 드라마에 배우 김태희나 송중기가 출연했다고 칩시다. 무조건 좋을 수 있습니다. 김태희나 송중기는 만나본 적도 없고 대화도 해본 적 없지만 이성적 매력만으로 좋아할 수 있는 겁니다.

그렇다면 동성 간의 만남은 어떨까요? 이쪽은 좀 다릅니다. 주판알을 튕겨봤더니 '만나는 것이 이득이더라'고 판단할 때 친해질 수 있다는 거지요. 예컨대 학연·지연 등 별로 공통점이 없는 두 남성이 자주 만난다고 칩시다. 이 둘 사이에는 반드시 서로 각자의 이익을 위한 '속마음'이 있다고 봐도 무방할 겁니다.

그런데 이것이 아니더라도 친해질 수 있습니다. 미루어 짐작한 것이 아닌 진짜 '생각이 같을 때'입니다. 다시 말해 바라보는 방향이 같다면 언제든지 가까워질 수 있다는 뜻입니다. 물론 사람이라면 마땅히 다른 의견을 가질 순 있습니다. 하지만 바라보는 방향이 다르다면 좀 곤란합니다. '다른 의견'은 논의와 토론으로 조율할 수 있지만 '어긋난 방향'에선 싸우는 것 외에 별로 할 일이 없으니까요.

남에게는 '예단하지 마라' '속단하지 마라'라는 말을 자주 합니다. 그러면서 정작 우리 스스로는 '예단하고 속단하길' 좋아합니다. 이보다 더 큰 문제는 상대방의 생각까지 미루어 짐작해 단정해버린다는 거지요. '나를 좋아한다' '나를 믿는다'는 착각은 물론, '나를 무시한다' '나를 싫어한다'는 비하까지도요.

'미루어 짐작'은 남이 보지 못한 것을 보고, 남이 알지 못하는 것을 꿰뚫는 능력이 아닙니다. 그저 상황을 망가뜨리는 첫걸음일 뿐입니다. 사람과의 관계에서든 일을 진행하는 과정에서든 물어보고 확인하지 않았다면 차라리 판단을 유보하는 것이 낫습니다. 그것이 안전합니다.

감정은 빼고 따집시다

지금이야 난리가 날 일입니다. 하지만 예전 제가 학교에 다닐 적에는 적어도 한 달에 한두 번쯤 선생님이 기득권을 행사하는 날이 있었습니다. '체벌'입니다. 거의 일상이었지요. 단체기합이란 명목 아래 좀 심하게 두들겨 맞는 날도 있었고요. 진짜 잘못을 해서 맞을 때도 있지만 간혹 억울하게 맞은 때도 있었습니다. 하지만 그조차 그저 한때의 추억일 뿐 마음에 오래 담아두는 경우는 드물었습니다. 어른이 된 나중에 두고두고 술자리 안줏감으로 삼을 만큼만이었지요.

그런데 수십 년이 지나도 잊히지 않을 정도로 깊은 상처가 되는 체벌이 있습니다. 바로 감정이 잔뜩 실린 체벌입니다. 잘못을 꾸짖는 것이 아니라 '나에게 화풀이를 하고 있구나' 싶을 정도로 황당하게 맞았다면 평생 가슴에 꾹꾹 박히는 트라우마가 되고 맙니다.

누군가가 뭔가 잘못을 했을 때 그래서 옳고 그름을 따져야 할 때 정말 조심해야 하는 일이 있습니다. 바로 감정입니다. '네가 좋다' 혹은 '정말 짜증난다'란 식의 감정이 판단에 끼어들어선 안 된다는 겁니다. 말 그대로 '죄는 미워하되 사람은 미워하지 마라'가 되어야 하는 거지요.

물론 잘못하는 쪽만 아니라 잘못을 따져야 하는 쪽도 사람입니다. 그러니 어찌 칼 같은 이성만 들이댈 수 있겠습니까. 그럼에도 불구하고 감정은 최대한, 아니 전부를 빼내야 합니다. 왜 그래야 할까요? 감정이 섞이면 상황을 읽어내는 분별력이 떨어지기 때문입니다. 본래의 진심이 무너지고 객관성을 잃게 되기 때문입니다. 판단이 흐려지고 확신이 흔들리기 때문입니다.

그런데 흥미로운 사실이 한 가지 있습니다. 감정을 잔뜩 싣고 누군가의 잘잘못을 가리자고 나서는 사람들이 공통적으로 꺼내놓는 말이 있다는 거지요. "난 절대로 감정적이지 않아."

과연 그럴까요? 그렇게 말하는 사람, 그 자신은 잘 압니다. 아니 당하는 사람도 알고, 그 상황을 지켜본 사람도 압니다. 이미 그가 감정을 팍팍 실은 상태로 일을 그르치고 있다는 것을요.

얼마 전 친구의 딸이 결혼을 앞두고 신랑 될 사람과 함께 주례를 부탁하러 찾아왔습니다. 그 자리에서 저는 이것부터 확인했습니다. "왜 결혼을 해야 하는지 이성적으로 충분히 판단했나? 아직 늦지 않았다. 결혼은 그다음에 결정해라."

서로 좋아하면 되었다고요? 결혼해서 살다 보면 싫어질 수도 있는 거 아닙니까. 돈이 많다고요? 요즘 같은 불경기에는 거지가 되는 일도 드물지 않습니다. 능력이 뛰어나다고요? 지금까지는 그랬나 보지요. 앞으로도 그럴 거라고 누가 장담한답니까.

과연 결혼이란 게 감정에 휘둘리지 않고 잘 생각해 내린 결정이었을까요? 이성적으로 판단하려는데 '죽고 못 산다'는 감정이 개입한 건 아니고요?

아이를 훈육할 때나 회사 일을 처리할 때, 나아가 경제에도 정치에도 법에도 감정이 들어가면 바로 문제가 생깁니다. 감정도 사랑에 눈멀게 하는 콩깍지와 다르지 않아 이성을 덮어버리면 제대로 사리분별이 안 되는 거지요. 특히 누군가를 단죄할 때나 심판할 때 감정을 절대 끼워 넣어선 안 됩니다. 그건 또 다른 죄입니다. 감정이 개입한 판단은 이미 틀린 판단입니다.

지금부터 곰곰이 한번 생각해보겠습니다. 가정에서 부모나 아이를 대하는 행동에, 직장에서 상사나 부하직원을 대하는 말투에 감정이 실렸는지 아닌지. 그러고 보면 저 자신도 거기서 완전히 자유롭지는 못한 듯합니다. 이제부터라도 감정을 걷어내는 일에 좀 더 신경을 써야겠다 싶습니다.

반성의 본질

'립서비스'란 말이 있습니다. 상대에게 베푸는 '말뿐인 호의'란 뜻입니다. 가식적인 칭찬이나 진정성 없는 빈말을 꼬집어서 그렇게 빗대곤 하지요. 그렇다고 립서비스를 무턱대고 나쁘게만 보는 건 아닌 듯합니다. 상대의 기분을 맞추고 분위기를 '업up'시키는 데 이만큼 충직한 봉사도 없을 테니까요.

하지만 립서비스에도 격이 있습니다. 만약 최하급이라면 그냥 영혼 없는 입놀림에 불과한 거지요. 아니, 아주 고약한 서비스가 되어버립니다.

제가 아는 한 기업의 회장님은 립서비스가 정말 탁월합니다. 시간차 공격에도 능할 뿐만 아니라 날리는 족족 정확히 꽂히기까지 합니다. 그런데 그 신공에 가까운 장기가 뼈

끗하는 뼈아픈 기록을 세우게 되었습니다.

사연은 이렇습니다. 회장님이 골프를 치러 필드에 나선 날이었답니다. 동반자가 티샷을 치자마자 회장님은 늘 하던 대로 "나이스샷!"을 외쳤다는 거지요. 거기까진 좋았습니다. 문제는 그 샷이었던 거지요. 빗맞은 공이 어디로 날아갔는지 도대체 알 수가 없는 상황이 벌어진 겁니다. 캐디도 미처 못 본 상태였고요. 그러자 다들 "나이스샷!"을 외친 회장님에게로 다가가 물었습니다. "공이 어디로 날아갔나요?" 그런데 회장님은 멋쩍게 웃으며 이렇게 자백하더랍니다. "사실 저도 못 봤어요."

그날 이후 회장님의 립서비스는 최하급으로 떨어졌습니다. 게다가 모든 말이 '영혼 없는 입놀림'으로 간주되어 아무도 응수조차 안 하는, 그야말로 '진정한 립서비스'가 되어버렸습니다.

그런데 가만히 따지고 보면 듣기 좋은 칭찬만 가지고 왈가불가할 일은 아닌 것 같습니다. 우리가 보통 잘못을 하거나 죄를 지었을 때 하는 반성도 마찬가지란 생각이 드는 거지요. '내가 뭔가 잘못했구나' 싶을 때 우리는 용서를 구하고 뉘우칩니다. 그런데 그 반성이 순도 몇 퍼센트짜리 진정성일까. 속을 들여다보니 몇 퍼센트는커녕 대부분 상황을 무마하려는 면피용처럼 보이더란 겁니다. 그저 책임을 피하려고 사과하고 반성하는 척하더란 이야깁니다.

우스갯소리를 하나 해볼까요. 교도소에 수감된 죄수의 반성은 보통 두 부류로 나뉩니다. '잘못했다, 하지만 나는 죄가 없다'와 '미안하다, 하지만 나는 누명을 썼다.' 이것이 무엇을 의미할까요? 죄수들은 한결같이 '내가 지금 교도소에 있긴 하지만 잘못한 건 아니고 뭔가 큰 착오가 있었던 것'이라고 생각한다는 겁니다.

면피로 하는 반성은 아무 의미가 없습니다. 반성은 '진심을 다 쏟아부어야' 합니다. 뭘 굳이 그렇게까지 해야 하느냐고요? 영혼이 깃든 반성만이 발전을, 개선을 가져오기 때문입니다. 반성을 했다는데도 똑같은 잘못이 반복되고 있다면 영혼 없는 반성이라고 볼 수밖에 없는 겁니다.

하루에도 몇 번씩 우리는 "미안합니다"와 "나이스!"를 반복합니다. 하지만 "잘못했습니다, 미안합니다"라고 말을 하려면 정말 부끄러운 반성이 앞서야 합니다. 칭찬도 마찬가지입니다. 상대에 대한 깊은 존경과 감사의 마음을 가진 다음에야 비로소 꺼낼 수 있는 말인 겁니다. 반성과 칭찬이야말로 립서비스로 치고 빠질 수 있는 일이 아니니까요.

진정성이 실종되어가는 세상, 우린 지금 그저 입으로만 그 세상을 사는 건 아닌가 하는 생각이 듭니다.

남자 생존술

한때 한국사회를 통째로 들었다 놨다 한 '미투운동'을 지켜보면서 정작 생각한 건 따로 있었습니다. '이 땅에서 남자가 살아가는 법'입니다. 미투운동을 곧이곧대로 보면 남성이 여성보다 상당히 우월한 위치에 있는 듯합니다. 그런데 과연 한국에 사는 남성이 정말 그렇게 느끼는지는 잘 모르겠습니다.

제가 남성이니 여성의 입장을 충분히 이해하지 못하는 점은 인정합니다. 하지만 현실이 그렇지 않습니까. 집 밖은 둘째치고 집 안을 들여다볼까요. 당장 예전에 대접받던 '가장'이나 '아버지'의 지위는 이미 바닥을 친 지 오래입니다. 집 안에서의 순위를 따져보니, 기르고 있는 강아지 다음쯤 되더라는 우스갯소리도 있지 않습니까.

한국의 남자 또 아버지의 위상이 어쩌다 이렇게까지 떨어졌을까요? 제가 꼽아본 이유는 두 가지입니다. 하나는 물질적인 문제. 예전에 아버지는 '조달청장'이었습니다. 매달 월급날이면 현금으로 채운 누런 월급봉투를 들고 귀가했습니다. 전기구이 통닭 한 마리와 함께요. 그 봉투를 열어 가족의 생활비며 자식들의 용돈을 직접 조달했습니다. 아버지의 '누런 봉투'는 가히 전지전능했지요.

그러던 것이 지금은 어떻게 되었나요. 이제 월급은 통장에 찍히는 숫자로만 남게 되었습니다. 굳이 아버지의 손을 거칠 필요가 없어진 겁니다. 실체가 없는 가상화폐와 다를 게 없다고 할까요. 게다가 카드라는 신무기가 생겼습니다. 그 카드가 가족이 쓰는 돈의 출처를 상당히 모호하게 만들며 조달청의 권위를 순식간에 무너뜨렸습니다.

또 다른 이유는 정보와 지식의 문제입니다. 예전에 아버지는 '정보통'이었습니다. 세상 돌아가는 사정과 지식을 아버지가 가장 많이 확보하고 있었지요. 가족이 잘 모르는 것, 알고 싶은 것 대부분은 아버지의 입을 통해 전달되었습니다.

하지만 세상은 또 바뀌었습니다. 바뀐 정도가 아니라 뒤집혔습니다. 인터넷이니 모바일이니 SNS니 각종 첨단통신망이 별별 정보와 지식을 다 쏟아내고 있으니까요. 그 '첨단' 덕분에 아버지는 가장 정보력이 떨어지는 가족 구성원이 되었습니다. 나이 먹은 게 죄라고 TV며 세탁기 등 가전제품 사용법은 그렇다 쳐도, 분신처럼 들고 다니는 휴대전화까지 어린 자식들을 통하지 않고는 그냥 움직이는 전화기에 불과하니까요.

상황이 이러하니 아버지는, 한국의 남자는 힘을 잃을 수밖에 없는 것 아니겠습니까. 돈과 정보력으로 무장했던 권력과 권위가 싹 사라졌으니까요. 그렇다면 한국 남자들은 계속 이렇게 살아야 하는 걸까요? 특히 '나이 든 남자'가 이 땅에서 잘 살아갈 수 있는 방법이 있긴 할까요? 결국 생존의 문제인데 뭔가 수를 찾아야 하지 않을까요?

제가 생각하는 이른바 '남자 생존술'이 몇 가지 있긴 합니다. 첫째는 '다양한 사람을 접하라'는 겁니다. 좁은 우물에 갇혀 꼼지락거리지 말고 네트워크를 늘리라는 이야깁니다. 사람이라면 누구나 본능적으로 자신과 잘 맞고, 자신에게 편한 사람과 함께하기를 원합니다. 그러다 보니 늘 같은 사람과 어울리게 되고 뻔한 대화, 뻔한 지식, 뻔한 관심, 뻔한 인맥에 계속 빠져 살게 되는 겁니다.

의식적으로 확장하려 노력하고, 의식적으로 불편한 관계를 만들어야 합니다. 그래야만 "나이 들어 대접받는다"까지는 아니어도, 최소한 사람과 지식과 정보로부터 소외되지는 않을 겁니다.

어찌 보면 옷차림과 비슷하다고 할까요. 청바지에 터틀

넥이 편하다고 어디든 이렇게 입고 다닐 순 없는 거 아닙니까. 스티브 잡스도 아니면서 말이지요. 게다가 청바지를 입고 들을 수 있는 세상 이야기는 몇몇 종류로 정해져 있습니다.

'남자 생존술'로 제가 중히 여기는 두 번째는 '내가 먼저 베풀어라'입니다. 누가 해주길 바라지만 말고요. 여기서 베푼다는 것은 물질에만 해당하지 않습니다. 내 시간을 쪼개서 나누는 것, 상대의 불편을 배려하는 것, 아랫사람에게 관심을 갖는 것, 어려움에 처한 사람을 나 몰라라 하지 않는 것 등 내가 누군가에게 해줄 수 있는 전부를 포함합니다.

다만 이쯤에서 슬슬 발동하는 고질병은 조심해야 합니다. '잇속 챙기기'라는 병 말입니다. 내가 베푼 것을 따져놓고 '저 사람도 나에게 이만큼은 하겠지'라며 잔뜩 기대하는 것 말입니다. 이런 계산은 참 어리석습니다. 사람 관계에서 하는 계산은 늘 대차가 맞지 않으니까요.

세상에 자신이 일한 것보다 연봉을 더 받는다고 생각하는 직원은 없습니다. 연인관계에서 남녀가 똑같이 사랑한다는 건 난센스에 가깝고요, 부모·자식 사이는 시작부터 일방적으로 잔뜩 기울어진 관계지요. 처음부터 아귀가 맞을 수가 없는 계산이란 겁니다.

남성분들! 어떻습니까. 공감합니까? 그래도 오해는 하지 마세요. '남성우월 어쩌고' 하려는 건 아닙니다. 그냥 "이 땅의 남자들이여, 제대로 살아남기라도 하자"란 이야기를 하고 싶은 겁니다. 그렇다고 여성분들! 설마 방심하고 있는 건 아니겠지요? 이 문제가 과연 남자만의 문제일까요?

훈계와 징계의 선택

우리 집에는 강아지 두 마리가 있습니다. 한 마리는 열세 살 된 암컷이고요, 다른 한 마리는 6개월 된 수컷인데 진짜 '하룻강아지'입니다. 함께 산 지 꽤 되다 보니 열세 살 된 암컷은 '풍월을 읊는 서당개' 근처까지 다 왔습니다. '훈계' 를 제법 알아듣는다는 뜻입니다. '해라' 하면 발딱 일어서고, '하지 마라' 하면 순간 얼음이 되기도 하지요.

그런데 문제는 6개월짜리 하룻강아지입니다. 범이 얼마나 무서운지 모르니까요. 천방지축 덤벼들고, 이리저리 물고 뜯고, 온 집안을 헤집고 다닙니다. '해라, 마라'의 훈계가 도대체 먹히질 않는 거지요. 결국 매를 법니다. 신문지를 돌돌 말아 콧잔등을 때리는 시늉을 하는 징계를 받는 겁니다. 요즘은 신문지만 말아도 살짝 움찔하는데요. 아마도

'훈계 끝에 징계가 온다'는 것을 배워가는 중일 겁니다.

이제 사람 이야기를 해볼까요. 최근에 들었던 목사님 말씀 중에 이런 내용이 있었습니다. "사람은 누구나 자기중심적인 본능을 가지고 있어서 자기 행동에 대한 옳고 그름을 따질 객관적 판단이 어렵다. 그러니 끊임없이 객관적 기준을 들이대는 '훈계'가 필요하다."

쉽게 말해 사람은 누구나 '내 멋대로' 나갈 여지가 있으니 끊임없이 '그가 처한 처지를 일러줘야 한다'란 이야기입니다. 목사님의 신분과 역할을 십분 고려해보면 아마 그 배경에는 신앙생활에 대한 독려가 최우선으로 올라가 있을 듯합니다. '성경에 나온 가르침을 잘 따라야지. 그렇지 않으면 가차 없는 징계를 면하기 어려울 것이다'처럼 말이지요.

그렇다고 종교적인 설득만도 아닙니다. 훈계니 징계니 하는 건 우리의 일상이고 우리 삶의 진정성 같은 것이었으니까요. 학창시절에 특히 그랬지요. '지각하지 마라' '공부 열심히 해라' '싸우지 마라' 등의 훈계가 학교생활에서 들은 이야기 중 절반은 넘지 않았을까요. 그 말을 듣지 않으면 당장 청소니 체벌이니 하는 징계가 날아왔고요.

성인이 되어서도 그다지 달라진 건 없습니다. 여전히 '지각하지 마라' '일 열심히 해라'가 포함될 거고요. '싸우지 마라'를 대신해선 좀 고차원적인 '효율·합리·혁신' 등이 나타났을 겁니다. 징계요? 물론 학창시절보다 더 극적입니다.

심하면 밥벌이를 잃을 수도 있으니까요.

그런데 말입니다. 그 훈계란 게 뭘까요? 사전은 "타일러서 잘못이 없도록 주의를 주는 일"로 정의한다는데, 그 일이 '해라, 마라'뿐일까요? 아닙니다. 제가 생각하는 훈계는 지난 삶에서 나오는 '모든' 가르침입니다. 예컨대 사람은 물론이고 책이든 영화든, 또 과거의 역사든 어떤 것이라도 우리 삶에 맞지 않는 것을 일러주고 가르쳐줄 때 저는 그것이 훈계라고 생각합니다. 그러니 훈계는 윗사람이 아랫사람에게만 일방적으로 할 수 있는 일도 아닌 겁니다. 친구와 동료 간에, 선후배 사이에도 할 수 있고요, 자식이 부모에게 할 수도 있습니다. 징계가 굳이 체벌만이 아닌 것처럼 말이지요.

간혹 주위에 누구나 싫어하는 행동을 하는 사람이 있다고 칩시다. 말을 거칠게 한다든가 장난이 심하다든가 주사가 있다든가 하는. 그의 친구가 작정을 하고 그 '불편함'을 충고했다고 합시다. 훈계인 거지요. 그럼에도 그 사람이 친구의 말조차 듣지 않았다면? 아마 둘의 관계가 끊어지고 말 겁니다. 그 사람은 친구를 잃는 징계를 받은 겁니다.

사람들은 왜 훈계에서 멈추지 않고 징계가 올 때까지 기다리는 걸까요? 아마 가장 큰 이유는 본능을 추구하는 일에 너무 빠져 있기 때문일 겁니다. 아니라면 게으르고 나태해서고요. "폐가 안 좋으니 담배를 끊으세요"라는 의사 선생님의 훈계를 듣지 않으면 폐암이란 징계를 받을 수 있습니다. 자기중심적인 판단도 훈계를 방해하는 듯합니다. 상황을 자신이 유리한 대로 해석한 거지요. 하지만 그 해석은 공정한 것이라기보다 스스로의 본능에 굴복한 것일 가능성이 큽니다. 앞서 말한 목사님의 '자기중심적인 본능'이란 지적이 바로 그것이겠지요.

훈계의 핵심은 징계가 나오지 않도록 하는 겁니다. 징계는 곧 '아웃'이니까요. 이런 일에 반드시 윗사람만 나서야 하는 것도 아니고요. 똑 부러지게 뭘 가르치거나 질책하는 일만도 아닙니다. 가족이나 동료가 조근조근 일러주는 생활의 지혜, 걱정하는 말도 훈계일 수 있는 거니까요. 한편으로 보면 우리가 만들어둔 법과 제도도 훈계라고 할 수 있겠지요. 이른바 '사회적 훈계'입니다. 역시 듣지 않을 땐 징계가 따릅니다. 감옥에 갇히는 신체적 징계, 벌금을 내는 물질적 징계 등.

좋은 말로 할 때 듣는 것이 좋습니다. 징계를 받으면 '때는 늦으리라'가 됩니다. 처음엔 콧잔등을 좀 맞아야 하긴 하지만 한낱 강아지도 훈계를 알아듣습니다. 아내의 충고를 매번 잔소리라고 무시하다가 기어이 '이혼청구서'를 받아들고 정신을 차릴 필요는 없지 않습니까. 이 정도면 우리가 훈계를 선택해야 할지 징계를 선택해야 할지, 답은 나온 것 같습니다.

합리적 의심을 합시다

의심. 이 단어가 주는 어감은 왠지 유쾌하지 않습니다. 이에 반해 '신뢰' '믿음' 같은 단어는 멋지고 기분 좋게 느껴집니다. 어감보다 더 가혹한 것은 현실입니다. 현실에서 '의심'이라고 하면 여지없이 '배신' '실망' 같은 부정어가 뒤따르니까요. 어떤 이슈가 발생하면 포털사이트에 줄줄이 따라붙는 연관검색어쯤 된다고 할까요. 그런데 말이지요. 문득 이런 생각이 들었습니다. '의심'은 무조건 나쁜 것인가? '신뢰'나 '믿음'은 무조건 좋은 것이고?

제가 우리 임직원에게 자주 하는 말이 있습니다. "합리적 의심은 필요하다"입니다. 어떻습니까. '합리적 의심'이라면 '의심'이 절대로 하지 말아야 할 금기처럼 여겨지지는 않지요.

이처럼 우리가 뜻을 확신하는 단어조차 양면을 가지고 있기도 합니다. 제가 생각할 때 '신뢰' '믿음'에는 자신이 편한 마음을 갖고자 하는 이기심이 어느 정도 들어 있는 듯합니다. '의심'도 그 자체로 순수하진 않습니다. 결국 그 끝에는 불안감이나 손해를 볼 것 같은 걱정이 달려 있으니까요.

그렇다면 여기서 제가 이야기하려는 '합리적 의심'이란 것은 무엇일까요? 진부한 예가 될지 모르겠지만 이런 경우라면 이해가 빠를 듯합니다.

두 연인이 서로를 믿지 못하고 수상하게 여기는 중입니다. '저 사람이 딴 사람에게 눈을 돌릴지도 모른다'는 생각 때문입니다. 이것은 그냥 '의심'입니다. '막연한 의심'이지요. 하지만 여기서 방향을 틀어 '내 남자친구나 내 여자친구는 내가 봐도 근사한 사람이니 언제든 멋지고 사랑스러운 상대가 나타날 수도 있겠구나'라고 생각한다면, 이것은 '합리적 의심'입니다.

그러면 '합리적 의심'이 '막연한 의심'과 무엇이 다를까요? 상대를 막연하게 의심할 때는 괜한 트집을 잡아 싸움이나 만들기 십상이겠지요. 반면 합리적으로 의심할 때는 다른 결론을 만들 수 있습니다. '나 스스로가 더욱 멋지고 사랑스러워져야겠다'는 것으로요. 이런 경우라면 서로가 서로에게 '좋은 긴장감'을 가지게 할 수 있을 겁니다.

비단 인간관계뿐만이 아닙니다. 회사와 고객, 회사와 거래처 관계에서도 다르지 않을 텐데요. 내 입장에서 대단히 중요하고 회사에 반드시 필요한 고객이고 거래처라면 다른 사람이나 다른 회사에서도 마다할 이유가 없다는 뜻입니다. 좀 더 적나라하게 말하자면 그 고객이나 거래처를 유치하려고 다들 기를 쓰고 덤벼들 거란 이야깁니다. '합리적 의심'은 이때 필요한 것입니다. 고객이나 거래처가 언제든 우리와의 관계를 깨고 다른 회사로 갈아탈 수 있다는 의심을 끊임없이 해야 하는 거지요. 그래야 상대와의 관계 유지를 위해 하나라도 더 노력하지 않겠습니까. "어이, 우린 친구 아이가!" 하는 식으로 얄팍한 신뢰나 믿음에 기대어 '아무 일도 하지 않는 것'은 게으름입니다. 이런 게으름으로 늘 저지르는 잘못이 또 있습니다. 서로의 관계가 깨질 경우 자신이 해온 일은 반성할 생각도 않고 무조건 상대 탓만 한다는 거지요. "배신!" "배반!" 해가면서요.

  다소 거칠지만 이렇게 정리할 수 있을 겁니다. '합리적 의심은 건강한 긴장감이다.' 개인이든 조직이든 가슴이 뛰는 긴장감을 심어, 관계를 잘 유지·발전시키고 서로를 키울 수 있는 적절한 도구라는 뜻입니다. '잘되겠지' 하는 어설픈 믿음으로 적당히 넘겨버리다가 일을 그르치는, 결정적 실수를 막는 필터링이기도 하고요.

  다만 부작용이 있긴 합니다. '사는 일이 이렇게 피곤해서야……' 싶은 만성무력감이 동반될지도 모른다는 겁니다.

하지만 세상에 공짜가 어디 있습니까. 원하는 걸 얻으려면 이 정도의 대가는 기꺼이 치러야 하는 겁니다.

갈등을 피하지 마세요

세상 모든 부부 중에 크고 작은 싸움 한 번씩 안 해본 부부는 없을 겁니다. 연인 사이도 마찬가지일 거고요. 처음 만난 뒤 시간이 흐르면서 눈에 씌었던 콩깍지가 슬슬 벗겨질 때면 조금씩 상대의 생각과 부딪치고 그때마다 다툼이 나게 되어 있지요.

싸움을 하는 이유와 방식은 커플마다 다를 테지만 저는 이것을 통틀어 '갈등 상황'이라고 합니다. 물론 이런 상황을 만들지 않는다면 더없이 좋겠지만 그럴 순 없을 겁니다. 지구상에 옹기종기 모여 사는 수십억 사람들이 저마다 다르게 생겼듯, 생각도 저마다 다를 테니까요.

그런데 그 갈등이란 게 나와 가까운 관계일수록 더 자주, 더 많이 생긴다는 겁니다. '필연적'으로요. 작정하고 시비를 걸지 않는 한 모르는 사람과 갈등을 만들 일이 뭐가 있겠습니까. 도리어 가장 친밀한 사람들, 부부나 연인, 가족, 또 사회에서 매일 얼굴을 맞대는 직장동료, 상사, 부하직원과의 사이에서 갈등이 쉽게 빚어진다는 거지요.

갈등이 피할 수 없는 일이라면 문제는 정해져 있습니다. '이 골치 아픈 상황을 어찌 해결해야 하는가'입니다. 늘 우리가 하는 이야기가 있지요. "피할 수 없으면 즐겨라!" 이 말대로라면 갈등도 즐기면 된다는 건데, 솔직히 갈등을 어떻게 즐길 수가 있겠습니까. 갈등을 즐기고 산다면 그건 정신이상자겠지요. 그래서 제 생각은 이렇습니다. '갈등을 피하지 마라. 갈등은 피할 수 없는 거다.'

사전 먼저 들춰볼까요. "칡과 등나무가 얽히는 것처럼 개인이나 집단의 목표나 이해관계가 달라 서로를 적대시 또는 불화하는 일." 사전은 갈등을 이렇게 정의하고 있네요. 얽히고설키며 사는 일이 태생인 '칡과 등나무' 같다니 우리 인생에서 갈등이란 건 빼도 박도 못 하는 '풀옵션'쯤 되는가 봅니다. 그러니 갈등이 굳이 나에게만 오는 어려움이란 생각은 하지 말란 겁니다. 원하든 원치 않든 결코 피해 갈 수 없다는 의미기도 하고요.

그렇다면 갈등의 끝은 늘 파국일까요? 갈등을 겪는 연인이나 부부는 모두 이별을 맞게 될까요? 제 판단은 이렇습니다. "갈등이 관계의 종말로 연결되진 않는다. 오히려 갈등을 피해 서로를 포기하는 순간 그 관계는 끝을 보게 되어 있다."

세상살이에 크고 작은 갈등은 거의 매일 찾아옵니다. 늘 부딪치는 사람과 일에서 생기는 갈등은 나를 옥죄고 힘들게 합니다. 그런데 갈등이 생길 때마다 혹은 갈등이 생길 듯하면 쓱 피해버리는 것으로 해결책을 찾는다? 그건 죽도 밥도 안 짓겠다는 겁니다. 세상의 모든 사람과 가까워지기를 포기한 것이고, 내가 가지고 싶고 얻고 싶은 것을 단념한다는 것이니까요. 사는 내내 누구와도 가까이하지 않고, 해야 할 일과 하고 싶은 일이 하나도 없다는 건 정말 최악이 아닐까요.

갈등은 '최소한의 대가'입니다. 내가 얻고 싶은 것을 얻으려 할 때 지불해야 하는 지극히 합리적인 비용이지요. 사람과는 늘 얼굴을 맞대고 살아야 하고, 일은 생존에 반드시 필요합니다. 그래서 갈등을 '필연'이라고 하는 겁니다. 그러니 좋은 연인이나 배우자를 곁에 두고 싶으면 아무리 힘들어도 갈등을 넘어서야 합니다. 좀 더 멋진 사람이 되고 싶으면 내게 주어진 일이란 놈도 이겨내야 합니다. 그걸 요리조리 피해 가려 한다면 그냥 '외로운 싱글'이나 '할 일 없는 백수'로 살아야 할 수밖에요.

이제 갈등을 피하지 말아야 할 이유가 분명해졌지요. 그럼 마지막 코스로 가보지요. 갈등과의 한판승부를 그나마 쉽게 치러내는 방법 말입니다. 고백컨대 이건 제게도 좀 어려운 일입니다. 그나마 도움을 줄 수 있는 팁이라면 갈등이 생겼을 때 그 대상을 먼저 생각해보라는 겁니다.

  사람과의 관계라면 그 상대가 나와 가장 가까운 사람이란 걸 생각하고, 일과의 관계라면 그 일이 나에게 꼭 필요한 일이란 걸 생각해보는 겁니다. 갈등이 있다는 건 내 옆에 중요한 사람이 있다는 것이고, 나에게 중요한 일이 있는 것이란 의미가 생깁니다. 여기에 한 가지 더. 내가 겪는 갈등 때문에 힘든 그 순간이 상대에게도 힘든 순간이라는 것을 인정하는 겁니다.

  조금이나마 위로가 되지 않습니까. 하지만 이렇게까지 이야기했는데도 여전히 미적거리는 중이라면 좀 세게 나가는 수밖에요. "혼자 살래? 백수로 살래? 둘 다 싫다면 참아. 투덜대지 말고."

참을 수 없는 약속의 가벼움

해외여행을 많이 다닐 때 이야깁니다. 이집트도 다녀오고 나이지리아도 다녀오고, 관광지가 아닌 곳을 많이 여행했습니다. 다 좋았는데 골칫거리가 하나 있었습니다. 그들 나라에서 쓰고 남은 잔돈입니다. 거기서라면 점심 한 끼 사먹을 수 있을 돈이지만 한국에 돌아오니 아무 데서도 쓸 수가 없더란 말이지요. 환전을 못 하니 국제화폐가 아닌 이상 그저 휴지조각에 불과하더란 겁니다. 그 나라 사람들에겐 귀한 것일 텐데요.

그때 생각한 게 있습니다. '돈은 가치보다 약속이구나'란 겁니다. 제가 돈을 주면 이집트 사람에게는 이렇게, 나이지리아 사람에게는 저렇게 통용될 수 있다는 '약속'이었던 거지요.

비단 돈의 약속만이 아닙니다. 약속은 사람과 동물을 나누는 중요한 잣대가 되기도 합니다. 가만히 생각해보니 인간 사회와 동물 사회의 차이가 약속에 의해 달라지더란 겁니다.

누구나 아는 '1+1=2'가 정답일까요? 아닙니다. 약속입니다. '파란불은 고, 빨간불은 스톱'이라는 아주 단순한 것부터 법과 규칙, 언어까지도 말이지요. 결국 세상에 수많은 정답과 진리라는 게 사람끼리 정한 약속이란 겁니다. 그 약속이 '있으면 사람, 없으면 동물' 이렇게 구분이 된다는 이야기고요.

문제는 사람이 간혹 '동물짓'을 한다는 건데요. 무슨 소리냐고요? 사람이면 으레 지켜야 할 약속을 각자의 편의와 사정에 따라 지켰다가 안 지켰다가 하는 '약속의 가벼움'을 말하는 겁니다. 그러니 '약속을 지키는 사람'과 '약속을 안 지키는 동물'로 구분이 될 수밖에요.

동물을 무시하는 의미는 아닙니다. 동물에게는 그들의 세계를 움직이는 다른 게 있습니다. 본능입니다. 약속이란 이성의 반대편에 선 본능 말입니다. 이렇게 놓고 보니 아주 분명해지지요. 약속을 어긴다, 약속을 뭉갠다는 건 본능에 지배당한다는 소립니다. 사람이 아닌 동물이란 말이고요.

물론 살다 보면 약속을 지키기 어려울 때도 있습니다. 지키지 못할 일도 생기지요. 하지만 이것은 약속을 무시하는 것과는 다른 차원입니다. 이런 말이 어떨지 모르겠지만, 저는 휴대전화가 생긴 이래 단 한 번도 약속을 어긴 기억이 없습니다. 가령 오후 1시에 누군가와 만날 약속이 있었다고 합시다. 그날따라 교통체증이 심해 시간을 맞출 수 없게 되었습니다. 그래도 전 약속을 지키려고 노력을 하다가 12시 55분에라도 상대에게 제가 1시에 도착하지 못한다는 내용을 전달합니다. 다소 억지스럽다고 할 수도 있겠습니다만, 그만큼 약속을 허투루 여기진 않는다는 말을 하려는 겁니다.

그러면 왜 미치도록 약속을 지켜야 할까요? 저는 그것이 사람관계를 지탱해주는 신뢰의 바탕이라고 생각합니다. 약속이 가장 빈번할 연인관계를 놓고 봅시다. 사소한 약속이 한두 번씩 깨지면서 불신이 생기고 관계에도 금이 갑니다. 물론 그때그때의 순발력과 '뻥'으로 상황을 모면하고 기대심리를 교묘하게 자극하는 '선수'도 있습니다. 그런데 그게 얼마나 통하겠습니까. 이미 항아리는 깨지기 시작했는데요.

경영을 하면서 제가 철석같이 지키는 일이 있습니다. 임직원에게 쉽게 약속을 하지 않는 겁니다. 마음속으로는 결심을 했어도 말이지요. 말로 뱉으면 약속이 되고 책임을 져야 하니까요. 사실 달콤한 약속을 왜 하고 싶지 않겠습니까. '이렇게 하겠다, 저렇게 하겠다' 말이라도 해주면 모두 좋아할 거고 인기도 올라갈 텐데요. 하지만 만에 하나, 제 의지와는 무관하게 단 한 번이라도 어긋날 수 있는 약속을 섣불리 하고 싶지 않은 겁니다. 그렇게 생기는 불신은 극복할 방법이 없다는 걸 잘 알고 있으니까요.

이 신조는 젊은 시절부터 만들어졌습니다. 제가 어느 정도 성공할 수 있었던 것은 약속한 일을 기필코 지키려 했기 때문이라고 생각합니다. 아무리 어려운 일이어도 "제가 합니다"라고 선언한 뒤엔 반드시 끝을 보았으니까요.

어떤 공사를 1억 원에 수주했다고 칩시다. 그런데 비용이 갈수록 늘어나는 겁니다. 2억 원이 들고 3억 원을 넘기고요. 그런데도 저는 약속은 지켰습니다. 말에는 책임이 따라야 한다고 생각했으니까요. 무슨 그런 손해 보는 장사가 있느냐고요? 천만에요. 대신 얻은 게 있습니다. 신뢰입니다. 저는 그저 제 말에 책임진 것뿐이었는데, 발주자 입장에선 저와 사업체에 무한한 신뢰를 가질 수밖에요.

게다가 잠깐 손해긴 했지만 엄청난 이익이 돌아왔습니다. 이런 일도 있었습니다. 과거에 현대·대우 등 대기업 건설회사에는 '회장 관심 공사'라는 게 있었습니다. 수백 개씩 동시에 돌아가는 공사 중 특히 회장님이 예의주시하는 공사를 말하는데요. 조선소라든가 원자력발전소라든가 회사에 중대한 영향을 미치는 대형 프로젝트 말입니다. 이런 공사는 절대 하청의 가격만으로 진행하지 않습니다. 돈이 더 들더라도 안전하게 가려 하지요. 혹시 부실이나 사고가 생긴다면 정말 난리가 날 테니까요.

그런데 언제부턴가 그 프로젝트의 상당수가 제게 돌아오더란 겁니다. "저 친구는 좀 비싸. 그래도 일을 맡기면 철저하게 하지"란 이미지가 만들어진 겁니다. 작정하고 이미지를 만들었겠습니까. 제가 꺼낸 말은 지키고 싶었던 거고요, 제 돈을 들여서라도 끝을 보려 했던 거고요, '이래서 못 했다 저래서 못 했다' 따위의 변명은 죽어도 하기가 싫었던 겁니다. 그런 저에게서 상대는 무엇을 보았을까요? 제가 일을 하며 어떤 고생을 했는지는 보지 않았을 겁니다. 그저 '약속을 지킨 사람'으로만 봤던 거지요.

사실 당시에는 '약속을 안 지키면 동물!' 하는 식으로는 생각하지 않았습니다. 제가 했던 일들이 큰 약속이어서 지키려 한 것은 아니란 소립니다. 세상에는 큰 약속과 작은 약속이 따로 있지 않습니다. 중요한 약속과 사소한 약속이 따로 있지도 않고요. 돈, 빨간불과 파란불, 누구와의 만남 등 인간 세상의 질서를 잡는 모든 것이 다 똑같은 약속이란 이야깁니다. 문제는 그런 약속을 너무들 가볍게 여긴다는 겁니다. 내가 사람이냐 동물이냐를 결정하는 아주 중차대한 사안인데도 말이지요.

이제 사는 일에 목표가 하나 더 생겼을 듯한데요. '동물은 되지 말자'입니다. 약속을 가볍게 여기면 그만큼 인생도 가벼워집니다. '동물의 왕국'을 끌어들여서라도 젊은 친구들에게 이 말을 꼭 해주고 싶었습니다.

공감의 두 얼굴

"회장님은 공감능력이 떨어지십니다!"

가끔 듣는 말입니다. 주로 가족이나 친한 지인들이 이렇게 핀잔을 줍니다. 곰곰이 생각해보면 제게 공감능력이 부족한 건 사실인 것 같습니다. 공감보다는 사실에 대한 이해가 우선이라는 평소의 판단 때문일 겁니다. 그런데 옆에서 지적을 할 때마다 인정은 하면서도 한편으로는 이런 생각이 드는 겁니다. '꼭 공감해야 헤아릴 수 있는 건가? 그다지 바람직하지 않은 의견에도 어쨌든 동조를 해야 공감능력이 뛰어난 거고?'

사실 이런 생각을 하게 된 배경이 있습니다. '공감이란 단어에는 두 얼굴이 있다'란 겁니다.

'공감'의 사전 풀이를 옮겨보면 이렇습니다. "남의 의견·

주장·감정 따위에 대해 자기도 그렇다고 느끼는 일, 또는 그런 기분." 이것만 들을 땐 정말 이보다 더 따뜻한 단어가 있을까 싶지요. 배려, 사랑, 동정, 위로, 일치, 찬성 등 세상에 좋다는 의미는 다 들어 있지 않습니까? 그런데 그 좋은 공감에 들이댈 내용이나 대상이 말입니다. 어떤 사람이 나쁜 일을 꾸미거나 그런 의견에 대한 공감이라면 정말 위험하지 않겠습니까.

이런 질문도 나올 수 있을 겁니다. "어려움에 처한 타인의 처지나 형편에 공감하는 건 괜찮겠지요?" 물론 함께 사는 세상에 인간적으로 필요한 일이 공감입니다. 동지의식을 만드는 중요한 과정이기도 하고요. 하지만 거기서 좀 더 깊숙이 들어가면 이 또한 위험한 일일 수 있습니다. 이번에는 '어디까지 공감을 해야 하는가'가 걸립니다. 어려운 처지나 형편에 대한 측은한 마음을 넘어서 자칫 그 사람을 그렇게 몰아간 미움, 악의, 반감 등에까지 공감해야 한다면 이 또한 위험한 일이 될 테니까요.

이젠 슬슬 궁금해질 겁니다. '우리가 아는 그 공감이 맞아?' 하고 말이지요. 그렇습니다. 저는 바로 '공감의 두 얼굴' '공감의 위험성'을 말하려는 겁니다. 흔히 우리는 공감이란 이름 아래 무리가 나뉘는 현상을 가끔 봅니다. 몇 해 전 나라를 시끄럽게 했던 '광화문에 모인 사람들'과 '서초동에 모인 사람들'이 대표적인 예가 될 겁니다. 어느 쪽이 나쁘다는 말은 아닙니다. 개인적인 이유든 정치적인 이유든 둘로 나뉜 의견 중 각자가 공감하는 편에 섰던 거겠지요.

문제는 이 공감이 혹여 잘못되면 진실이 사라지고, 이성이 없어지고, 판단력을 흐리게 만든다는 겁니다. 다시 말해 한없이 따뜻한 공감이 또 다른 얼굴을 보일 때 아주 위험하게 돌변할 할 수도 있다는 이야깁니다.

그렇다면 '공감의 위험성'을 어떻게 막아낼 수 있을까요? 방법이 있습니다. 공감과 늘 붙어 다니지만 성격은 확실히 다른, 좀 더 까칠한 '이해'라는 창으로 세상을 내다보는 겁니다. 얼핏 서로 비슷한 듯하지만 나는 '공감하는 것'과 '이해하는 것'이 완전히 다르다고 생각합니다. 무엇보다 '기능의 차이'가 크다고 할까요.

예를 들어볼까요. 김 부장과 이 과장 이야기인데요. 이들 '상사와 부하' 사이는 누가 봐도 참 돈독합니다. 이 과장이 어떤 의견을 내놔도 김 부장은 늘 '공감한다'란 반응을 보이니까요. 언성 높일 일도 없고 싸울 일은 더더욱 없는 것 같습니다. 모두 김 부장의 후덕한 인품 덕이라고 칭찬을 합니다.

그런데 이 공감, 정말 괜찮은 걸까요. 분명한 것은 이 공감 때문에 김 부장은 이 과장에게는 좋은 상사일지 모르지만 회사에서는 필요가 없는 존재라는 겁니다. 만약 김 부장이 이 과장의 의견에 '이해한다'라는 반응을 보였다면 상황이 많이 달라졌을 겁니다. "이 과장의 의견은 잘 알아들었어. 다만 받아들일지 말지는 좀 더 살피고 따져보자고." 이쯤 정리가 되었을 테니까요. 결국 공감은 '묻지도 따지지도 않고 지지한다'로, 이해는 '지지할지 말지는 옳고 그름을 좀 더 캐본 뒤에 결정할 일'로 확연히 구분된다는 것이지요.

'공감의 위험성'은 개인보다는 조직에서 더욱 치명적입니다. 저는 조직에서 굳이 공감을 해야 할 땐 '내용'보다는 '방향'에 방점을 찍으라고 말하고 싶습니다. 야박하게 들릴 수도 있겠지만 이왕 공감을 하려거든 상급자나 윗사람에게 공감하라는 소립니다. 그렇다면 최소한 앞에서 김 부장이 했던 실수나 잘못은 피해 갈 수 있을 테니까요. 사장도 마찬가지입니다. 회사를 경영하는 데 임원들이 내놓는 모든 의견에 공감한다면 사장은 없어도 되는 자리이지 않겠습니까.

그렇다고 공감이 사라져야 한다는 말은 아닙니다. 반드시 필요하지만 상당히 위험하다는, 이제껏 한 번도 고려해 보지 않았을 '공감의 두 얼굴'을 들여다보자는 말입니다. 여기에 덧붙여 공감 이전에 사실에 대한 이해가 우선이란 의미이기도 합니다. 우리 모두는 내 의견, 내 이야기에 대한 상대방의 공감을 원합니다. 하지만 그에 앞서 내 의견, 내 이야기가 정말 옳은지, 아니면 그른지를 따져보는 게 먼저입니다. 그것이 바로 이해입니다.

아무튼 또 이렇게 되었습니다. 어찌해도 저는 결국 공감 능력이 떨어지는 사람이 될 수밖에 없나 봅니다.

판단하지 맙시다

얼마 전 한 목사님의 설교를 들었습니다. 요지는 이겁니다. '사람은 뭐든지 재단하고 판단하려고 한다.' 쉽게 말해 인간의 속성상 무엇이 옳은지 그른지, 무엇이 맞는지 틀린지를 명명백백 밝혀내야 속이 후련해진다는 이야깁니다.

물론 세상일에 정확히 해둬야 할 건 분명히 있습니다. 수학공식, 돈계산, 사물에 대한 판단 같은 것 말이지요. 하지만 그 대상이 사람이라면 좀 다를 겁니다.

예컨대 나와 친하게 지내는 A가 있다고 합시다. 살면서 A의 도움을 많이 받기도 했고요. 그런데 어느 날 B를 만났는데 그가 나와 친한 A에 대해 이렇게 말하는 겁니다.

"그 사람은 주위의 평판이 좋지 않아요. 많은 사람이 그에 대해서 좋게 평가하고 있지 않아요."

과연 그 이야기를 들은 나는, 나와 친하게 지내온 A에 대해 어떤 생각을 하게 될까요? 이제까지 지냈던 것처럼 그냥 좋게 남겨둘까요. 아니면 다들 그랬다는 것처럼 나쁘게 돌아설까요. 아마 십중팔구는 '잘 모르는 사람들이 내 지인을 띄엄띄엄 봤군'이라고 생각할 겁니다. 바로 자기중심적인 '나만의 평가'를 하는 겁니다.

그런데 반대로 말이지요. 내가 만약 그 사람과 사이가 좋지 않다면요. 주위에서 아무리 "사람 좋네" "젠틀하네" "훌륭하네" 해대도 그를 절대로 그런 식으로 평가하지는 않을 겁니다. 인간의 속성이 그러니까요. 뭘 해도 미운데 어쩌겠습니까.

인디언이 후대 사람에게 전해준 교훈 한 토막을 소개할까 합니다. 한 인디언 꼬마가 할아버지에게 물었답니다.

"할아버지! 우리 마음속에는 무엇이 살고 있나요?"

할아버지의 대답은 이랬습니다.

"우리 마음속에는 늑대 두 마리가 살고 있단다. 아주 착한 늑대 한 마리와 아주 나쁜 늑대 한 마리지."

손자가 또 물었습니다.

"그럼 둘이 싸우면 누가 이기는데요?"

그러자 할아버지는 이렇게 대답합니다.

"그건 말이지. 네가 누구에게 밥을 주는가에 따라 달라진단다. 네가 나쁜 늑대에게 밥을 주면 나쁜 늑대가 이기고,

착한 늑대에게 밥을 주면 착한 늑대가 이기지."

아마 이 교훈이 가진 뜻을 쉽게 눈치채셨으리라 생각합니다. 인간에게는 늘 양가감정이 있게 마련인데 이럴 때는 어떤 마음을, 저럴 때는 어떤 마음을 가져야 하는지를 가르치고 있는 겁니다.

성경에 나오는 내용이지만 사람들이 대부분 알고 있는 유명한 이야기도 있습니다. 금기의 열매 '선악과' 말입니다. 하나님이 인간을 창조한 뒤 안락한 에덴동산에서 풍족하게 살게 하면서 딱 하나 조건을 걸었지요. "선악과만은 따 먹지 마라." 선악과는 말 그대로 선과 악을 구별하게 하는 신비로운 과일입니다.

그런데 왜 신은 인간에게 선악과를 따먹지 말라고 했을까요? 왜 인간은 그 말을 듣지 않고 기어이 선악과를 따먹어야 했을까요? 결국 그 선악과로 인해 인간은 선악을 기어이 구별해야 직성이 풀리는 속성을 가지게 되었고, 오늘날까지 서로를 힘들게 하면서 살고 있습니다. 참 '웃픈' 이야기지요.

'웃픈' 이야기 하나 더 해볼까요. 19세기 중반 미국에서 '남북전쟁'이 벌어졌습니다. 그런데 남북전쟁은 알아도 이 이야기까지는 잘 몰랐을 겁니다. 남군과 북군이 전쟁에서 외친 구호가 아이러니하게도 둘 다 "신이시여! 저 악마를 무찌르게 하소서"였다는 것을요.

이렇듯 우리는 얕은 지식과 자기중심적 감정으로 누군가를 판단하고 옳고 그름을 분별하려 기를 씁니다. 얼마 못 가서 자신도 똑같이 당하게 될 걸 미처 내다보지 못한 채 말이지요. 이거야말로 서로에게 상처를 주고받는 정말 확실한 방법이 아닐까요.

결론은 이렇습니다. "누군가를 판단하거나 분별하려거든 그 전에 그 대상을 사랑하는 마음부터 가져라!" 인디언 할아버지의 말을 빌리자면 착한 늑대에게 먼저 밥을 주라는 이야깁니다. 그런데 이게 참 듣고 말하기야 쉽지, 실행이 결코 쉽지 않습니다. 미운 놈에게 떡은커녕 주먹부터 날리고 보는 세태 탓도 있을 거고요. 그래도 우리가 함께 사는 세상에 꼭 필요한 교훈이 아니겠습니까.

믿지 않으면 배신도 없습니다

"해가 동쪽에서 뜬다는 건 안 믿어도 너는 믿지!" "내가 가장 신뢰하는 사람? 바로 너야."

듣기만 해도 참 훈훈하지 않습니까. 사실 이 훈훈함 사이에서 실제로 주고받은 건 아무것도 없습니다. 그저 말뿐입니다. 그런데 희한하지요. 그저 말만인데도 듣는 순간 어떤 강력한 힘을 만들어내니까요.

'믿음' 혹은 '신뢰'. 상대가 누구든지 간에 이런 말을 들으면 기운이 솟고 마음이 뜨거워지고 기분이 좋아집니다. '사랑합니다'와는 차원이 다른 격이 느껴지면서요.

그런데 어느 날 불현듯 이런 의구심이 생겼습니다. 믿음과 신뢰, 그 말의 의미 자체가 의심스러워졌다는 이야기가 아닙니다. 과연 '저 사람이 말하는 믿음, 그 뒷배경에 뭐가 있을까'가 궁금해졌다는 게 맞을 겁니다.

조목조목 짚어보겠습니다. 믿는다는 게 뭘까요? 우리는 왜 누군가를 믿는 걸까요? 왜 믿고 싶은 걸까요? 이게 좀 복잡하다 싶으면 거꾸로 짚어보는 것도 방법입니다. '믿음의 반대말이 뭔가'를 물어보는 거지요. 오히려 이 질문에는 쉽게 대답할 수 있을 겁니다. '배신'이라고요. 믿음의 반대말을 묻는 질문에 '배신'이란 말이 자동으로 나오는 건 아마 영화를 너무 많이 봐서이기도 할 겁니다. 세상 모든 영화의 절반 이상은 결국 '믿음과 배신'에 관한 이야기가 아닙니까.

영화에서 자주 배경으로 삼았던 '믿음과 배신'의 관계를 제가 전부 파악했다고 할 수는 없습니다. 하지만 오랜 세월 회사생활과 사업을 해오면서 오히려 나름대로 믿음에 대한 판단이 생긴 듯합니다. 가령 연인 간의 믿음이라고 할 때는 사랑의 지속성을 의미합니다. 정치인 간의 믿음은 가치관의 동질성을 의미하고요. 장사꾼 간의 믿음은 돈과 상품의 정확성을 의미할 테지요.

이처럼 모든 사람의 관계에서 나오는 믿음에는 '이해관계'가 얽혀 있습니다. 그때그때 상황에 따라 형태와 내용만 달라질 뿐이고요. 회사라고 하는 공적 조직에서도 마찬가지입니다. 상사와 부하 간에도 업무가 바탕에 깔린 믿음의 이해관계가 있습니다.

그런데 저는 개인적으로 회사에서 사람과 사람 사이의 믿음을 앞세우는 상황을 그리 달가워하지 않습니다. 당장 "아니, 그보다 더 좋은 관계가 어디 있다고요?" 할 만하지요. 그 좋은 관계를 좋게 보지 않는 이유는 바로 그 좋은 관계에 대한 의구심이 있어서입니다.

일하는 과정에서 누군가가 상대를 전적으로 믿거나 신뢰한다고 할 때 과연 유리한 사람이 누구인가, 믿음을 주는 사람인가 믿음을 받는 사람인가를 따져보면 말이지요. 이 관계에서 저는 절대적으로, 믿음을 주는 사람만이 유리한 게임이란 생각이 드는 겁니다.

얼핏 '상사와 동료의 신뢰를 얻고 지지를 받는 사람은 매우 좋겠다' 싶겠지만 내막은 그렇지 않습니다. 사실 '믿는다'란 말 이상은 아무것도 없고 오로지 그 믿음의 대가로 철저하고 무거운 책임만 잔뜩 떠안기고 있으니까요. 거기에다가 그 책임을 방기하면 마치 자신을 믿어준 사람을 배신하는 것 같은, 일과는 전혀 상관없는 부담감도 한 바가지 얹어주지요. 이미 우리가 앞에서 묻고 답했듯 믿음의 반대말은 불신도 의심도 아닌 배신이니까요. 사랑의 반대말이 미움이나 증오가 아니라 무관심이듯이요.

이 퍼즐을 꼼꼼히, 아니 대충이라도 맞춰보면 이런 주제의 그림이 나옵니다. "믿음은 믿는다는 것으로 자신의 책임을 남에게 전가하는 게으름이다." 결국 자신이 확인하고 자신의 책임 아래 처리할 일을 믿음이란 가슴 떨리는 단어로 포장해 남에게 떠넘긴, 대단히 무책임하고 나태한 행위라는 겁니다.

그렇다면 슬슬 알고 싶은 게 생기겠지요. '진짜 믿음은 도대체 뭔가' 말입니다. 그 의미를 100퍼센트 살린 '진정한 믿음'이란 뒤에 따라오는 결과와는 상관없이 변함없는 마음을 끝까지 유지하는 일입니다. 믿었던 사람이 뒤통수를 냅다 쳐도, 일을 잘해주리라 기대했는데 엉망진창으로 만들어놔도, 빌려 간 돈을 갚지 않고 버티고 있어도 '그래도 난 널 믿는다'란 한결같은 신뢰를 보내는, 신앙적 수준의 믿음을 갖는 것이지요. 여기까지 갈 자신이 없으면 '믿는다'는 립서비스는 하지 않는 게 맞습니다. "난 너를 철석같이 믿었는데 네가 날 배신해?" 같은 통속드라마에나 나올 법한 대사를 외우고 있다면, 배신은 당신이 먼저 한 겁니다. 그 사람을 진짜로 믿었던 게 아니니까요.

그러니 어설프게 믿음이란 말로 우리의 게으름과 나태함을 포장하지 말자는 겁니다. 당신이 해야 할 일은 당신이 직접 하고, 당신이 처리할 업무는 당신 스스로 나서는 게 옳지 않겠느냐 싶습니다.

이런 생각에서 저는 우리 임직원에게 '믿는다'란 말을 잘 하지 않습니다. 믿는다고도 하지 않지만 의심도 하지 않습니다. 간혹 이 때문에 '섭섭하다'란 이야기를 듣기도 합니다만 섣부른 믿음을 남발하는 것보단 그게 낫다는 판단에서입니다.

어떻습니까. 그간 무심코 내뱉어온 수많은 '믿음' '배신'들이 일제히 달려드는 것 같지 않습니까. 당장 나에게 피해가 생겨도 상대를 원망하거나 책임을 묻지 않겠다는 '믿음의 대가'를 치를 준비가 끝났을 때만 "난 널 믿는다"라고 해야 합니다. 바위처럼 무겁고 신중하고 어렵게 사용해야 하는 것을 새털처럼 가볍고 경솔하고 편하게 남발해오지 않았나 싶습니다.

변해야 삽니다

궁즉변 변즉통 통즉구窮卽變 變卽通 通卽久. '궁하면 변하라, 변하면 통할 것이며, 통하면 오래간다'란 뜻입니다. 《주역周易》에 나온 말이지요. 좀 더 현대적으로 풀어내면 이렇게 해석할 수 있겠습니다. '사람이 궁지에 몰리면 변해야 살고, 변화는 새로운 길로 통하게 마련이며, 일단 길이 뚫리면 살게 되어 있다.'

그런데 말이지요. 딱 봐도 무한한 시간과 지난한 노력이 필요할 듯한 이 말이 요즘 '줄임말 세상'으로 넘어오면서 이렇게 압축되어 쓰이나 봅니다. '궁즉통'이라고요. 싹둑싹둑 몇 자를 잘라내니 뜻도 확 달라졌습니다. '궁하면 통하더라'는 신기한 버전으로요. 참 편리하지 않습니까. '코너에 몰리면 다 살길이 생긴다'는 처세술로 뒤집혔으니 말이지요. 하지만 오리지널 '궁즉변 변즉통 통즉구'에서 제가 가장 중요하게 여기는 한 글자는 '궁'도 아니고 '통'도 아니고 '변'입니다.

'변한다'는 의미의 '변'에는 사실 장구한 스토리가 들어 있습니다. 그 뿌리라면 '다윈의 진화론'쯤 될까요. 수만 년을 거쳐온 인간의 진화를 들여다보면 인간이 스스로 변한 게 아닌, 인간에게 계속 던져진 어려운 환경을 극복해나간 과정이 보입니다. 키가 작아 불편했고, 옷이 없어 추웠고, 장비가 없어 곤란했던 환경이 주어졌을 때 그 속에서 살아남기 위해선 변화가 필요했고, 그 변화를 겪다 보니 지금까지 오게 된 것이지요.

그런데 가만히 보니 그 변화가 '통함'을 가져다 주더란 겁니다. 쉬운 예로 뭐라도 먹어보자고 도끼를 만들고 활을 만들어 사냥에 나서다 보니 먹을 것을 구하는 통함이 생기더란 걸 알게 된 거지요.

코로나19로 인해 일상어가 된 '변이 바이러스'라는 것도 그렇습니다. 바이러스가 계속 변한다? 그것도 따지고 보니 바이러스가 살기 위한 방편인 거지요. 바이러스 입장에선 통함이 생겼던 겁니다. 불행한 이야기지만《주역》의 말대로라면 코로나 바이러스는 결국 끈질기게 살아남게 되어 있습니다. '통'을 위해 계속 '변'을 찾아낼 테니까요.

어쨌든 눈에 보이지도 않는 미물인 바이러스조차 변해

보겠다고 꼼지락대고 있는데 하물며 사람이 외부환경에 맞서 변할 생각을 안 하고 있다면 이건 좀 곤란한 일 아니겠습니까.

사람은 싫든 좋든 고달픈 환경을 계속 접할 수밖에 없습니다. 성깔 있는 상사를 만날 수도 있고 갑질하는 고객을 계속 상대해야 할 수도 있습니다. 기업도 그렇습니다. 돌려막기라도 하듯 고단한 환경이 끊이질 않는 게 일상입니다. 경쟁기업은 계속 튀어나오고 고객은 점점 까다로워집니다. 편안하고 안정적인 기업환경, 그건 비정상입니다. 기업이 친목단체가 아니라면 말입니다.

우리가 궁극적으로 원하는 건 '통'이 맞습니다. 상사의 사나운 성질에 평정심을 찾아주고 경쟁기업을 저만치 따돌릴 비법을 알아내는 그 '통'입니다. 어렵고 불편한 환경을 바꾸기 위한 방향을 감지하는 그것입니다. 그런데 그 일을 어떻게 해야 하느냐. 바로 그 '어떻게'에 걸쳐 있어야 할 중요한 전제가 '변'이라는 이야깁니다. 변해야 통하는 게 가능한 거지, 그저 궁하다고 통하는 게 아니란 소립니다. 어떤 난관에 부딪혔다면 무조건 당신이 변해야 합니다. 그래야 문제가 통으로 해결됩니다.

이쯤에서 이런 질문 하나가 또 나올 만하지요. "노력해도 안 되는 일도 있는 거 아닙니까? 변화도 제가 할 수 있는 정도라는 게 있을 텐데요." 과연 그럴까요. 만약 내가 시도

한 변화가 제대로 드러나지 않았다면 다시 변해야 합니다. 어디까지? 통할 때까지!

 결국 핵심은 '변해야 하는 것'이고, 핵심에 도달하기 위한 명령어는 '통할 때까지 계속'입니다. 이 '변즉통'이란 방정식 덕에 반대의 추론도 할 수 있습니다. 만약에 어떤 사람의 행태에 전혀 변화가 없다면 그건 '변화할 의도가 없었다' 혹은 '전혀 움직이지 않았다'로 해석할 수 있는 거지요. 그걸 어찌 그리 단정하느냐고요? 통하지 않았으니까요.

 물론 사람은 누구나 한 번씩은 합니다. 딱 한 번만 해보고 나서 잘 안 된다 싶으면 "이게 아니지" 하곤 잽싸게 돌아섭니다. 하지만 어려운 환경을 바꾸겠다는 그 '통'이 딱 한 번의 '변'으로 쉽게 바뀌겠습니까. 게다가 '내가 원하는 방식으로 내가 원하는 만큼만 변하면 된다'는 것도 어림없는 소립니다. 변화는 통할 때까지 하는 겁니다. 기업은 고객을 만족시킬 때까지, 사람은 상대를 만족시킬 때까지.

 문제는 또 있습니다. 다들 자기 기준으로만 변화하려 든다는 겁니다. 아마 주위에서 이런 말 한두 번씩은 들어봤겠지요. "저 그거 했는데요. 그래서 이렇게 변했잖아요." "제가 요즘 얼마나 잘하는데요. 예전에 비하면 개과천선한 거지요."

 천만에요. 그건 그저 그 사람의 말랑한 잣대일 뿐입니다. '변'을 판단하는 기준은 내가 아니라 상대여야 합니다. 상대가 바란 게 있다면 그 바람대로 가는 거고요, 해결을 봐야 할 문제가 있다면 그 답을 내는 겁니다. 그래야 내가 원하는 '통'에 가닿을 수 있습니다. 종국에 인간 최고의 소원인 만수무강이든 당장 나를 불편하게 하는 관계의 개선이든지 간에요.

　마지막으로 '통'의 지분도 해결해야 합니다. 사실 '통'이란 통하거나 통하지 않거나 둘 중 하나인 OX입니다. "50~60퍼센트 달성했으니 잘했지요?" 이런 건 없습니다. "전보다 나아졌는데 나한테 왜 이러세요?" 이것도 안 됩니다. 그래서 애석하게도 '통'에서 내 몫은 없습니다. 아쉬운 쪽은 바로 나니까요. 그러니 상대를 뚫을 때까지 내가 변해야 하는 겁니다. '목마른 사람이 우물을 판다'는 건 《주역》에서도 미처 못 다룬 불멸의 진리 아니겠습니까.

소리를 어디로 듣나요

"소리를 어디로 듣지?"

이 갑작스러운 질문은 가족사 임원회의 중에 나왔습니다. 회의 중간에 제가 불쑥 던진 돌발질문이었는데, 다들 의아한 표정으로 서로의 눈치를 살피는 게 보였습니다. 질문의 의도가 뭔지 파악하려고 애쓰는 것 같았지요. 그도 그럴 것이 소리는 귀로 듣는 게 당연하지 않습니까. 회장이 그걸 몰라서 던진 질문도 아닐 테고 '뭘 그런 걸 다 묻나' '대답은 또 어떻게 해야 하나' 등의 신호가 급박하게 오가는 딱 그런 분위기였지요.

몇 초가 흐른 뒤 한 임원이 목소리에 힘을 줘 대답했습니다. "소리는 마음으로 듣습니다!"

사실 제가 의도한 대답을 이끌어내는 과정이 여기에 근

접합니다. 하지만 좀 더 애를 태우며 그 생각을 각인시키고
자 다른 질문을 또 던졌습니다. "그럼 마음은 어디에 있나?"

좀전에 호기롭게 대답하던 임원의 표정이 순간 얼어붙
었습니다. '멘붕'이 찾아왔나 봅니다. 자신의 가슴 위에 손
을 갖다 대며 "여기 있습니다"라고 했습니다.

그래서 또 물었습니다. "아니 그쪽에는 심장이나 폐가 있
지. 거기로 소리를 어떻게 듣겠어?"

식은땀이 나는지 조금 시간을 끌던 그 임원은 "아, 귀를
통해 뇌로 듣습니다"라고 했습니다. 한참을 돌아 어쨌든 팩
트에 딱 맞아떨어지는 답변을 꺼내놓은 셈입니다.

그렇습니다. 우리 몸에 마음이란 장기는 없습니다. 마음
은 뇌의 여러 기능, 그러니까 보는 것, 말하는 것, 듣는 것,
생각하는 것 등에서 감정을 느끼는 기능을 담당할 뿐입니
다. 그러니 안타깝게도 마음은 가슴이 아니라 머리에 있는
겁니다.

임원회의 중에 주고받은 난데없는 '선문답 타임'이었다
고 할까요. 수행자끼리 서로의 수행 정도를 가늠해보려고
고도의 난제와 답을 주고받는다는 그것처럼 말입니다. 저
는 왜 굳이 이런 질문을 던져 우리 임원들에게 부담감을
한 무더기 얹어주었을까요.

이유가 있습니다. 왕왕 생기는 '소리 배달사고' 때문입니
다. 업무시간에 나에게 지시와 전달을 가장 많이 받는 사람

은 사실 임원이 아닙니다. 비서와 기사입니다. 하루 중 저와 가장 많은 시간을 보내고 손 닿는 거리에서 제 일을 도와주니까요.

이토록 가까운 사이인데도 불구하고 일을 하다 보면 간혹 뜻밖의 문제에 봉착합니다. 저는 분명히 어떤 사안을 전달하거나 어떤 사항을 요청했는데, 비서나 기사는 "그런 말을 들은 적이 없다, 기억에 없다"라고 하는 겁니다.

이런 당혹스러운 상황이 비단 저와 비서, 저와 기사 사이에서만 벌어질까요? 아닐 겁니다. 살면서 누구나 이런 경험 한두 번쯤은 하지 않을까 싶은데요. 역할이 뒤바뀌기도 합니다. 상대는 내게 다 말했다고 하는데, 나는 전혀 들은 바가 없는, 내 기억에는 입력된 적도 없는 데이터가 되어버린 상황 말입니다.

회장이 전달하거나 지시한 내용을 고의로 못 들었다고 할 대담한 직원은 없다고 생각합니다. 비서나 기사라면 더더욱 그럴 수도 없고 그렇게 하지도 못할 테지요. 그러니 슬슬 헷갈리기 시작합니다. '정말 내가 말한 적이 없는 건가? 말하던 장면까지도 난 기억을 하는데.'

어떤가요. 사안의 경중에 따라선 자칫 큰소리까지 나올 수 있는, 오해 만들기 딱 좋은 환경이 아닙니까. 이 미스터리를 저 나름대로 분석해보면 이렇습니다. 과학적으로는 제 말이 음파를 통해 분명히 상대의 귀로 전달되었을 겁니다. 그런데 정작 상대의 뇌 기능 중에 '듣기'가 작동하지 않은 거지요. 뇌가 닫혀 있으니 아무리 고성을 울린들 그 소리를 듣지 못할 수밖에요. 소리를 잘 받았다는 확인을 뇌가 안 해주니 결과적으로는 '배달사고'가 난 거고요.

서로의 먼 기억을 더듬는 데까지 갈 것도 없습니다. 이런 일은 대화 중에도 왕왕 터집니다. 상대가 동문서답을 한다고 생각되는 그때입니다. 내 질문이나 의견에 엉뚱한 답이 돌아오거나 뜬금없는 이야기를 늘어놓을 때가 있지요.

이런 장면이 펼쳐지는 것은 물론 내 말을 이해하지 못해서일 수도 있겠지만, 대개는 자기 생각에 깊이 빠져 있거나 다른 생각을 열심히 하고 있을 때입니다. 앞에서 말한 우리 뇌의 여러 기능 중 듣는 기능이 작동하지 않았던 겁니다.

뇌의 듣는 기능은 특히 우리 몸이 다른 일을 할 때 잘 돌아가지 않습니다. 학창 시절을 떠올리면 이해가 쉬울 겁니다. 선생님이 자주 하시던 지적 중에 '딴짓하지 마라. 딴생각하지 마라'가 있지 않습니까. 친구와 장난을 치거나 나 홀로 무아지경에 빠져 있으면 선생님, 아니 BTS가 열강을 해도 전혀 들리지 않는 법입니다. 어른으로 성장해도 별반 달라지지 않는 것도 이 부분입니다. 본능처럼 타고난 뇌의 기능이니까요.

그러니 상대방의 말을 들을 땐 뇌의 다른 기능은 '잠시 꺼두는 게' 좋습니다. 생각도 하지 말고, 말도 하지 말고, 한

눈도 팔지 말고 오로지 들으라는 겁니다.

  뇌를 잠가놓고 대화를 하는 것은 스피커 없는 마이크를 붙들고 떠드는 것과 다를 게 없습니다. 소리는 귀도, 마음도 아닌 뇌로 듣는 것이니까요. 흔히 '마음으로 들었네' '가슴을 뒤흔들었네' 하는 것도 정작 뇌의 듣는 기능이 작동한 이후에 나오는 결과입니다. 그러니 이제부터는 말입니다. 누군가와 말을 주고받으려 한다면 먼저 잠자고 있는 뇌부터 깨워놓는 게 어떻겠습니까.

만남과 헤어짐

"회장님 고맙습니다, 우리 석찬 씨 많이 키워주셔서."

'석찬'은 KG그룹 가족사 중 하나인 KG에코솔루션의 전신인 KG ETS의 한 임원이었습니다. 이 감사 인사는 석찬의 아내가 남편을 통해 제게 전달한 것이고요. 영문을 모른다면 다소 의아해할 이 이야기의 배경은 이렇습니다.

그날은 KG ETS 간부 직원들과 운동도 하고 식사도 함께한 특별한 날이었습니다. 굳이 '특별하다'라고 한 데는 이유가 있습니다. 송별을 위한 자리였으니까요. 그 자리에 모인 사람들은 곧 저와 KG그룹을 떠나야 하는 사람들이었습니다. 내내 웃음이 넘치고 즐거웠지만 얼핏얼핏 서운하고 아쉬운 감정이 생기는 건 어쩔 수 없었습니다.

1985년부터 기업경영을 해온, 그 짧지 않은 세월 중 처음이었습니다. 제가 경영하던 사업체를 다른 사람에게 떠나보내는, 다시 말해 인계·인수하는 상황을 만든 게 말이지요. '왜 그래야 했는가'란 질문이 나올 법합니다. 사실 그 상황은 저 자신의 유익보단 KG그룹의 유익을 먼저 생각해서 내린 결론이었습니다. ETS 자체의 큰 성장을 내다볼 때도 더 나은 방안이라고 판단했습니다.

좀 더 면밀하게 들어가 보면 이렇습니다. 원료·에너지 재생업을 하는 그 업종 자체가 산업재편이 한창이던 때였습니다. 열 개, 스무 개씩 모여 구조적으로 다시 조정하는 중이라 '나 홀로 독야청청'하고 있다간 경쟁력을 잃을 게 불 보듯 뻔했습니다. 연합집단을 형성하는 과정에서 혼자 떨어져 있다는 것은 KG그룹에서 볼 때 부담이 생기는 건 물론, ETS 임직원을 놓고 볼 때도 성장모멘텀을 잃게 되는 일입니다.

그래서 그 결정은 어쩔 수 없었던, 저로선 고육책이었다고 할 수 있습니다. 무엇보다 산업환경의 흐름과 변화를 따를 수밖에 없었던 거지요. 그 여력으로 다음 산업을 준비하는 동기를 만들고 또 더 큰 동력을 생산해낼 수 있을 거라고 판단했던 겁니다.

하지만 이런 판단은 어디까지나 회장의 입장에서 나온 겁니다. 한 개인으로서 저는 그저 헤어짐이 착잡할 수밖에 없었습니다. 오랜 시간 수많은 기업을 만나고 새로운 가족을 받아들이기는 했지만 헤어짐을 경험한 것은 처음이었으니까요.

그 감정이 저 혼자만의 것은 아니었나 봅니다. 그날 저를 만나러 나간다는 남편을 붙들고 그의 아내는 "꼭 내 말을 전해달라"고 당부했다고 합니다. 예전의 남편과 지금의 남편을 비교해볼 때 "많은 게 변했더라"며 "잘 키워줘서 고맙다"고 했던 겁니다.

이 일이 계기가 되어 제가 골똘히 생각한 것이 있습니다. 만남과 헤어짐입니다. 사람도 그렇고, 기업도 그렇고 우리는 언젠가 만나고 언젠가 헤어집니다. 일일이 셀 수 없는 만남과 헤어짐을 겪지만 역시 그 일에도 시작과 끝은 있습니다. 그중 가장 큰 시작점이라면 출생이고, 가장 큰 끝점이라면 죽음이겠지요. 사람은 누구나 출생과 죽음이란 양쪽 기둥을 세우고 그 사이에서 크고 작은 만남과 헤어짐을 반복하면서 살아갑니다.

그 각각의 만남이 얼마나 중요한지는 구구절절 말할 필요가 없을 겁니다. 다만 '얼마나'에는 각자의 경험치가 작용할 듯합니다. 제 경험에선 이랬습니다. "만남의 고통이 크고 힘들고 수고스러울수록 헤어짐의 고통도 커지고 힘들어지고 수고스러워지더라." 여기서 제가 말하는 만남은 처음 마주치는 시작만을 뜻하지 않습니다. 헤어지기 직전까지 죽 이어지는, 만나는 과정 전부를 의미하는 겁니다.

그런데 이 만남과 헤어짐의 공식에서 과연 사람은 '무거운 헤어짐'을 원할까요, '가벼운 헤어짐'을 원할까요? 대부분 '헤어짐은 무거울수록 좋다'라고 생각하더란 겁니다. 가령 만나고 헤어진 어떤 관계가 있다고 칩시다. 상대는 그 헤어짐이 아무렇지도 않다고 합니다. 전혀 섭섭하지 않다고 합니다. 그럴 때 당신의 기분은 어떻겠습니까? '아, 우리 만남은 정말 아무것도 아니었구나' 싶어서 서운할 겁니다. 그제야 이미 다 지나버린 만남의 과정을 되돌아보게 될 거고요.

그렇다면 무거운 헤어짐을 어떻게 만들 수 있을까요? 많은 사람이 원하는 무거운 헤어짐에는 사실 필수조건이 있습니다. '무거운 만남'입니다. 일이든 연애든 만나는 과정을 귀하게 여겨야 헤어짐이 귀해집니다. 만나는 순간순간이 아름다워야 헤어짐이 아름다워지고, 만나는 지점마다 성의를 다했을 때야 헤어짐은 천근만근 묵직해집니다.

대단히 어려운 일은 아닐 겁니다. 가족이든 동료든 내 눈앞에 있는 사람, 회사든 일이든 내가 일상에서 부딪치는 모든 상황에 최선을 다하는 겁니다. 그 과정을 귀하게 알고 중하게 여겼다면 비록 헤어짐을 맞게 되더라도 만남을 이어온 보람과 의미가 생길 테지요. 헤어지고 난 뒤 과연 내가 상대에게 어떤 기억으로 남을 것인가에 두려움을 느껴야 한다는 소리도 될 거고요.

세상 모든 헤어짐의 무게는 바로 당신이 살면서 겪어온 모든 만남의 무게, 딱 그만큼입니다. 만남을 새털처럼 가볍게 여기면서 헤어짐은 돌덩이처럼 무거웠으면 하고 바라는 건 사리에도, 계산에도 맞지 않습니다.

감정적 관계와 이해적 관계

기원전 44년. 로마 공화정 말기의 집권자 카이사르Gaius Julius Caesar는 여느 날과 다름없이 원로원에 출석했습니다. 그런데 원로원 분위기는 여느 날 같지 않았습니다. 반란을 일으킨 세력이 카이사르를 기다리고 있었으니까요. 결국 카이사르는 그날 브루투스, 카시우스 등이 모의한 암살시나리오에 따라 칼을 맞고 숨져갑니다. 철석같이 믿었던 브루투스에게서 시선을 떼지 못하던 카이사르의 입에선 마지막 탄식이 흘러나왔습니다. "오! 브루투스 너마저도!"

'주사위는 던져졌다' '루비콘강을 건넜다' 등 2천 년이 넘도록 인구에 회자되는 엄청난 어록을 만들어낸 카이사르가 아니니까. 하지만 그 어록에 실린 마지막 대사는 부하에게 배신당한 절대권력자의 허무한 개탄이었던 겁니다. 도대체 카이사르와 브루투스는 어떤 관계였기에 '정치적 배신'이란 역사에 길이 남은 장면을 연출하게 되었을까요.

'믿는 도끼에 발등 찍힌다'는 우리 속담이 있습니다. 있는 그대로라면 참 앞뒤가 맞지 않는 말입니다. 마치 도끼에게 큰 잘못이 있는 듯하니까요. 엄밀히 따지면 도끼질을 하다가 내 발등을 찍어놓곤 모든 과실을 도끼에게 뒤집어씌우는 상황이겠지요. 마땅히 이 속담의 본질은 자기 확신의 실수를 탓하는 데 있습니다. 아무 문제 없다고 믿은 도끼질에서 낭패를 본 뒤 써 내려간 반성문 같은 거라고 할까요. 바로 '관계'에 대한 반성입니다.

인간은 사회적 동물이라 태어나면서부터 누구와든 관계를 맺을 수밖에 없습니다. 당장 부모·자식, 형제·자매 등 세상에 나와 보니 자동으로 맺어져 있는 혈연관계가 있습니다. 차츰 성장해 학교에 가면 친구와 동창이 생기고, 사회에 나오면 동료와 선후배가 생깁니다. 이처럼 내 의사와는 상관없는 '혈연관계', 그나마 내 의사가 개입한 '사회적 관계' 등 수많은 관계에 둘러싸이게 됩니다.

여기서 핵심은 그중 '사회적 관계'에서 발생하는 크고 작은 일들이 우리 삶을 쥐고 흔들 만큼 상당한 영향력을 가진다는 데 있습니다. 사실 이 사회적 관계는 하나로 뭉뚱그릴 만큼 간단치 않습니다. 일단 두 갈래로 나뉘지요. 그 하나가 '감정으로 맺어진 관계'이고, 다른 하나가 '이해利害에서 맺어진 관계'입니다.

오로지 나와 상대의 정서적 교감으로 맺어지는 '감정적 관계'는 상대에게 얻거나 바라는 게 없어도 그 사람과의 교류가 나를 행복하게 만드는 그런 관계입니다. 사랑하는 사람이나 좋은 친구 등이 포함되겠지요.

'이해적 관계'는 별다른 정서적 교감 없이도 이어지는 관계입니다. 상대와 교류를 통해 나의 물질적·사회적 위치에 더 나은 상황이 만들어진다면 이해적 관계라고 하겠습니다.

둘 중 어느 관계가 좋다, 나쁘다고는 말할 수 없습니다. 다만 여기에 중요한 전제는 지금 내가 누군가와 맺고 있는 이 관계가 '감정적 관계'인지 '이해적 관계'인지는 정확히 알고 있어야 한다는 겁니다. 그래야 서로에 대한 실수가 없고 서운함도 없으며, 애꿎은 도끼에게 '내 발등 왜 찍었느냐'고 원망하는 일은 생기지 않는다는 말입니다.

문제는 우리가 일상에서 사회적 관계를 맺은 모든 사람과의 관계가 '감정적'인지 '이해적'인지 단 한 번도 제대로 살피지 않았던 데 있습니다. 그저 되는 대로, 편한 대로 해석해버린 탓에 왕왕 이런 말들이 터져 나오는 겁니다. "네가 나에게 이럴 줄은 정말 몰랐어." "이건 배신이야, 배신!"

그렇다면 이런 정의가 왜 필요할까요? 모든 사회적 관계에는 '관계유지'를 위한 수고가 따라야 하기 때문입니다.

'감정적 관계'든 '이해적 관계'든 어느 쪽도 예외는 없습니다. 다만 둘 중 어느 쪽으로 맺어졌는가에 따라 그 내용이 좀 달라집니다.

'이해적 관계'라면 서로의 이해에 좀 더 도움이 되고자 노력하는 게 맞습니다. 어설프게 '우리가 남이가?'로 접근해서는 도리어 일을 망칠 수 있습니다. 반대로 '감정적 관계'라면 서로의 감정을 충실히 살피는 게 우선입니다. 야속하게 '이건 내 것, 저건 네 것' 따지고 있다간 이내 관계의 종말을 볼 수도 있습니다.

회사에는 사장과 직원 사이에 맺어진 '이해적 관계'가 있습니다. 이 관계에서의 노력은 서로가 서로에 대해 책임과 의무를 다하는 겁니다. 사장은 직원에게 월급을 더 주기 위한 노력을 해야 하고, 직원은 자신의 업무에 충실해 회사의 이익을 높이기 위한 노력을 해야 합니다. 그런데 이 관계에서 어느 한쪽이 책임과 의무를 소홀히 하곤 "아니, 그걸 몰라주나? 사람 그렇게 안 봤는데" 하는 식으로 '감정적 관계'를 들이댄다면 아주 난처한 상황이 벌어지는 겁니다.

회사와 고객 사이의 '이해적 관계'도 마찬가지입니다. 늘 우리 회사의 제품을 사용하던 고객이 더 좋은 질과 더 좋은 가격을 제시한 타사의 제품으로 갈아탔다고 칩시다. "어떻게 저럴 수가 있지? 신뢰를 저버렸네" 하며 '감정적 관계'인 양 서운해한다면 그건 제대로 된 회사일 수가 없습니다.

어느 한 상대에게 '감정적 관계'와 '이해적 관계' 둘 다를 끌어낼 수 있다면 얼마나 좋겠습니까. 사랑하는 사람이 있는데, 그 사람으로 인해 돈도 벌고 명예도 생긴다면 이보다 더 좋을 순 없겠지요. 하지만 이런 드라마 같은 일이 현실에서 벌어질 확률은 대단히 희박합니다.

마지막으로 노파심에서 한마디 덧붙이자면, '관계에 대한 정의'는 상대와 내가 일치를 보는 게 중요합니다. 서로의 정의가 다르면 큰 실수가 생길 수 있습니다. 상대는 나를 '이해적 관계'로 여기고 있는데, 나는 상대를 '감정적 관계'로 믿고 있다면 남는 건 상처밖에 없습니다. 2천여 년 전 로마에서 터져 나왔던 통곡이 여기저기서 울릴 수 있다는 이야깁니다. 혹시 주위에서 "야, 브루투스 너까지 이러기야?" 하는 외침이 들린다면 말입니다. 관계의 동상이몽에 빠진 누군가가 믿는 도끼에 발등 찍힌 뒤에 내는 비명이구나 생각하면 틀림없을 겁니다.

자극과 반응 사이

얼마 전 한 TV프로그램을 인상 깊게 보았습니다. 오은영 박사가 아이들이 처한 문제를 상담해주는 프로그램이었는데요, 그날 한 아이에게 생긴 문제는 이런 거였습니다. 별 탈 없이 지극히 정상적으로 잘 크던 아이가 어느 날부터 말을 심하게 더듬게 되었답니다. 병원에도 가보고 여기저기 수소문도 해봤지만 잘 낫지 않았습니다.

그 아이 일상을 죽 지켜본 뒤 1차적인 진단이 나왔습니다. 아이에게 생긴 충격적인 환경변화로 인해 말을 더듬게 되었다는 겁니다. 엄마에게 병이 생겨 갑자기 입원을 하자, 아이는 의도치 않게 엄마와 떨어져야 했던 겁니다.

이날 프로그램에서 눈에 띈 것은 오은영 박사가 부모에게 제시한 치료법이었습니다. 바로 "아이에게 극단적으로 말을 천천히 건네면서 소통을 해보세요'란 것이었습니다. 가령 '너 밥 먹었니?'란 말을 해야 한다면 '너… 밥… 먹… 었… 니?'처럼 말이지요. 이렇게 말도 안 되게 느린 속도로 의사전달을 하는 것에 더해 '아이의 말을 들어주는 것도 가장 느린 속도로'라는 충고가 덧붙었습니다.

그러니까 '말 더듬는 현상'을 고치기 위해선 아이에게 천천히 자극을 줘야 하고, 그에 따라 아이도 천천히 반응을 보일 거란 해법이었습니다. 결국 증상을 치유하는 방법이 '가장 느린 자극'과 '가장 느린 반응'이란 겁니다.

이날 우연히 보게 된 이 프로그램을 계기로 이런 문제가 비단 그 아이만의 문제가 아니란 것도 알게 되었습니다. 요즘 아이들은 생각이 깊고 눈치가 빨라 자신이 가진 언어능력보다 뇌가 먼저 반응하는 현상이 자주 생긴다는 겁니다. 이런 아이들에게 왕왕 생기는 증상이 '첫 단어 더듬기'라는 건데요. 마음은 급하고 입은 따라가지 않는 불균형이 원인이라고 했습니다.

과연 아이만 그럴까요? 어른도 그렇습니다. 다른 점이라면 어른은 말 대신 몸으로 반응을 보인다는 점일 겁니다. 간혹 자녀의 학교 운동회에 참석해 모처럼 '학부모 달리기'에 나서거나 구경할 기회가 있었다면 이해가 쉬울 겁니다. 바람같이 달려나간 부모들이 갑자기 앞으로 넘어지는 장면을 자주 목격하게 됩니다. 이유가 뭘까요? 1등으로 테이

프를 끊는 장면을 내 아이에게 보여주고 싶은 마음은 간절한데 몸이 따라가지 못해서입니다. 뇌는 저만큼 가 있는데 다리가 못 쫓아가니 꽈당 넘어질 수밖에요. 바로 뇌로 느끼는 '자극'과 몸으로 실행하는 '반응' 사이가 크게 벌어진 탓입니다.

자극에는 육체적 자극과 정신적 자극이 있습니다. 사실 누가 봐도 어디서 두들겨 맞거나 어디에 부딪치거나 해서 생기는 '육체적 자극'이 훨씬 강력해 보입니다. 하지만 우리가 일상에서 늘 노출되어 있는 것은 '정신적 자극'입니다. 상대방의 말, 상대방의 행동, 상대방의 감정 등 때리지 않고도 나에게 충격을 가하는 자극 말입니다. 생활 속 온갖 스트레스도 여기에 포함될 거고요.

두 자극이 각각 들이닥쳤을 때 반응은 또 어떻게 나타날까요? 사실 육체적 자극에 대한 반응은 크게 문제가 안 됩니다. 아픈 만큼 비명이 나오게 되어 있습니다. 문제는 정신적 자극에 대한 반응입니다. 여기에는 공식이란 게 없으니까요.

수시로 터지는 정신적 자극에는 어떻게 반응해야 할까요? 먼저 그 반응을 두 종류로 구분하는 게 필요하겠습니다. '빨리 반응해야 할 때'와 '느리게 반응해야 할 때'로요.

제 나름대로 정의를 내려보았습니다. 반응이 빨라야 할 때는 '기분이 좋을 때'입니다. 어떤 자극 덕분에 기분이 좋아졌을 때는 반응을 즉시 내보이라는 말입니다. 반대로 반응이 느려야 할 때는 '기분이 좋지 않을 때'입니다. 어떤 자극으로 인해 기분이 상했다면 최대한 반응을 늦추라는 겁니다. 다시 말해 긍정적 자극이 왔을 때는 빨리 반응할수록 좋고, 부정적 자극이 왔을 때는 느리게 반응할수록 좋다는 이야깁니다.

예를 들어 "당신 너무 예뻐" "너무 멋지네" 등의 자극이 왔다고 칩시다. 반응은 0.1초 내로 내보내는 게 좋습니다. 반면 "당신 참 성격 이상하네" "어디 아픈 거 아니야" 등의 자극이 왔다고 칩시다. 반응은 최소한 15초 이후에 내보내는 게 좋습니다.

15초? 왜 15초일까요? 최근 기업들이 '직원 정신건강을 위한 교육프로그램'에서 많이 다루는 내용 중에 '15초 훈련'이란 게 있습니다(아마 우종민 서울백병원 정신건강의학과 교수의 '15초 룰'을 참조했으리라 싶은데요). 상대가 나에게 불편한 말을 해 화가 날 때는 일단 15초를 참으라고 합니다. 분노 호르몬이 15초면 정점을 찍고 분해되기 시작해 15분이 지나면 거의 사라진다고 하니까요. 그러니까 교육프로그램에서의 훈련은 나쁜 자극에 되도록 느리게 반응하는 법을 익히게 하는 것입니다. 그 훈련을 완벽하게 이수한다면 아마 득도하는 수준이 되겠지요.

15초 전과 후는 적어도 '자극에 대한 반응'에 있어선 하늘과 땅만큼의 차이가 있습니다. 완전히 다른 결과를 만드니까요. 우리가 살면서 남들에게 '나 스트레스 덜 받게 해주세요'라고 요청하는 건 불가능합니다. 그렇다고 스트레스를 무시하기도 마땅치 않습니다. 이미 자극으로 와서 꽂혔으니까요. 그러니 방법은 한 가지, 자극에 대해 느리게 반응하는 것뿐입니다. 상당히 고차원적인 삶의 지혜라는 생각이 듭니다.

그런데 만약 반응이 뒤집혀서 나오게 되면 어떤 일이 벌어질까요? 그러니까 반응이 빨라야 할 일에 느리게, 반응이 느려야 할 일에 빠르게 대처한다면? 말 그대로 대참사가 벌어지는 겁니다. 일례로 업무상 상대에게서 어떤 요청이 왔을 때 빠른 리액션을 주면 서로 흐뭇한 결과를 만들 수 있지 않겠습니까. 그런데 묵언수행을 하는 것처럼 일절 반응을 보이지 않는다면 어떻겠습니까? 어쩌다 듣게 된 싫은 소리에 단 1초를 못 참고 덤벼든다면 이땐 또 어떻게 될까요? 결국 상대방의 자극을 증폭시키는 결과만을 초래하게 될 겁니다.

무엇보다 자극과 반응 사이에는 '현명함'이 놓여야 한다는 게 제 생각입니다. 상황을 정확히 파악해 참아야 할 때와 참지 않아야 할 때를 구분하고, 빠르게 반응해야 할 때와 느리게 반응해야 할 때를 나누는 현명함 말입니다.

사실 말은 이렇게 합니다만 절대 쉽지 않다는 걸 압니다.

진짜 득도의 경지니까요. 그럼에도 TV에서 봤던 그 아이는 증상을 치유했답니다. 아이를 붙들고 속이 터지도록 천천히 말을 건네고 또 들어주었더니 금방 나았다고 했습니다. 부모와 아이, 양쪽 모두에게 삶의 여유가 생긴 겁니다.

자극과 반응 사이에 둔 '현명함'은 종국엔 나를 풍요롭게 하고 상대도 풍요롭게 합니다. 여기서 좀 더 여유가 된다면, 아니 어느 정도 득도의 수준에 도달했다면 내가 상대에게 던지는 자극에 대해서도 돌아보는 게 필요하다 싶습니다. 앞에서 '15초 룰'을 말한 우종민 교수의 논지대로라면 말이지요. 한 번 기분 나쁘게 한 것은 열다섯 번 기분 좋게 해야 만회할 수 있다고 하니까요. 반응보다 더 심각한 것이 자극이라고 할까요.

밑지는 장사를 합시다

"기업이 적자를 내는 것은 죄악이다!"

평소 제가 우리 임직원에게 강조하는 말 중 가장 앞줄에 세우는 말입니다. 혹여 강한 어조로 인해 반감이 생길 수도 있겠지만 절대 그른 말은 아닙니다. 기업은 자선단체가 아니니까요. 영리추구를 목적으로 만들어진 회사가 흑자를 내지 못하고 있다면 이미 존재할 이유가 없는 것 아니겠습니까.

그런데 이제까지 했던 이야기와는 다른, 역설적인 이야기를 해보려고 합니다. "밑지는 장사를 하라"입니다. 아마 당장은 '도대체 이게 무슨 소린가' 싶을 겁니다. '이제 와서 왜 다른 말을 하나' 할 수도 있겠고요.

사실 이 말의 배경에는 설명이 필요합니다. '기업의 적자'와 '밑지는 장사' 사이에는 의미상 적잖은 간격이 있기 때문입니다. '기업이 적자를 낸다'고 할 때는 말 그대로 비즈니스 손익관계에서 '철저한 손해'를 뜻합니다. 거래를 하면서 비싸게 사서 싸게 판, 한치의 예외도 없이 마이너스가 찍혔다는 이야기지요.

하지만 '밑지는 장사'라고 할 땐 좀 뜻밖의 상황이 끼어듭니다. 얼마에 사서 얼마에 파는 일반적인 비즈니스를 넘어선다고 할까요. 단순히 물건 파는 일에만 국한되지 않는, '주고받는 모든 관계'를 포함한다는 점도 다릅니다. 정리하자면 내가 누군가에게 받은 것보다 내가 누군가에게 준 것이 더 많을 때 '밑지는 장사를 했다'고 말하는 겁니다.

핵심은 과연 '밑지는 장사가 손해만 보는 행위인가' 하는 점입니다. 결론적으로 말하면 절대 그렇지 않습니다. '밑지는 장사'를 대표하는 부동의 사례라면 부모와 자식 간의 관계를 떠올릴 수 있을 겁니다. 부모는 자식에게 늘 '밑지는 장사'를 합니다. 부모 입장에서 자식을 키워 남는 장사를 하겠다고 생각지도 않을 테지만, 아무리 계산기를 두드려 봐도 남는 게 있을 턱이 없습니다. 그나마 타산을 맞출 수 있다면 그 부모도 결국 자신의 부모가 '밑지는 장사'를 한 덕에 지금 그 위치에 와 있다는 것뿐이겠지요.

하지만 사실 모든 관계가 부모와 자식 관계 같지는 않습니다. 사람이라면 누구나 자기의 노력이나 수고는 적게 들이면서 얻는 대가는 그보다 많기를 바랍니다. 하지만 분명한 것은 그런 장사는 오래 지속되지 않는다는 점입니다.

따지고 보면 기업도 마찬가지입니다. 기업에서 흔히 말하는 제품의 '원가'라고 할 땐 재료비와 인건비 외에도 관리비·유지비 등 제반 비용이 떠오르겠지만 제품을 만드는 정성, 고객의 신뢰를 얻기 위한 마케팅 노력 등 돈으로 계량할 수 없는 것들이 합쳐지게 마련입니다. 다시 말해 기업에서 얻는 이윤이란 것은 앞뒤가 딱 맞아떨어져 '흑자와 적자'를 가르는 숫자가 전부가 아니란 이야깁니다. 그럼에도 단순히 투입한 원가만으로 기업의 성공을 재겠다고 덤비는 건 무모하다 못해 어리석은 비즈니스 정신이 아닐 수가 없습니다.

누구에게나 인기가 있고 사랑을 받는 사람을 유심히 관찰해보면 답은 이미 나와 있습니다. 늘 자신이 받는 것보다 남에게 베푸는 게 큰 사람입니다. 바로 '밑지는 장사'를 하는 사람들입니다. 사실 이런 '밑지는 장사'는 손익의 차원이 아닌 투자의 영역으로 봐야 한다는 게 제 판단입니다.

우리는 가끔 신기한 사람들을 만나는데요. 남들이 처한 어려움을 해결하는 데 자신의 일보다 더 열심인 사람 말입니다. 누군가는 "왜 저렇게 사나" 혀를 찰지도 모르겠지만 과연 그럴까요. 잠깐은 시간 쓰고 기운 쓰고 돈도 쓰는, 손해 막급한 어리석은 행동으로 비칠 수도 있습니다. 하지만 조금만 두고 보면 다른 결과가 서서히 드러날 겁니다. 그런 행동에는 어떤 식으로든 보상이 따르게 마련이니까요. 비록 물질의 희생이 물질의 보상으로 돌아오는 것은 아닐지라도 결코 손해 보는 일은 아니었다는 거지요.

내 목숨쯤은 지푸라기 버리듯 던져버린 수많은 위인이 그렇습니다. 장구한 역사를 놓고 볼 때 말입니다. 짧게는 '밑지는 장사'를 했다고 평가할 수 있겠지만 수백 년간 이어지는 존경, 또 대대손손 이어지는 가문의 영광을 지켜본다면 말입니다. 감히 이 또한 밑지는 장사만은 아니었구나 싶은 겁니다.

받지도 주지도 않고 독야청청 나 홀로 고고히 살 수 있다면 따질 일도 아닙니다. 하지만 그게 아니라면, 특히 뭔가 얻고 싶은 게 있다면 먼저 내주라는 이야깁니다. 가령 100을 원한다면 120, 아니 200쯤은 내주란 겁니다. 그 200이 돈만을 의미하진 않습니다. 정성이든 배려든 사랑이든 뭐가 되었든지 간에 꾹꾹 눌러 200을 만들면 됩니다.

'기브 앤드 테이크Give and Take'는 상대에게 먼저 '기브'를 요구할 때만 들이미는 말이 아니지 않습니까. 내가 먼저 '기브'를 해야 상대도 '테이크'를 할 수 있습니다. 물론 내 기대만큼의 시간과 내 바람만큼의 크기는 아닐 수도 있겠지만요. 그 욕심만 좀 눌러둘 수 있다면 남기려는 장사보다 밑지겠다는 장사를 통해 얻는 수익이 훨씬 클 겁니다.

원하는 게 다릅니다

지나가는 아무나를 붙들고 다짜고짜 이렇게 물었다고 칩시다.

"우리 앞에 사람 한 명과 개 한 마리가 있습니다. 뭔가 의사전달을 시도하려 합니다. 물건을 가져오라는 지시도 좋고 날씨 이야기를 해도 좋습니다. 과연 사람이 잘 알아들을까요, 개가 잘 알아들을까요?"

갑자기 무슨 뚱딴지같은 소리냐고 버럭 할 테지요. "그걸 질문이라고 해? 당연히 사람이지."

어쨌든 이렇게 말은 통한 겁니다. '사람'과 '사람' 사이에. 맞습니다. 같은 언어를 쓰는, 그래도 고등동물인 인간끼리 하는 의사전달이 개와의 사이에서보다 잘 이루어지는 건 지극히 당연합니다. 그런데 가끔은 '과연 그런가?' 의문이 생기기도 합니다.

인간은 언어 외에 사고를 하는 별도의 기관이 있는데 가끔 둘이 엇박자를 낼 때가 있습니다. 내 생각과 다르게 말이 튀어나오는 경우가 적잖다는 겁니다. 예를 하나 들어보면 금방 이해가 될 겁니다.

한 부부가 모처럼 백화점 나들이에 나섰습니다. 명품점을 지날 때 진열대에 놓인 멋진 가방을 보고 아내가 한마디 합니다. "저 가방 참 예쁘네." 남편에게는 그 말이 어떻게 들렸을까요? 단순히 '예쁘다'라는 감탄뿐이었을까요? 형편이 괜찮은 부부라면 '뭐 하니 남편아! 어서 지갑을 꺼내야지'라는 뜻일 테고요, 형편이 여의치 않은 부부라면 '오늘은 아니더라도 언젠가는 신경 좀 써주라'라는 뜻일 겁니다. 상황만 다를 뿐 양쪽 다 '가지고 싶다'란 생각에는 별반 차이가 없겠지요.

동물과의 대화는 이처럼 복잡하지 않습니다. 반려견이나 반려묘를 키워봤다면 잘 알 겁니다. 개나 고양이의 생각은 복잡하지도 깊지도 않아서 비록 언어가 통하지 않아도 의사전달에는 무리가 없습니다. 표정이나 하는 짓을 통해 '밥 달라는구나' '밖에 나가자는구나' 등의 행태를 알아차릴 수 있고, '좋아한다' '싫어한다' '무서워한다' 등의 감정도 읽어낼 수 있습니다.

이 정도라면 '언어가 통해야 의사가 통한다'고는 볼 수 없지 않겠습니까. 가령 언어와 의사전달이 가장 첨예하게 어긋나는 곳 중 하나가 회사라고 할 수 있을 텐데요. 회사라는 조직은 일단 상사와 부하라는 직제로 나뉘어 일하게 되어 있습니다. 상사와 부하직원 간의 의사가 잘 통하는가 여부는 직장생활의 질에 결정적인 영향을 끼칩니다.

문제는 아무리 회사라고 해도 직장인의 특수성보다 인간의 보편성이 먼저 작용하게 되어 있다는 겁니다. 어떤 상황이든 사람은 보통 자신의 입장에서 모든 사안을 바라보고 해석하고 상대에게 이해까지 구하게 마련인데요. 다행히 원하는 것이 같든지, 또 반대일 경우라도 상대 입장을 흔쾌히 이해해준다면 원만히 해결될 테지만 이는 대단히 운이 좋은 경우일 거고요. 회사의 공적인 상황에서는 이런 운 좋은 성과를 기대하긴 어렵습니다.

당연합니다. 어떤 일을 부하직원에게 시켜놓은 상사가 가장 먼저 생각하는 것은 그 일의 결과이니까요. 결과가 어떻게 나오는가에 따라 자신의 입지에 막대한 영향을 끼칠 그 일에 마냥 관대할 수만은 없지 않겠습니까. 하지만 반대로 그 일을 수행한 부하직원의 처지에서는 상사에게 가장 먼저 전하고 싶은 게 자신이 그 일을 어찌 추진했는가 하는 경위일 겁니다.

이렇듯 단 한 가지 사안에 대해서도 이미 상사와 부하직원 간의 동상이몽이 만들어집니다. 자칫 이 상황이 서로 잘못된 일을 이야기하는 과정이라면 간격은 더 벌어지겠지요. 부하직원은 '난 최선을 다했고, 이런 수고를 했다'고 어필하고 싶고, 상사는 '틀어진 이 일을 어떻게 해결할 건가'를 강조하고 싶을 테니까요. 그러니 둘의 관계가 앞으로 어떻게 진행될지는 '안 봐도 비디오'가 되는 겁니다.

지나치게 극단적인 설정이라고 할 수도 있습니다. 하지만 모두는 아니더라도 많은 직장인이 이처럼 회사생활을 하고 있는 건 사실입니다. 다만 이처럼 적나라하게 뜯어서 생각해보지 않을 뿐이지요.

이런 어긋남은 기업과 기업 사이에서도 왕왕 생깁니다. 서로 원하는 바가 달라 관계가 깨지기도 하고 또 새롭게 맺어지기도 합니다. 기업과 고객 사이에도 존재합니다. 물건을 파는 사람은 투입한 원가와 수고의 가치를 대가로 받길 원합니다. 하지만 고객으로선 그건 내 알 바가 아닙니다. 그저 자신에게 주어질 물건이 기대를 웃도는 상품인지만 중요합니다.

사람은 누구나 우주가 자신을 중심으로 돈다고 생각하지요. 다들 이렇게 각자의 생각에 빠져 살고 있을 때 아마 우리에게 필요한 덕목은 '역지사지'가 아닐까 합니다. '입장 바꿔 놓고 생각해봐' 말입니다. 상대가 마음에 안 차도, 아니, 가끔 억울하기까지 해도 '그 또한 그럴 수 있겠다'고 이해해보는 겁니다. 이처럼 누군가의 처지에서 생각하고 배려할 수만 있다면 스트레스 중 가장 지독하다는 '사람관계 스트레스'만큼은 훨훨 날려버리고 살 수 있을 겁니다.

도체, 부도체, 반도체

지난 20세기 대한민국 산업을 책임진 식량은 '철'입니다. 21세기에는 어떻게 달라졌을까요? 21세기는 '반도체'의 시대로 넘어갔습니다. 반도체를 '미래 먹을거리'란 타이틀로 첫손에 꼽고 있지요. 그 덕에 '반도체, 반도체' 많이들 들어봤을 겁니다. 그런데 '반도체'란 게 도대체 무엇일까요.

반도체는 한마디로 '반만 통한다'는 뜻입니다. 무엇이 통한다? 전기입니다. 사실 전기전도율을 가늠하는 물질을 분류할 때 등장하는 삼형제가 있는데 도체와 반도체, 부도체가 그것입니다. 반도체는 그중 둘째인 셈입니다.

도체는 말 그대로 어디든 전기가 통하게 하는 물질을 말합니다. 은이라든가 금이라든가 알루미늄·구리처럼 주로 금속으로 되어 있지요.

반도체는 어디는 통하고 어디는 통하지 않게 하는 물질입니다. 특별한 조건에서만 작동하는 성질이 있습니다. 전자제품 같은 데서 어떤 때는 통하게 하고 어떤 때는 통하지 않게 해 연결하거나 끊는 스위치 역할을 하지요.

부도체는 어디에서도 통하지 않는 꽉 막힌 물질을 말합니다. 사실 세상의 사물 대부분이 부도체이긴 합니다. 돌멩이라든가 흙이라든가 종이처럼요. 이들 물체에는 무슨 짓을 해도 전기가 통하질 않습니다.

희한한 것은 이들 삼형제 '도체, 반도체, 부도체'가 가진 성질이 사물의 세계를 넘어서 사람의 세계에도 작용되더란 겁니다. '도체인 사람'과 '반도체인 사람'과 '부도체인 사람'으로 말입니다.

말을 매개로 사람 세계에서 나타나는 이 세 가지 성질을 구분해보겠습니다. '도체인 사람'은 누구의 말이든 잘 듣고 잘 이해하며 공감하려 노력합니다. 모두와 소통합니다. '반도체인 사람'은 누구의 말은 듣고 누구의 말은 듣지 않습니다. 자신이 좋아하는 사람에게는 열어 두지만 싫어하는 사람에게는 닫아버리는 절반의 소통을 합니다. '부도체인 사람'은 어떻겠습니까? 누구의 말도 듣지 않습니다. 이쪽저쪽 '닥치고 불통'입니다.

사실 세상에는 부도체인 사람이 그리 많지는 않습니다. 그렇다고 도체인 사람이 많은 것도 아닙니다. 대다수가 반도체의 영역에 살고 있습니다. 21세기 산업에서 필수적인 반도체가 사람의 세계에서도 절대다수를 차지하고 있는 모양이랄까요. 당장 우리나라 정치계만 봐도 비슷하지 않습니까. 여당은 여당끼리만 통하고 야당은 야당끼리만 통합니다. 우스갯소리를 보태자면, 그래서 대한민국이 반도체 강국이 되었는지도 모르겠습니다.

재미있는 것은 사람의 관계에서 보이는 도체·반도체·부도체와 비슷한 구분으로, '사람이 일하는 과정'에서 구분되는 또 다른 삼형제가 있다는 겁니다. 발광체, 반사체, 흡수체입니다.

발광체는 스스로 빛을 내는 물체입니다. 반사체는 남의 빛을 받아 튕겨내는 물체고요. 흡수체는 남의 빛을 받은 뒤 꿀꺽 삼켜버리는 물체입니다. 우주계를 볼 때 발광체라면 태양이 있고요, 반사체로는 달이 있습니다. 흡수체로는 블랙홀을 꼽아야 할 겁니다.

발광체·반사체·흡수체의 성향은 역시 사람에게서도 나타납니다. 일을 할 때 '발광체인 사람'은 늘 무언가를 만들어내고 빛나게 다듬는 등 출중한 창조성을 보입니다. 일의 성과를 직접 낼 줄도 압니다. '반사체인 사람'은 누군가 무언가를 만들어주면 쫓아갈 수는 있습니다. 직접 창조하진 않지만 곧잘 따라하는 정도랄까요. 발광체인 사람이 리더의 역할이라면 반사체인 사람은 수행자쯤 되겠지요.

문제는 '흡수체인 사람'입니다. 누군가 빛을 내든 말든, 누군가 성과를 내든 말든 '난 모르겠네'로 일관해버립니다. 그뿐인가요. 멀쩡하게 빛을 내는 발광까지 아예 없애버리고 맙니다.

그럴듯한 구분인가요. 아마 스스로 판단할 수 있을 겁니다. 내가 과연 사람 관계에서 '도체인 사람'인지, '반도체인 사람'인지, '부도체인 사람'인지를요. 또 일을 할 땐 '발광체인 사람'인지, '반사체인 사람'인지, '흡수체인 사람'인지도 말입니다.

언제부턴가 우리는 끼리끼리만 통하는 반도체 세상에서 살게 되었습니다. 내 편은 무조건 옳고 상대편은 무조건 그르다는 식의 일방통행을 수시로 합니다. 같은 팩트를 놓고도 '나의 세상'과 '남의 세상'에서 나오는 전혀 다른 해석을 신념처럼 믿고 따르기도 합니다.

상황이 이러한데도 '함께 살면서 곁에 두기에 가장 바람직한 유형'을 고르라면 선택은 또 정해져 있습니다. 사람 관계로 볼 땐 '도체인 사람'을, 일을 할 땐 '발광체인 사람'을 최우선으로 꼽습니다. 어떤 말이든 잘 통하고 어떤 사람과 어울릴 수 있는 포용력을 가진 '도체인 사람'을 옆에 두고 싶고, 스스로 창조해낼 수 있고 그 일을 확신으로 이끌고 나갈 수 있는 '발광체인 사람'을 리더로 앞세우고 싶어 하는 겁니다.

우리 사는 세상이 더 나아지고 더 밝아지려면 방법은 하나입니다. '도체인 세상'을 만드는 겁니다. 산업부문에서 반도체는 출중한 공신일 수 있지만 사람 세상에서 반도체는 편협한 관계만 만들 뿐입니다.

우리 자신을 이들 삼형제의 기준으로 되돌아보면 어떨까요? 도체·반도체·부도체 중 당신은 어떤 사람입니까? 발광체·반사체·흡수체 중에선 또 어떤 사람입니까? 아니, 이들 삼형제 중에서 당신은 누구와 사귀고 싶습니까?

인생의 창

4

당신은
어떤 사람입니까

지금 이 순간

"어느 팀을 응원하십니까?"

프로야구 시즌이 돌아오면 가끔 이런 질문을 받습니다. 제 고향이 대전이니 으레 한화이글스를 응원하겠거니, 들을 답을 미리 준비해두고 하는 질문입니다. 그런데 제 대답은 이렇습니다. "이기는 팀을 응원합니다." 이유는 의외로 단순합니다. 승부욕도 아니고 이해관계도 아닙니다. 그저 '지금 이 순간' 기분이 좋은 최상의 상태로 경기를 즐기고 싶어서입니다.

'지금 이 순간' 하면 으레 자동연상으로 뮤지컬 〈지킬 앤 하이드〉에 나오는 유명한 넘버를 떠올리기도 할 겁니다. 내 육신과 영혼을 갈아 넣으려는 '지금 이 순간'에 관한 노래입니다.

살다 보면 불현듯 이 노랫말이 마음에 들어올 때가 있습니다. 하지만 '지금 이 순간'은 지금 내가 보내고 있는 시간만을 의미하지 않습니다. 지금 나와 같이 있는 사람, 지금 내가 하고 있는 일, 지금 내가 가고 있는 길 이 모두가 '지금 이 순간'이 될 수 있습니다.

그런데 과연 우리의 '지금 이 순간'은 어떻습니까? 당장 우려스러운 건 '지금'이 아닌 '지난'에, 혹은 '나중'에 정신과 에너지를 낭비하고 있지는 않나 하는 점입니다. 지금 나와 함께 있는 사람에게만 충실하면 누구도 비난하진 않을 텐데. 지금 내가 하고 있는 일에만 충실하면 누구도 나무라지 않을 텐데. 그럼에도 늘 오지 않은 결과를 걱정하고 늘 지나간 일에 대한 상심으로 지금 이 순간에 최선을 다하지 못하고 있는 건 아닌가 말입니다.

전해 들은 이야기 한 토막 해볼까요. 정주영 전 현대그룹 회장이 재임 시절 임원 부인들과 간담회를 가졌을 때 있었던 일이랍니다. 한 부인이 남편 자랑을 한답시고 이렇게 말했다네요. "회장님! 우리 남편은 집에 와서도 항상 회사 걱정만 한답니다." 그 말을 들은 정 회장이 뭐라고 했을까요? "그 친구는 회사에 와선 늘 집 걱정을 하느라 일을 제대로 못 하던데요." 회장의 말에 좌중은 웃음바다가 되었다지만 마냥 웃고 넘길 수만은 없는 에피소드입니다.

회사에서는 회사에 최선을 다하고, 집에 돌아가면 집에

최선을 다하면 됩니다. 아내 앞에서는 아내가 최고인 거고, 부모님 앞에서는 부모님이 가장 중요하고, 친구를 만나면 그 친구가 제일 좋은 친구이면 됩니다.

일찌감치 러시아 대작가인 톨스토이도 그 유명한 '세 가지 질문'으로 이 복잡한 상황을 심플하게 정리하지 않았습니까. 가장 중요한 때는? "지금이다. 사람이 자신을 통제할 수 있는 시간이 유일하게 지금이기 때문이다." 가장 중요한 일은? "지금 하고 있는 일이다. 결국 내일의 일을 위한 밑거름이 되기 때문이다." 가장 중요한 사람은? "지금 만나고 있는 사람이다. 앞으로 그 사람과 어떤 관계를 형성할지 모르기 때문이다."

그렇다면 살면서 저지르는 가장 멍청한 일도 정리가 되겠지요. 어제 상사에게 꾸지람 들은 것을 자책하다가 오늘 일을 제대로 못 해 또 지적받는 일, 내일 있을 행사 걱정에 오늘 행사를 제대로 처리하지 못한 일, 점심에 만난 사람 이야기를 건성으로 들으면서 저녁에 만날 사람과 나눌 이야기를 생각하는 일.

'지금 이 순간'을 즐기는 건 어렵지 않습니다. 바로 지금 이 일만 하고 이 사람만 보면 됩니다. 그 외에는 다 버려도 됩니다. 지금 하지 않는 것을 떠올리지 말고, 지금 보지 않는 일을 그리지 말고, 지금 눈앞에 없는 사람을 생각하지 말고 순간에 충실할 것. 정말 이렇게만 할 수 있다면 우리 모두의 인생이 더 환해지고 더 행복해질 겁니다. 굳이 무엇을 더 보태려 애쓰지 않아도 말이지요.

정해지지 않은 것에 도전하세요

어디서 읽은 내용입니다. "누구나 자신이 먹을 양은 정해져 있다." 이런 말도 들었습니다. "평생 남자는 80톤어치를 먹고 여자는 60톤어치를 먹는다."

풀어보자면 사람은 자신이 먹을 양을 정해놓고 태어나는데 그걸 다 먹으면 곧 죽음에 이른다는 이야깁니다. 사람의 몸은 소화기능을 통해 에너지를 만들 수 있는 분량이 정해져 있는데요. 질병에 걸리거나 세균에 감염되는 경우가 아니라면 말입니다. 정해진 양을 빨리 먹어치우면 빨리 죽게 되고, 정해진 양을 천천히 소화해내면 그만큼 오래 산다는 논리입니다.

사실을 확인해본 적은 없습니다. 맞는 것 같기도 하고 아닌 것 같기도 합니다. 하지만 '소식장수'는 과학으로 증명

되었으니 일면 타당하다 싶기도 합니다.

이 논리와 연관해 또 하나의 억지 아닌 억지도 성립합니다. 사람은 누구나 자기 돈주머니를 차고 태어난다는 게 그것입니다. 아무리 노력하고 천지개벽을 한다고 해도 정해진 그 이상의 재산을 가질 수 없다는 뜻이지요. 조금 언짢기는 하지만 이 또한 마냥 궤변으로 들을 건 아니란 생각이 듭니다. "돈이 좀 모이나 싶으면 귀신같이 쓸 일이 생긴다." 이런 푸념을 주위에서 심심찮게 들을 수 있으니까요.

그렇다면 최소한 두 가지는 '정해져 있는' 겁니다. 먹을 수 있는 음식량과 품을 수 있는 재산의 크기. 그런데 이뿐일까요. 인생에는 미리 '정해지지 않은 것'도 최소한 두 가지가 있습니다. 하나는 '내가 할 수 있는 일의 양'이고 다른 하나는 '내가 갈 수 있는 길의 길이'입니다.

세상에 태어나면 누구나 뭔가를 하다가 떠납니다. 어떤 일이든 어떤 행동이든 결국은 내가 하는 양이 딱 내 일의 그릇이 되는 거지요. 하지만 그릇의 크기만큼은 정해져 있지 않습니다. 욕심을 부려 제대로 덤벼들자고 하면 결과야 어찌 되었든 그만큼은 내가 해본 것이 되는 겁니다. 그래서 "이봐, 해봤어?"라고 말한 정주영 전 현대그룹 회장이나 '보보시도장(步步時道場, 한 걸음 한 걸음이 수행장)'이라 한 이병철 전 삼성그룹 회장처럼 세상에 큰 그릇을 빚어 놓고 떠난 이도 있습니다. 반면 어떤 작은 흔적도 남기지 못하고 떠난 이도 있지요.

내가 내 발로 밟을 수 있는 거리도 정해진 것이 아닙니다. 여행을 하든 운동을 하든 내 몸과 내 발을 써서 직접 가서 보고 듣고 경험할 수 있는 모든 일이 포함됩니다. 이 역시 온전히 나 자신의 의사와 판단에 따른 것이니 미리 정해지지 않은 영역입니다. 대한민국에 사는 사람 중에 설악산 정상을 밟아본 이가 과연 몇이나 될까요. 마라톤대회에 나가보겠다고 결심한 이는 또 몇이나 될까요.

그렇다면 답은 나온 듯합니다. 이미 인생에서 할당량이 딱 떨어지는 '정해진 것'에 과욕을 부리지 말고 차라리 '정해지지 않은 것'에 열망을 가지는 게 현명하다는 겁니다. 하나라도 더 해보겠다는 열정, 가보지 않은 곳에 닿아보겠다는 용기 말입니다.

결국 내가 하는 것까지가 내가 할 수 있는 일입니다. 내가 가는 곳까지가 내가 갈 수 있는 길입니다. 시도도 해보지 않고 "난 못하네" 하고 포기하고, 나서보지도 않은 채 "거기까진 무리야"라고만 한다면, 삶에서 가장 중요한 두 가지를 그냥 내버리는 겁니다.

당신 인생은 누구의 것입니까

"네 인생은 누구 거냐?"

혹시 친하게 지내는 동료나 친구에게 이렇게 물어본 적이 있습니까? 아마 대답은 거의 비슷할 겁니다. "내 인생? 당연히 내 거지!" 물론 여기서 끝나지 않겠지요. "뭐 그런 걸 다 물어. 어디 아픈 거 아냐?"

그런데 표정 하나 바꾸지 않고 질문 하나를 더 던진다고 합시다. "그러면 인생은 뭐야?" 친구가 아마 이 질문에는 쉽게 대답하지 못할 겁니다. 그저 '저 친구가 왜 저러나' 하는 표정으로 멀뚱히 바라보며 눈만 껌벅이겠지요.

질문이 잘못된 건 아닙니다. 아마 익숙하지 않은 질문이라서겠지요. 어찌 보면 살면서 한 번도 묻지도 답하지도 않았고, 제대로 고민해보지 않은 주제일 테니까요. 그래서 딱히 뭐라고 입을 뗄 수가 없는 겁니다.

인생이란 한 사람이 살아가는 과정의 전부입니다. 그 사람의 시간, 생각, 행동, 일, 여건, 환경 그 모두입니다. 어느 일부, 어떤 단계만이 아닌 것이지요. 그런데 그 전부를 누리는 당사자는 정작 그것을 모르는 듯합니다. 자신이 하는 일, 쓰는 시간이 내 인생이란 생각을 하지 못하고 그냥 흘려보내는 경우가 많다는 겁니다.

지금 내가 하는 행동이 누구를 위한 것이든, 아니면 정말 하고 싶지 않은 것이든 그것은 내 인생 안에 들어 있는 겁니다. 그렇다면 이렇게 물어볼 수 있겠지요. "인생의 주인이 되려면 어떻게 해야 하나요?" 제 대답은 이렇습니다. "비록 어쩔 수 없는 일이고 시간이라 하더라도, 내가 하는 이 일, 내가 쓰는 이 시간을 바로 내 것으로 만들면 됩니다."

뮤지컬 〈맨 오브 라만차〉를 대표하는 유명한 넘버가 있습니다. 주인공 돈키호테가 부르는 〈이룰 수 없는 꿈〉입니다. 이룰 수 없는 꿈이고 이길 수 없는 싸움이라 해도 다른 사람이 아닌 바로 내가 가는 길이니 끝까지 가보겠다는 내용이었습니다.

비록 남들에게 정신병자 취급을 받는 처지였지만 돈키호테는 인생을 아는 친구였습니다. 일과 시간과 꿈까지 온전히 자신의 것으로 만들고 남들이 뭐라 하든 그것을 위해 매진할 줄 알았으니까요.

우주에서 내려다본 지구는 참 보잘것없다고 합니다. 거대한 우주에서 지구는 그저 하나의 점에 불과할 테니까요. 하지만 작디작은 지구, 그 한 귀퉁이에 박혀 살고 있더라도 내가 거대한 우주의 주인공이 되는 방법은 있습니다. 바로 내 인생의 주인이 되는 겁니다.

영화 〈마션〉이 그렇지 않았습니까. 홀로 뚝 떨어진 화성에서 주인공은 영원히 우주고아로 남을지도 모를 위기를 잘 극복합니다. 그것도 아주 유쾌하게요. 물을 만들고 감자를 키우면서요. 인류 최초로 '화성 감자재배'란 막중한 과업을 수행하면서도 깨알유머를 잊지 않습니다. "화성이 내 식물학자적 능력을 두려워하게 될 거예요."

우주의 주인이 될 것인가, 아니면 티끌만도 못한 하찮은 존재가 될 것인가. 두 갈래의 길에서 어느 쪽으로 들어설지를 결정하는 건 결국 자신의 생각과 행동입니다. 바로 이 질문에 대한 대답을 준비하는 일부터겠지요. "당신 인생은 누구의 것입니까?"

기쁨의 크기

'내가 가장 기뻤던 순간이 언제였나.' 살면서 한 번쯤은 돌아봤을 겁니다. 이런 생각을 하게 되는 시기는 보통 둘 중 하나일 듯합니다. 사는 게 힘들어서 자꾸만 "아 옛날이여!"를 외치고 있을 때가 그렇고요. 아니면 어떤 일이 계기가 되어 주마등처럼 필름을 돌려볼 때가 그럴 겁니다. 게다가 다들 사는 게 힘들고 팍팍하다고 하는 시절 아닌가요. 부쩍 자주 좋았던 순간, 기뻤던 순간을 되돌아보게 될 테지요.

그런데 말입니다. 잘 돌아가던 회상필름이 뚝뚝 끊기는 난처한 경우가 생기더란 겁니다. 소소한 에피소드는 많은데 '가장 기뻤던 때' '제일 좋았던 때'를 말하기가 딱히 마땅치 않더란 거지요.

로또 복권에 1등 당첨을 맞아본 적이 없으니 까무러칠

만큼 극한희열도 없고, 장기간 불경기다 보니 '보너스 몇백 퍼센트' 같은 대박재미도 없이 살고 있더란 겁니다. 그렇다면 이제 남은 건 누구나 다 한번씩 겪는 일일 텐데요. 예를 들어 원하던 대학에 합격한 날, 사랑하는 연인과 결혼한 날, 첫 아이가 태어난 날 등이겠지요.

물론 그런 일상의 날들이 정말 좋았던 사람도 있을 겁니다. 하지만 아닌 경우도 많지 않겠습니까. 어떤 이에게는 마지못해 찾아낸 '그저 그런 일'일 수 있다는 이야깁니다. 기쁨이니 슬픔이니 하는 건 오로지 단 한 사람, 나 자신만이 느끼는 감정이니까요. 바꿔 말하면 남들이 별로라고 고개를 가로젓는 일에 자신은 기쁨을 느낄 수 있습니다. 반면 누구라도 엄청 기뻐할 일에 도리어 시큰둥할 수도 있고요.

사실 '제일 기쁘다'란 감정은 크기를 잴 수도, 무게를 달 수도 없습니다. 그렇다고 측정을 못할 정도는 아니지요. 적어도 스스로 분명히 알 수 있습니다. '얼마나 간절하게 원하고 얼마나 바라고 얼마나 힘들었나'를 되짚으면 되니까요.

오래전 사법고시에 합격한 두 청년이 있었답니다. 한 청년은 준비를 시작하고 첫 시도에 척 붙었습니다. 다른 한 청년은 10여 년이 걸린 진짜 '7전 8기'였습니다. 한 청년은 집안 형편도 괜찮은 데다가 머리까지 좋아 크게 어렵지 않았답니다. 하지만 다른 한 청년은 생활고를 걱정해야 하는 처지에다가 노력만큼 성과도 잘 나오지 않아 오랜 시간 고

생을 했다고 하고요.

자, 두 사람 중 누가 합격의 기쁨을 더 크게 느꼈겠습니까? 당연히 7전 8기의 청년이었겠지요. 누구보다 애절하고 누구보다 힘들게 얻어냈을 테니까요. 합격이란 결과는 똑같았을지언정 합격으로 얻은 감정의 농도는 완전히 달랐을 겁니다.

어디 사법고시뿐이겠습니까. 갖고 싶은 물건도 힘들게 구해야 귀한 것이 되고, 사랑도 어렵게 쟁취해야 값진 게 되는 법입니다. 결국 기쁨의 크기는 자신이 만들어내는 크기입니다. '가장 기뻤던' 순간에 답을 얻으려면 그 크기에 해당하는 만큼 '가장 간절한' 대가를 치러야 한다는 겁니다. 적당히 기쁘려면 적당히 하면 됩니다. 미친 듯이 기쁘려면 미친 듯이 달려들어야 할 거고요.

제가 하고 싶은 말이 바로 이겁니다. "죽을 만큼 기쁘고 싶은가? 그러면 죽을 만큼 힘들어라!" 그렇다고 인생에 채찍만 있어서야 되겠습니까. 당근도 있어야지요. "지금 하는 일이 고되고 힘들다고? 절망하지 마라. 그 대가도 커질 테니." 여기에 반전도 있습니다. "지금 하는 일이 편해서 좋은가? 앞으로 얻을 것은 별로일 거다."

좀 가혹하다 싶습니까. 그래도 어찌겠습니까. 제가 볼 땐 그것이 인생이고 그것이 정답인 듯합니다.

추억과 기억 사이

"세월은 나에게 추억을 남기고 남에게 기억을 남긴다."

 마치 어느 영화의 마지막 장면에 올린 자막 같지 않습니까. 그런데 이 문장은 제 추억 한 토막에서 시작한 것입니다. 얼추 15년 전쯤 되었을까요. 회사에 갓 입사한 신입사원, 임원 몇몇과 함께 설악산 산행을 하기로 했습니다. 목표는 대청봉 정상. 백담사 쪽에서 방향을 잡아 대청봉 밑자락에 위치한 중청대피소에서 1박을 하고 다음 날 정상을 찍은 뒤 바로 하산을 하는, 제법 난이도가 있는 1박 2일 코스였습니다.

 그날 아침 일찍 서울에서 전세버스를 타고 내려가는 중이었습니다. 함께 버스를 탄 신입사원들에게 질문을 던졌지요. "이번 산행에 왜 지원을 했지?" 그렇지 않아도 바짝

긴장한 친구들의 입이 마르는 듯했습니다. 왜 아니겠습니까. 설악산 등반도 처음인 사람이 분명 있을 텐데 게다가 회장과의 동행이라 하고요, 온갖 질문에 시달리던 면접시험까지 통과해 어렵게 입사했는데 아직 테스트가 남아 있는 건가 싶기도 할 거고요. 사실 처음부터 작정하고 던진 질문이었습니다. 젊은 친구들에게 뭔가 도움이 되는 말을 해줘야겠다는 사명감에서 말이지요.

파릇파릇한 나이였으니 각양각색의 대답이 나오겠거니 했던 제 예상은 보기 좋게 빗나갔습니다. 대부분이 "그냥 따라가는 게 좋을 것 같아 신청했습니다"라고 대답한 겁니다.

이런 대답을 듣자 살짝 실망스럽기도 하고 걱정도 되었습니다. 그래서 노파심을 좀 더 발동시켜 두 번째 질문을 했습니다. "이제 막 회사에 입사한 자네들이 수십 년을 보내고 은퇴할 때쯤 자네들의 인생에 남는 게 뭐가 있을까?" 다들 멀뚱멀뚱 상대의 표정을 훔쳐보는 눈빛에는 당황스러움이 스쳤습니다. 무리도 아니겠지요. 회사생활을 어떻게 해나갈까 꿈에 부푼 친구들에게 난데없이 은퇴 이야기를 들이밀었으니까요. 사실 그때 제가 했던 말, 작정하고 해주고 싶었던 말이 바로 이거였던 겁니다. "세월이란 나에게 추억을 남기고 남에게 기억으로 남는다."

사람은 누구나 사회적 관계 속에서 살아갈 수밖에 없습니다. 어느 자리 어느 위치에 속해 있든 말이지요. 분명한 건 시간은 흐르고 결국 혼자 죽는다는 것, 하지만 사는 동안은 누군가와 같이 있게 된다는 겁니다. 살아온 모든 순간 뒤를 돌아보면 항상 '그들'이 있습니다. 내가 지나온 시간, 내가 맺었던 관계 속에 말이지요.

나는 그들을, 또 그들은 나를 기억합니다. 시간과 공간을 함께한 우리의 추억 속에서 말이지요. 여기서 중요한 것이 있다면 '그들의 추억 속에 내가 어떤 사람으로 기억될까'이 겠지요. 편안한 사람인지 불편한 사람인지, 성실한 사람인지 게으른 사람인지, 현명한 사람인지 우둔한 사람인지, 다 다를 거란 뜻입니다.

그러니 말입니다. 우리가 오늘을 어떻게 살아야 할지가 분명해지겠지요. 타인의 기억 속에 내가 어떤 모습으로 남을지를 그려보고 생각하고 또 행동하라는 겁니다. 크게 어려운 일은 아닌 듯싶습니다. 오늘 최선을 다하면 됩니다. 그저 하루하루만 잘살면 됩니다.

여기에 한 가지 더. 추억 만드는 일을 두려워하지 말아야 합니다. 밤새워 일도 해보고 여행도 가보고 사랑도 하고 무엇이든 도전을 해봐야 추억이 될 수 있습니다. 설사 그 일이 성공하든 실패하든 말입니다.

회장과 함께하는 산행은 아무래도 불편하고, 덜컥 겁이 날 수도 있습니다. 산에 오르는 일도 힘들어 죽겠는데 행동도 편치 않고 실수할까 봐 조심스럽기도 하고요. 아마 가장 편리한 선택은 안 따라나서는 걸 겁니다. 그냥 포기해버리는 거지요. 그런데 일생을 이런 식으로 포기, 단념, 포기, 단념을 반복했다고 칩시다. '은퇴할 때쯤 인생에 남은 것'으로 건질 만한 게 있기는 할까요.

멀리 돌았지만 처음 그 자리로 되돌아갈 수 있을 듯합니다. 결국 "세월이란 건 나에게 추억을 남기지만, 타인에게 나라는 사람과 엮인 기억을 남기게" 되어 있습니다. 시간 다 보내고 돌아보니 추억 한 줄 없는 바보 같은 인생이 되지 말고, 생각 없는 행동으로 남에게 이상한 기억으로만 남지 말고요. 대신 추억은 나에게 남는 거니 많이 만들어두고, 기억은 남에게 남는 거니 늘 조심하고요.

15년 전 같은 버스를 타고 설악산으로 향했던 새내기들은 알 듯 모를 듯한 얼굴로 고개를 끄떡였습니다. 제 말뜻을 읽어냈다면 아마 지금쯤 잘살고 있을 겁니다. 그날의 대청봉 도전이 결코 헛되지 않았다는 추억을 안고서 말이지요. 물론 회장인 저를 어찌 기억하고 있을지는 별개의 문제겠지만요.

사람은 변해야 합니다

외국 출장을 갈 땐 꼭 책 한 권씩 들고 갑니다. 비서가 사서 들려주는 건데요. 한번은 김형석 전 연세대학교 교수님이 쓴 《백년을 살아보니》였습니다. 한국철학계에서 대장 격인 김 교수님은 1920년생이니 올해로 105세가 되셨습니다.

책은 단숨에 읽혔습니다. 사람이 성공하면 정말 행복해지는 건지, 뜻대로 안 되는 결혼생활과 자녀교육은 어찌해야 하는지, 돈과 출세와 명예 중 무엇을 남기고 가는 것이 맞는지, 100세를 넘긴 인생고수가 풀어놓은 내용에 금방 빠져들었습니다. 깊이 공감도 했고요, 옛날 생각도 많이 났습니다.

사실 제가 김 교수님을 안 건 20대 초반, 같은 교회를 다니면서였습니다. 당시는 대학교수님으로, 교회 장로님으로만 알았고 깊은 대화를 나눌 만한 사이도 아니었는데요. 출장길에 받은 책 덕분에 '예전 그분이 이런 분이었나' '참 훌륭한 분이구나' 새삼 감탄을 했습니다. 제 자신도 돌아보게 되었고요. '시간이고 세월이라는 게 무엇인가'를 다시 생각하게 해주었습니다.

가끔 사람들은 다른 누군가를 두고 "그 사람 좀 변했어"라고 말할 때가 있습니다. 자기 관점으로 예전과 비교해 단정하는 거지요. 십중팔구는 부정적입니다. "전에는 안 그랬는데 요즘 영 섭섭하네." "아니 내가 그렇게 잘해줬는데 그새 싹 다 잊어버리고."

그런데 가만히 듣고 있자니 이런 생각이 드는 겁니다. 사람이면 변해야지 계속 똑같은 상태라면 그거야말로 심각한 거 아닌가. 좀 억지스럽지만 우리가 다 같이 갓난아기였을 때는 똥오줌도 제대로 가리지 못했고요, 사고나 치고 다니던 철딱서니 없는 어린아이였던 적도 있었던 겁니다. 갓난아이였을 때의 '나'나, 지금의 '나'나 같은 사람 아닙니까. 시간이 지나고 교육을 받으면서 몸이 크고 이성도 갖추어 이제야 잘난 척이라도 하면서 세상의 일원으로 살 수 있게 되었지만요. 모르긴 몰라도 그사이에 '나'는 곤충이 허물을 벗듯 수없이 변해왔을 겁니다.

사실 이게 정상이지 않습니까. 시간이 흐르고 나이를 먹었는데도 여전히 그대로라면 그 사람을 도저히 멀쩡하다고 할 수 없을 겁니다. 60대가 되었는데도 10대 철부지처럼 천방지축이거나 20대 혈기로 이리 뛰고 저리 뛴다면 사고를 쳐도 참사 수준이겠지요. "나잇살이나 먹었으면 나잇값을 해야지." 뭐 이런 소리도 심심찮게 들을 거고요.

문제는 '어떻게'일 겁니다. 결국 그 나이에 맞게 생각도 행동도 '옳게' '똑바로' 바뀌어야 한다는 말입니다. 여기에 한 가지를 더 보태자면 '자신이 처한 위치나 자리에 걸맞게'가 될 겁니다.

회사로 치면 이런 거지요. 사원이 임원으로 승진했다면 사원 때와는 다른 생각과 행동을 해야 하고, 임원이 사장이 되었다면 임원 때와는 또 다른 생각과 행동을 해야 한다는 겁니다. 만약 조직의 지도자들이 바뀐 위치와 자리에 따라 잽싸게 생각을 고쳐먹고 행동을 달리하지 못한다면 무슨 일이 생길까요? 성장과 혁신이란 단어는 영원한 희망사항이 될 거고, 현상유지도 언감생심, 퇴보와 후퇴만이 일상이 될 겁니다. 망하는 지름길이지요. 개인이라고 뭐 좀 다를까요? 실패한 조직 못지않은 실패한 인생을 살게 될 게 뻔하지요.

변하는 게 나쁜 건가요? 아니지요. 그 이상입니다. 사람은 변해야 합니다. 안 변하면 '또라이'인 거고요. 또라이가 외계인이냐 하면 그렇지 않습니다. 사전을 들춰보면 "생각이 모자라고 행동이 어리석은 사람을 속되게 이르는 말"이라고 되어 있으니까요. "난 죽어도 변하지 않을 거야"라고 외치는 건 연인 간의 사랑 고백으로 족합니다. "어떻게 사랑이 변하니?" 네. 변합니다. 변하는 사람이 변하는 사랑을 하는 겁니다.

20대에 저는 돈을 벌어야 했습니다. 일은 오로지 생계를 위한 수단이었습니다. 월급을 받으려고 직장에 다녔습니다. 하지만 만족하진 못했습니다. 돈을 많이 벌고 싶었고 남들처럼 부자가 되고 싶었습니다. 그래서 사업을 시작했습니다. 죽을 만큼 힘들 때도 있었지만 다행히 사업은 날로 발전했고 돈도 꽤 벌었지요.

그런데 돈을 벌어놓고 보니 뭔가 허전했습니다. 저도 세상에 뭔가 흔적을 남기고 싶다는 욕심이 생기는 겁니다. KG는 그때 세상에 나왔습니다. 가족사가 하나둘씩 늘고, 원하던 대로 KG가 정말 세상에 흔적을 남겨주었습니다.

그렇게 시간이 얼마나 흘렀을까요. 어느 날 문득 '모두 내 교만이고 오만이었구나' 하는 생각이 들더니 점점 커져가는 겁니다. 흔적이라고 믿었지만 세상이 볼 땐 그저 잘난 척일 뿐 뭘 그리 대단한 흔적이라고 하겠습니까.

나이가 들면서 또 다른 생각이 들었습니다. 좋은 선배이고 훌륭한 어른이고 싶다는 게 그겁니다. '곽재선의 창'이란 타이틀 아래 칼럼을 쓰기 시작한 동기가 그것이고요, 그렇게 가는 길이 옳은 일이란 생각이 중요한 변화입니다.

물론 언제 또 변할지 모릅니다. 하지만 지금까지 '변화한 나'는 이렇습니다. 어떻습니까. 다큐멘터리 인생극장 '사람은 변해야 한다' 편 주인공으로도 손색이 없지 않습니까.

숙주와 기생충

여유가 생길 때면 영화를 봅니다. 영화를 볼 때마다 늘 곱씹는 습관이 있습니다. "이 감독은 뭘 주장하고 싶은 거지? 무슨 이야기를 하고 싶은 거야?" 여운이 채 가시기 전 이렇게 되짚는 재미가 쏠쏠합니다. 〈기생충〉을 봤을 때는 좀 남달랐는데 아마 다른 사람들도 그러지 않았을까 싶네요. 특별한 상을 받았다고 하니 좀 더 다른 시각으로 봐야 할 것 같았습니다.

감독이 무엇을 말하려 했는지는 어렵지 않게 느낄 수 있었습니다. 인간 세상에서 누군가 숙주에 기생해 살 때 벌어질 수 있는 상황을 극대화해 보여준 것이지요. 한쪽을 숙주로, 다른 한쪽을 기생충으로 만들고, 숙주와 기생충의 관계에서 벌어지는 모순과 갈등, 이런 걸 끄집어내고자 한 듯했습니다. 저는 그렇게 봤습니다.

그런데 영화 메시지를 곰곰이 되돌려보고 한 박자 더 나아가 보니 이런 생각이 드는 겁니다. "사람 사는 세상에서 나는 어떤 역할일까? 숙주인가, 기생충인가. 설마 기생충보다 못하지는 않겠지?"

숙주니 기생충이니, 썩 유쾌한 어감은 아닙니다. 하지만 인간 입장에서야 기생충이 불쾌한 거지, 기생충 입장에서야 뭐 좋고 나쁘고 할 게 없지 않습니까. 그저 밥줄(숙주)에 껌딱지(기생충)처럼 딱 붙어 있어야 살 수 있는 관계만 놓고 본다면 말이지요. 세상살이에는 숙주도 있고 기생충도 있는 게 당연하다 싶습니다. 밥줄인 사람도 있고 껌딱지인 사람도 있고, 밥줄인 기업도 있고 껌딱지인 기업도 있고 말이지요.

이처럼 숙주와 기생충의 관계가 꼭 부정적인 것만은 아닙니다. 누군가에게 신세를 지며 사는 건 어쩔 수 없는 '세상 이치'니까요. '한번 기생충은 영원한 기생충'이란 법도 없습니다. 한 사람, 한 기업이라도 여건에 따라 숙주 역할도 하고 기생충 역할도 합니다. 늘 뒤바뀌지요. 부모에게 기생하던 자식이 숙주인 부모가 되기도 하고요, 회사에 기생할 수밖에 없던 직원은 회사 밖에선 숙주인 고객이 되기도 합니다.

말이 난 김에 기생충에 대해 짚고 갈까요. 의학적으로 기생충은 독특한 성질을 가졌습니다. '뚱뚱한 기생충은 없다'고 합니다. 자기 분수를 지켜가며 먹기 때문이라네요. 숙주가 죽으면 자신도 죽을 거란 걸 알아서란 거지요. 빌붙어 살지언정 자기가 사는 데 반드시 필요한 숙주를 사망케 할 정도로 몰지각하진 않다는 이야깁니다.

이 배경을 알고 나니 문득 우리 사는 세상이 더 궁금해지네요. 인간의 욕심은 끝이 없어서 상대가 죽는지 사는지 헤아리지 못할 때가 제법 있으니 말입니다. 그래서 '기생충보다 못한 인간'이란 표현이 나오지 않았을까 합니다. 기생충만큼도 상황 판단을 못 한다는 뜻입니다. 우리 삶의 가장 바람직한 형태라면 아마도 누군가에게 기여하고 도움을 주는 숙주의 역할이 아닐까 하는데요. 설사 내가 그 역할을 못 한다고 해도 적어도 기생충보다 못한 사람이서는 안 되겠지요.

기업도 마찬가지입니다. 세상 속에서 숙주의 역할을 해야 합니다. 그런데 간혹 기생충보다 못한 기업도 생겨납니다. 지나치게 욕심을 부리다가 고객이란 숙주를 위험에 빠뜨리는 기업 말입니다.

결국 세상살이에 문제가 생기는 건 숙주와 기생충의 관계가 삐걱댈 때가 아닌가 합니다. 숙주가 숙주의 역할을 제대로 못 하고 기생충이 숙주의 역할을 인정하지 않을 때 말입니다. 이는 곧 숙주와 기생충의 구도가 깨지는 원인이 되고요. 그렇게 둘의 구도가 깨지면 파멸이 옵니다. 감독에게 확인하진 않았지만 영화에서도 잘 나타나지 않나요. 숙주와 기생충의 관계가 잘 유지되었을 때는 양쪽 다 럭키해 보입니다. 하지만 숙주가 기생충을 무시하고, 기생충이 균형을 깨려 한 순간 파멸이 찾아왔습니다.

사실 숙주와 기생충 모두 열심히 삽니다. 숙주는 기생충을 먹이는 역할로, 기생충은 나름의 먹이활동을 하는 역할로요. 차이가 있다면 숙주는 누군가를 위해 좀 나눌 형편이 된다는 것, 기생충은 오로지 자신의 생존에만 충실하다는 거겠지요. 그렇다고 숙주가 기생충을 위해서만 존재하는 것도 아닙니다. 숙주도 자신을 위해 삽니다. 그러다가 기생하는 대상이 생기면 기꺼이 숙주 역할로 변신하는 겁니다.

자, 숙주와 기생충 어느 쪽입니까? 당신은 숙주가 되겠습니까? 기생충이 되겠습니까? 이왕 한세상 살 바에는 기생충 역할보다 숙주 역할이 낫지 않을까요. 기생을 넘어 상생, 공생까지 내다볼 수 있으니까요. 다만 인간 세상에는 영원한 숙주도, 영원한 기생충도 없다는 사실! 그래서 관계성이 중요합니다. 내가 기생충 역할을 맡았다면 적어도 숙주에게 감사할 줄 알아야 하고요, 내가 숙주 역할을 맡았다면 통 크게 베풀 줄도 알아야 합니다. 언제 뒤바뀔지 모를 미래를 위해 보험을 미리 들어두자는 이야깁니다.

네거티브로 살겠습니까
포지티브로 살겠습니까

회사에서 젊은 친구들과 점심을 함께할 기회가 있었습니다. 식사 후에는 차 한잔하며 이런저런 세상 사는 이야기를 나누었습니다. 아무래도 미혼의 젊은 친구들에게 가장 큰 관심사는 이성과의 만남인 듯했습니다. 연애가 진행 중인 친구들은 나름대로 즐거움과 어려움을 털어놨고요, 싱글인 친구들은 혼자 지내는 아쉬움을 하소연하며 미래의 연인에 대한 기대감을 감추지 않았습니다.

그 말끝에 제가 싱글인 친구들에게 물었습니다. "그래서 어떤 상대를 원하지?" 그러자 하나같이 이렇게 대답하는 겁니다. "별것 없습니다. 아무나 괜찮아요. 저 눈 안 높아요."

정말 그럴까요? 물론 눈은 안 높을 겁니다. 그런데 그 아무나가 아무나가 아닌 게 문제입니다. "적당한 직업에, 집이나 한 칸 있으면 되고, 서울에 있는 대학을 나왔으면 뭐 오케이입니다. 부모님과 같이 살지 않는다든가 원만한 성격, 이런 건 필수니까 언급할 필요도 없고요."

결국 다 가지겠다는 이야기가 아닙니까. 이래서야 결혼은커녕 어디 단기연애라도 하겠습니까. '아무나 괜찮다'면서 '아무나는 절대 안 된다'고 딴마음을 품고 있으니까요.

정말 '아무나'가 괜찮다면 이 정도여야 합니다. 남자라면 '남자만 아니면 된다', 여자라면 '여자만 아니면 된다', 좀 더 나간다면 '결혼한 사람만 아니면 된다' '나이 차가 스무 살만 안 넘기면 된다'처럼요. 이렇게 접근한다면 세상에 연인을 못 만들 싱글은 없겠지요.

제가 볼 때 문제는 비단 사람을 고르는 눈높이가 아닌 듯합니다. 바로 세상에 접근하는 태도가 문제입니다. '내가 세상에 맞추기'가 아니라 '세상이 내게 맞춰주기'를 바라는 그 태도 말입니다. 다시 말해 내가 세상에 맞추는 '네거티브 방식'은 아예 없는 듯 제쳐두고, 세상이 내게 맞춰줬으면 하는 '포지티브 방식'으로만 덤비니 영원히 좁혀지지 않는 간격이 생긴다는 말입니다.

당장은 외로운 싱글들 처지가 걱정이지만 세상사는 일에는 '네거티브 방식'이 적잖이 필요할 듯합니다. 가장 흔하게는 직장을 고를 때라고 할 수 있겠지요. 이때 연봉은 얼마인지, 직책은 뭔지, 부서는 어떻게 구성되는지, 상사는 누구인지, 출·퇴근 시간은 어찌 되는지, 또 회사의 비전, 사장이나 회장의 성품까지 따져 입맛에 똑 떨어지는 '포지티브 방식'만 고집한다면 어디 제대로 이력서나 내볼 수 있겠습니까.

하지만 '네거티브 방식'이라면 상황은 180도로 달라집니다. '이것만 아니면 괜찮다'가 될 테니까요. 가령 '연봉이 얼마 이하만 아니라면' '밤새도록 일을 시키는 데만 아니면' '다단계 회사만 아니면' '도둑질만 시키지 않는다면' 식으로 말이지요.

어찌어찌 입사했다고 해도 마찬가지입니다. '상사나 부하직원이 이런 사람이어야 한다'는 '포지티브 방식'만 빡빡 우긴다면 따돌림당하기 딱 좋지 않겠습니까. 대신 '상사나 부하직원이 이런 사람만 아니면 된다'는 '네거티브 방식'이라면 직장생활이 순탄할 겁니다. 세상에 받아들이지 못할 사람이 없을 테니까요. 지구에 사는 60억 명 중 '포지티브 기준'의 대상자는 한 명뿐일 테고요, '네거티브 기준'이라면 59억 9,999만 9,999명이 대상이 되는데요. 게다가 말입니다. 인생 자체가 참 겸손해질 수밖에 없습니다. 상대를 존중하고 자신을 낮추는 기본기가 만들어지니까요.

그런데 왜 굳이 '네거티브 방식'이어야 하느냐고요? 세상은 사람에 맞춰 돌아가지 않기 때문에 그렇습니다. 야속하게 들리겠지만 결국 스스로 세상에 맞춰 살아야 하기 때문입니다. 그렇다고 '네거티브 방식'이 무조건 소극적으로 살아야 한다는 뜻은 절대 아닙니다. 세상을 풍요롭게 사는 또 다른 방법인 거지요. '죽었다 깨어나도 이것만은 못 하겠다'는 단 한 가지만 남겨두자는 것이고, 그런 삶이 나와 남에게 훨씬 관대하고 또 편할 수 있다는 소립니다.

'포지티브 방식'은 결국 자신의 이상과 생각, 성질에까지 맞는 완벽한 한 가지를 찾는 겁니다. 환경, 사정, 여건, 조건 등을 다 따져서요. 하지만 그 모두에 100퍼센트 들어맞는 어떤 것이 있겠습니까. 영화에나 나오는 맞춤로봇을 생산해내지 않고선 말이지요. 어차피 안 되는 일을 억지로 맞추려고 하니, 누구를 상대하든 불평·불만은 끊임없이 나올 겁니다. 그러니 현실적인 대처는 이것뿐입니다. "그래, 나쁜 놈만 아니면 되지."

그래도 '포지티브 방식'을 향한 미련이 계속 남는다면 이런 질문이 도움이 될지도 모르겠습니다. "제가 회장으로서 우리 가족사의 모든 임직원을 포지티브 방식으로 다시 고른다면 과연 몇 명이나 선택될까요?" 아마 우린 다신 못 만날지도 모릅니다. 그러니 이쯤에서 '그런 사람만 아니면 된다' 정도로 마무리하는 게 어떨까 싶네요. 여러분이나 저나 서로에게 남는 장사인 듯합니다.

당신은 어떤 사람입니까

여기 세 사람이 있습니다. '하늘의 별을 보려면 어떻게 해야 하는가'에 대해 한창 토론 중입니다. 한 사람은 "고개만 들면 별이 저절로 보이는데 뭐가 걱정이냐"고 합니다. 다른 사람은 "서울에서 별을 본 적이 있느냐"고 되묻네요. "서울에 없으면 하늘에는 별이 없는 거야"라고도 합니다. 또 다른 사람은 이렇게 말합니다. "별이 보이지 않으면 보이는 데로 찾아가면 되지. 공기 맑은 데 가보고, 사막에도 가보고, 몽골도 가보고. 정 안 되면 천문대라도 만들지."

성격도 다르고 취향도 다르겠지만 '별' 하나를 두고도 생각이 참 다릅니다. 이들 세 사람을 크게는 이렇게 분류할 수 있을 겁니다. '고개만 들면 별'이라 한 사람은 낙천적인 사람, '별 없음'이라 한 사람은 부정적인 사람, '별 앞으로 직진'이라 한 사람은 긍정적인 사람이라고요.
 과연 이들 셋 중 하늘의 별을 볼 수 있는 확률이 가장 높은 사람은 누구일까요? 이것만으로 딱 잘라 판단할 순 없겠지만 대략 어느 쪽 성향이 강하구나 정도는 가늠할 수 있을 겁니다.
 '뭘 하든 세상은 나에게 유리하게 돌아갈 거다'라고 하면 낙천적인 사람이라고 할 수 있습니다. '뭘 하든 안 될 거다'라며 어떤 꼬투리든 잡아내려 한다면 부정적인 사람이라고 할 거고요. 아마 기억들 할 겁니다. 마윈 전 알리바바 회장의 유명한 이야기, 그저 여건만 탓하며 기다리다가 끝낼 '가난한 사람들의 이유'처럼 말입니다.
 나머지 하나인 긍정적인 사람은, 제가 생각할 땐 이렇습니다. 세상의 모든 안 될 요소를 전제해놓고도 그것을 해결해보겠다고 달려드는 사람.
 기왕 이렇게 구분한 김에 다른 기준 하나 더 이야기해볼까요. 바로 '관대와 엄격'입니다. 사람들은 대개 어떤 사안이 생겼을 때 타인에 대해서는 대단히 엄격해집니다. '저건 저렇게 하면 안 되지' '저 사람은 왜 저래' 하는 식으로요. 하지만 이런 사람이 자신에게는 한없이 관대합니다. '내가 이렇게 하는 데는 이유가 있어' '나만큼 하는 사람이 있으면 나와 보라고 해' 등 온갖 명분과 실리를 다 갖다 붙이지요.

어쨌든 그저 분류일 뿐이니 좋고 나쁘고는 접어둔다고 해도 '나에게는 관대하고 남에게는 엄격한' 이런 성향이 자신에게 엄청난 손해인 것은 분명합니다. 언뜻 생각하면 나에게 관대하고 남에게 엄격한 것이 자신에게 유리할 듯 보입니다. 하지만 좀 더 파고들면 정반대라는 걸 알 수 있습니다. 남에게 엄격하기 때문에 나는 늘 화가 나 있을 수밖에 없으니까요. '세상이 왜 이 모양이지' '사람들이 이상해'라며 자신이 원하는 대로 만들어지지 않는 '탓'만 찾고 있으니까요. 반대로 '남에게 관대하고 나에게 엄격'해지면 다른 세계가 열립니다. 내 잘못이기 때문에 화를 낼 수가 없게 되고, 상대에 대한 이해심이 넓어져 훨씬 여유롭게 살 수 있으니까요.

낙천이든 부정이든 긍정이든, 또 관대와 엄격이든 물론 개인의 기질이고 개인의 문제입니다. 그런데 곰곰이 되짚어보면 회사도 다를 게 없겠다 싶습니다. 기업에도 낙천적인 생각이 있고, 부정적인 생각이 있으며, 긍정적인 생각이 있더란 겁니다.

이를테면 어떤 물건을 만들거나 서비스를 제공하고 나서 '이건 대박이 날 거야' '소비자는 항상 우리 편'이라며 낙천적인 기대에 부풀기도 하고요, 또 '투자비가 많이 들었네' '안 팔리면 어쩔래'라면서 부정적인 전망을 내놓기도 합니다. 반면 '문제는 있지만 헤쳐나갈 수 있다'는 긍정적인 자세로 일을 끌어가기도 합니다. 이 셋 중 과연 어느 쪽이 기업을 성장시키고 발전시키겠습니까?

'관대와 엄격'도 마찬가지입니다. 한 기업이 만든 제품이 팔리지 않고 사업이 제대로 되지 않는다는 것은 십중팔구 그 기업이 스스로 관대해졌기 때문일 겁니다. 그런 기업에 대해 고객은 보다 엄격한 잣대를 들이댈 거고요. 시장에서 수많은 경쟁사를 판단해야 하는 고객 입장에서는 당연한 일입니다.

역시 반대로 기업이 스스로 엄격해진다면 전혀 다른 결과가 만들어질 겁니다. 좀 더 좋은 품질의 제품을 생산하려 하고 좀 더 좋은 서비스를 고안하게 될 테니까요. 그런 기업을 보는 고객은 관대해집니다. 바로 그 고객의 관대함이 기업의 성장을 담보하는 것입니다.

결국 개인이나 기업이나 삶을 사는 건 똑같다는 게 제 판단입니다. 밑도 끝도 없는 낙천이나 통로 없는 부정보다는 문제가 있으나 해결을 찾아내겠다는 긍정적인 사고가 보다 나은 미래를 만든다는 점에서 말입니다. 또 나에게 좀 더 엄격하고 남에게 좀 더 관대한 마음과 행동이 나 자신과 우리의 행복에 한 걸음 더 다가서게 할 것이고요.

세상살이에서 '별 보기'가 늘 가능할 수는 없습니다. 사막으로, 몽골로 떠난다고 해도 막상 구름이 가리고 있다면요. 내가 구름을 제거할 순 없겠지요. 그래서 '준비'가 필요한 겁니다. 언젠가 바람이 구름을 밀어버리는 그때를 노리는 거지요. 때가 되면 별 보는 것에 만족하지 않고 별을 따라 나서는 도전까지 시도할지 모릅니다. 물론 아무나 할 수 있는 일은 아닙니다. '준비'와 '도전'은 삶에 긍정적이고 자신에 엄격한 사람에게만 쥐어지는 강력한 무기니까요.

인생은 결정의 산물입니다

회사에 다니는 모든 직장인이 매일매일 시달리는 가장 큰 고민은 무엇일까요? 연봉? 내집 마련? 자녀교육? 결혼? 재테크? 천만에요. "오늘 점심은 뭘 먹지?"입니다. 다들 엄청난 고민을 짊어지고 있는 것 같지만 당장 오늘 선택할 점심 메뉴가 제일 걱정이란 이야깁니다. 실없는 농담처럼 들리십니까? 아닙니다. 진짜입니다. 우리가 회사생활을 하면서 매일 하루에 한 번 이상씩 반드시, 빠짐없이, 집요하게 묻고 답했던 질문이 "오늘 뭐 먹을까?"였으니까요. 회사생활뿐만 아니라 어쩌면 인생을 통틀어서도 가장 자주 쓰고 가장 흔하게 들었던 말이 아닐까 싶습니다.

그런데 말이지요. "괴로워하고 애를 태움"이란 뜻을 가진 '고민'이란 단어가 그렇듯, 문제는 질문이 아니라 답입니다.

괴로워하고 애를 태운 다음에 얻어야 하는 '결정' 말입니다. 하다못해 메뉴 문제도 그렇습니다. 어쩌다가 배달음식 앱에라도 들어가 보면 수백 가지 종류의 음식이 선택을 기다리고 있지 않습니까.

많으면 쉬워질 줄 알았는데 전혀 그렇지 않습니다. 둘 중 하나를 고르든 수백 가지 중 하나를 고르든 결정은 늘 어렵습니다. 게다가 세상에는 뭐 그리 결정할 게 많은지요. 그러니 인생이 늘 고민의 연속일 수밖에요. 오죽하면 '결정장애'란 말이 친근하게 느껴질까요.

새해를 맞고 새달을 맞으면 우리는 큰 결심을 하기도 하고 큰 결정을 하기도 합니다. 하지만 사실은 매일매일 결심과 결정을 하면서 사는 겁니다. 소소하게는 '뭘 먹을까'부터 크게는 '뭘 하며 살까', 그 중간에는 '이 사람과 한평생 같이 살아도 될까'도 있습니다. 한마디로 '요람에서 무덤까지' 모든 것이 결정의 산물인 겁니다.

내가 '먹자'고 결정해 섭취한 음식이 내 몸을 만들고요, 내가 '뛰자'고 결정해 시작한 운동이 내 건강을 좌우합니다. 내가 '하자' 해서 파고든 공부가 내 출신학교를 정했고, 내가 '걷자' 해서 선택한 배우자가 내 행복을 들었다 놨다 합니다. 결국 스스로 한 행동이 세상 속에서 나라는 사람의 위치와 평가를 만들었다고 할 수 있는 겁니다.

'도저히 어쩔 수 없었다'란 말은 여기선 '비겁한 변명'일

뿐입니다. 지금의 나는 온전히 내 결정으로 만들어진 나일 수밖에 없으니까요. 주위를 잠깐만 돌아봐도 온갖 흔적이 보입니다. 배에 초콜릿 복근을 새기고 다니는 나도, 수박 하나 달고 다니는 나도, 일마다 성과를 내는 나도, 크고 작은 실수로 지적받는 나도 따지고 보면 모두 매일, 매시간 나 스스로 결정해 만들어낸 기가 막힌 '창조물'이니까요.

이렇듯 모든 걸 스스로 결정하고 행동하며 사는 데도 말이지요. 지금 처한 상황이 불만스러울 때는 늘 '다른 영향' 탓을 하면서 애써 회피해버리는 경향이 있습니다. 담배 한 대 피우는 일도, 동네 한 바퀴를 도는 산책도, 타인과의 한마디 대화도, 하다못해 '딱 한잔했으니 운전해도 괜찮겠지' 하는 결정도 내가 합니다. 그 결정이 내 인생을 서서히 또는 순식간에 바꿔버립니다. 그러니 지금 이 순간 내 결정이 결국 내 운명까지 결정한다고 할 수밖에요.

장면을 바꿔볼까요. 골프를 치다 보면 말입니다. 샷을 하거나 퍼팅을 한 결과가 엉망으로 나왔을 때 아마추어들이 공통적으로 보이는 반응이 있습니다. 세 가지쯤으로 정리가 되는데요.

하나는 '석가모니 형'입니다. 온갖 이유가 다 나옵니다. 어제 술을 많이 했네, 날씨가 안 좋네, 요즘 회사 일이 잘 안 풀리더니, 이 골프장 사장이 바뀌었나 등. '골프 문제는 백팔번뇌' 딱 그거지요. 108가지 이유가 대기 중입니다.

두 번째는 '돈키호테 형'입니다. 일단 이번 샷은 운이 없었다고 우깁니다. 다음 샷은 프로처럼 잘 칠 수 있으니 두고 보라고도 하고요. 확실한 정황이나 근거가 있는 건 아닙니다. 그저 우리에게 이 사람은 지난번에도 그랬으니 앞으로도 계속 그러리란 믿음만 남길 뿐이지요.

세 번째는 '에디슨 형'입니다. 왜 이런 샷이 나왔는지, 퍼팅에선 뭐가 잘못되었는지, 자신의 어떤 동작이 이런 결과를 만들어냈는지, 실수라면 어디서 삐끗한 건지, 면밀히 분석하고 점검합니다.

이 세 가지 타입 중 과연 앞으로 누가 골프를 더 잘 칠 수 있게 될까요? 다들 어렵지 않게 짐작할 수 있을 겁니다. 그렇다면 당신은 석가모니, 돈키호테, 에디슨 형님들 중 어느 형님과 가까워지고 싶습니까? 아마 신중하게 선택해야 할 겁니다. 이 또한 당신을 만드는 당신의 결정이니까요.

차선이 때론 최선보다 나을 수 있습니다

살다 보니까 알게 되었습니다. 우리가 다 어리석다는 것을요. 그렇게 바보같이들 사는 걸 보니 웃음도 나고…….

제 이야기가 아닙니다. 가수 나훈아가 〈공〉이란 노래 속에 풀어놓는 넋두리입니다. 우연히 이 노래를 듣고 전 제대로 '꽂혔'습니다. 구구절절 참 맞는 말이다 싶어섭니다.

곰곰이 생각해보니 우리는 정말 그렇게 살아왔던 것 같습니다. 뭐든지 최선의 선택을 하려 몸부림을 쳤고, 최선의 결과를 얻으려 안달을 부리면서 말이지요. 하지만 지나 보니 어떻던가요. 최선이라고 선택한 것이 정말 최선의 결과를 가져다주었나요? 최선을 선택하지 못했는데도 최선의 결과를 가져다준 적은 없습니까?

남 이야기하듯 에두를 것도 없겠다 싶습니다. 지난 세월을 돌이켜보면 제가 그랬으니까요. 10대 시절 고등학교 진학 문제로 고민할 때부터라고 해야 할 겁니다. 어려운 가정 형편 때문에 상업고등학교에 진학할 수밖에 없었는데요. 당시 어린 제가 선택하고 싶었던 최선은 아마 인문계 고등학교였을 겁니다.

그때 만약 집안 사정이 좀 여유로워서 인문계 고등학교에 진학하고, 또 무난하게 연이어 대학까지 다닐 수 있었다면 지금 제 위치는 어땠을까. 아마 그랬다면 지금 제 인생에는 다른 장면이 펼쳐지고 있을 거란 생각이 듭니다. 평탄하게 취직해 직장생활을 했을 거고요, 이젠 현역에서 은퇴해 '뭐 좀 할 일이 없나?' 하며 여기저기 기웃거리고 있지 않을까 싶기도 합니다.

건설회사를 경영하며 늘 대기업 하청업을 해야 했던 그때 느낀 비애감이 중대한 계기였습니다. 결국 그 설움을 극복하는 최선의 방법 대신 건설업과는 완전히 다른 업종에 뛰어드는 무모함을 선택했습니다. 직장생활을 하며 다닌 대학도 그랬습니다. 일에 도움이 될 만한 공부를 하고 싶었지만 결정적으로 성적이 모자랐고요. 그래서 원치 않은 학과를 선택해 졸업했습니다. 하지만 그때에는 마뜩잖았던 이 선택들이 훗날 여러 업종의 일을 하는 데 결정적으로 도움을 주었습니다.

돌아보면 제가 살아오면서 선택한 것들은 자의든 타의

든 최선이고 싶었으나 최선이지 못한 것이 많았습니다. 한마디로 '차선'을 선택한 셈이지요. 그런데 어떤가요. 결과적으로 그 차선들이 오늘의 KG그룹을 있게 한 바탕이 된 것만은 틀림이 없지 않습니까.

살면서 어찌 다 좋을 수가 있겠습니까. 그런데 그 좋지 않은 일들이 인생의 길목 길목에 등장해 물귀신처럼 우릴 붙잡고 있나요? 그렇지 않습니다. 비록 당시는 어쩔 수 없는, 원치 않은 선택이었지만 썩 괜찮은 결과를 만드는 경우가 적지 않다는 이야깁니다. 저는 제 사례가 '특별한 케이스'였다고 생각하지 않습니다.

옛이야기 한 토막으로 분위기 한번 바꿔보겠습니다. 고려 말에 지어진 〈차마설借馬說〉이란 글이 있습니다. 고려 왕조의 마지막을 지켰던 목은 이색의 아버지 이곡이 쓴 글인데요. '말을 빌려 탄 이야기'란 뜻입니다. 그 내용을 현대식으로 풀어보면 이렇습니다.

요즘 차를 렌트하는 데 돈이 들듯이 옛날에는 말을 빌리려면 돈을 내야 했겠지요. 돈이 모자라 비실비실한 하등급 말을 빌려 탔다면 불편한 점이 한두 가지가 아닐 겁니다. 빨리 달리는 건 포기해야 하고요, 빨리도 못 가면서 어디 걸려 넘어지기라도 할까 걱정까지 끼칩니다. 비탈길을 오르내리거나 물이라도 건너야 할 땐 뛰어내려 '말을 모시고' 가야 할 거고요. 그런데 비실비실한 말이 꼭 나쁜 것만은 아닙니다. 말에서 떨어져 다칠 수 있는 낙상사고의 위험은 최소한 없을 테니까요.

반면 여윳돈이 있어 쌩쌩한 상등급 말을 빌려 타면 어떨까요? 길 떠나는 맛이 날 겁니다. 일단 빠르고요. 힘이 좋아 비탈이든 물이든 잘 뛰어다닐 테니 내 발에 흙 묻힐 일은 거의 없을 겁니다. 하지만 과속은 사고를 부르는 법 아닙니까. 속도를 즐기다가 말에서 떨어져 다치고 부러지는 낙상사고의 위험은 몇 배로 커질 겁니다.

이곡이 〈차마설〉을 쓴 것은 이런 말을 하고 싶어서였다고 합니다. '말을 빌려 타며' 겪은 평범한 일상사를 통해 이리저리 옮겨 다니는 사람의 마음을 지적하려고요. 나아가 권세든 돈이든 사람의 소유물은 모두 남에게서 빌린 것인데 마치 처음부터 자기 것인 양 행동하며 반성도 안 하는 세태를 꼬집으려고요.

하지만 저는 이 글에서 또 다른 '경계'의 뜻을 봤습니다. '좋은 게 좋은 것만은 아니고 나쁜 게 나쁜 것만은 아니다'라는 것을요. 그러니 경거망동하지 말고, 까불지도 말고, 좌절하지도 말라고요.

신들이 사는 세상이 아닙니다. 사람들이 사는 세상입니다. 어찌 내 뜻대로, 내 마음대로, 내가 원하는 대로 다하며 살 수 있겠습니까. 비록 내가 바라던 최선은 아니어도 차선을 선택하고 그 과정을 참고 기다린다면 차선이 최선의 결과를 뚝 떨어뜨리기도 합니다. 이것은 제 경험이기도 하고, 제 믿음이기도 합니다. 게다가 행복이 반드시 보이는 데만 있는 것도 아니지 않습니까.

스트레스는 어떤 모양입니까

"회장님은 스트레스를 잘 안 받는 분인가 봐요."

뜬금없이 스트레스가 화두로 떠오른 건 친한 후배와 모처럼 만난 자리에서였습니다. 그 후배 역시 중견그룹의 CEO로 열심히 기업경영을 하고 있습니다. 이날 후배는 이러저러한 대화 중 슬쩍 '회장님 스트레스'를 빙자해 자신의 처지를 털어놓고 싶었나 봅니다.

"기업의 규모로 보나 업종의 다양성으로 보나 회장님은 저보다 훨씬 크고 복잡한 경영을 하시는데도 전혀 스트레스가 없는 것처럼 보이네요. 저는 이것저것 스트레스를 너무 많이 받고 있습니다."

우아하게 포장했지만 요지는 이겁니다. '기업이 커지면 신경 쓸 일도 늘어나 당연히 압박이 심할 텐데 어째 매번

스트레스 1도 안 받는 얼굴이니 불공평한 것 아닌가.'

심중을 파악했으니 잠시 동조하는 태도가 필요하겠지요. 바로 후배에게 이런 질문을 던졌습니다. "네가 받는 스트레스라는 게 어떻게 생겼지? 어떤 모양이야? 동그란가, 네모난가? 빨간색인가, 노란색인가?"

절반은 농담이고 억지스럽기까지 했지만 이렇게 되물은 데는 이유가 있습니다. 언제부턴가 우리는 입버릇처럼 쉼 없이 '스트레스'란 말을 쓰고 있습니다. 그런데 그 스트레스란 게 도대체 뭔지 이번 기회에 되짚어보자는 의도가 있었던 겁니다.

오늘도 여러분은 많은 일을 했고, 많은 일을 겪고 있습니다. 아침에 잠에서 깬 이후 꽉 막히는 도로를 뚫고 회사에 출근하면서부터 벌어진 모든 일 말입니다. 속 썩이는 거래처, 말 안 듣는 부하직원, 산처럼 쌓인 보고서, 여기에 중간중간 남친이 여친이, 남편이 아내가 휴대전화를 울려댑니다. 과연 그중에서 제가 의도한 대로 술술 풀린 일이 얼마나 되었던가요.

맞습니다. 세상일은 제 뜻대로 안 됩니다. 그게 정상입니다. 어쩌다가 기분 좋게 착착 진행되었다면 그날은 일기라도 쓰고 싶은 '기념일'이 될 겁니다. 그런데 늘 제멋대로인 수많은 일을 겪을 때마다 다들 입을 모아 외치는 말이 있지요. "아, 스트레스!" 지극히 정상적인 일상이 물 흐르듯 흐르고 있을 뿐인데 말이지요. 게다가 핵심은 이것입니다. '참 내 맘대로 안 풀리네.' 이 모두를 종합하면 스트레스의 정의가 나옵니다. '내 맘대로 되지 않는 일에 몸과 정신이 심하게 열 받는 일.' 여기서 포인트는 '열 받는'이 아니라 '내 맘대로'일 겁니다.

여기까지 생각이 미치자 문득 이런 판단이 생겼습니다. 과연 이것이 정당한 스트레스의 요건이 될 수 있을까. '내 맘대로 안 돼 스트레스가 생긴다'는 것은 스스로 만든 억지 공식이 아닐까. 스트레스는 결국 안 되는 일의 자기합리화 혹은 자기 위로가 아닐까. 아니라면 내 행동을 변명하기 위한 모면책이거나 정당화하기 위한 도구이든지.

내가 바라는 모양대로 절대 나오지 않는 그것이 바로 세상일입니다. 기독교인인 제가 할 소리는 아니지만 하나님도 그랬던 거 아닙니까. 인간들이 얼마나 뜻대로 안 되었으면 애지중지한 외아들 예수를 보내 어떻게 인간을 좀 구원해볼까 결심까지 했을까 말입니다. 그러니 만약 '내가 원하는 대로 잘만 풀리더라'고 말하는 사람이 있다면 우린 '그분'을 하나님의 선배로 모셔야 할 겁니다.

인정하라는 이야깁니다. 세상은 내가 원하는 대로 돌아가지 않는다는 것을요. 그렇게 인정을 하고 나면 어떤 일이 벌어질까요? 원하는 게 줄어듭니다. 원하는 게 줄어들면? 뜻대로 되지 않아 생기는 불만이 줄어들 거고요. 불만이 줄어들면? 친구 부르듯 스트레스를 불러대던 입버릇도 사라질 겁니다.

이쯤에서 득달같이 나올 질문이 있을 법한데요. "개인차는 어쩝니까? 사람마다 '안 되는 일'을 받아들이는 강도가 다를 텐데요." 아마 그럴 겁니다. 열 대를 맞고 끄떡없는 사람도 있지만 한 대를 맞고 기절하는 사람도 있으니까요.

자극과 반응 사이에는 간극이 있다고 합니다. 자극은 타인에게서 나오고, 반응은 나 자신에게서 나오기 때문입니다. 그러니 똑같은 자극을 가해도 반응은 사람마다 다를 수밖에요.

물론 몸에 생기는 반응과 정신에 생기는 반응을 동일선상에 놓고 볼 수는 없을 겁니다. 문제는 몸과 정신이 아니라 나 스스로 통제할 수 있느냐 없느냐에 있다는 말입니다. 그렇다면 어떤 해결책이 있을까요? 밖에서 가해지는 자극은 누구도 어쩔 재간이 없으니 안에서 만들어지는 내 반응을 변화시키는 겁니다. 자극을 해석하는 방식을 바꿀 수도 있고, 자극을 바라보는 관점을 바꿀 수도 있습니다. 하지만 무엇보다 스트레스를 받겠다고 만반의 준비를 하고 있는 자세부터 뜯어고치는 게 최우선일 겁니다.

스트레스 퇴치법? 그런 건 없습니다. 당신의 선택만 있을 뿐입니다. "다신 만나지 말자"고 하며 깔끔하게 결별을 하든, "그대 없이는 못 산다"고 하며 죽자고 매달리든 둘 중 하나를 스트레스 없이 편하게 고르면 됩니다.

망각과 고통은 신의 선물

신이 인간에게 참 이것저것 많이 안겼습니다만, 제가 생각할 때 진짜 선물은 따로 있습니다. '어떤 사실을 잊어버릴 수 있는' 망각, '괴로움이나 아픔을 느낄 수 있는' 고통을 동시에 준 것입니다. 이 말에 흥분하는 사람이 있을지도 모르겠습니다. "무슨 궤변이십니까? 저는 오늘도 뒤돌아서면 홀랑 잊어버리는 고장 난 기억력 때문에 충분히 힘든데, 선물이라니요?"

정말 그럴까요. 망각과 고통이 없다면 사람의 수명이 10퍼센트 이상 줄어들 수도 있었습니다. 그러니 선물이 아니라면 달리 뭘 선물이라 할 수 있을까요.

사람이 살다 보면 짜증 나는 일, 후회되는 일을 어쩔 수 없이 겪게 마련입니다. 미치고 팔짝 뛸 지경이라고 괴로워하지만 얼마 지나지 않아 또 말짱하게 돌아옵니다. 과연 그 사람이 문제를 훌륭하게 해결해서일까요? 아닙니다. 망각했기 때문입니다. 만약 어떤 것도 잊지 못하고 세세한 것까지 모조리 마음에 담아두었다면 그 사람은 아마 슬픈 결말을 맞게 될 겁니다. 머리가 터져 죽거나 심장이 터져 죽거나. 그러니 오늘도 무사히 일상을 보내고 있는 것은 탁월한 망각의 기능 덕분입니다.

고통도 다르지 않습니다. 흔히 고통은 몸이나 마음에 통증이 생기는 것을 말합니다. 불에 손을 대면 뜨거운 고통을, 영하 20도쯤 되는 날씨에는 살을 에는 듯한 고통을 겪습니다. 아픔으로만 끝나지 않고 생명 유지에도 막대한 영향을 미칩니다. 그러니 인간이 고통을 모른다면 오래 사는 일은 애초에 불가능하겠지요. 병원이나 의사도 필요가 없어질 테고요.

망각이나 고통을 단순히 개인의 본능이나 감각에 관련된 문제로만 볼 것도 아닙니다. 인간사회 전체의 성장과 발전을 좌우하기도 하니까요. 특히 고통이 그렇지 않습니까. 세상의 모든 발명이 나를 괴롭히던 불편함을 해결하자는 데서 나왔다는 논리로 보자면 말이지요.

따지고 보면 기업의 성장과 발전도 별반 다르지 않습니다. 고객의 고통을 얼마나 잽싸게 해결하고 얼마나 드라마틱하게 제거하느냐에 따라 한 회사의 성패가 갈리지 않습니까. 물론 고객을 대신해 직원이 더 고통스러워지기도 합니다. 그래서 반쯤 농담으로 '연봉=고통 수당'이라고 말할 수도 있는 겁니다. 고객 대신 고통을 감내한 대가가 주어지지 않는다면 어느 직원이 더 열심히 일하려 들겠습니까. 결국 기업이든 개인이든 성장의 절반은 고통이 담당하는 셈입니다.

멀리 갈 것도 없습니다. 우리 KG그룹 가족사만 봐도 그렇습니다. 예전에 다들 조금씩은 아팠던 부분을 가지고 있습니다. 그 위에 점차 굳은살이 박이면서 아픈 만큼 성숙해지는 법을 터득하게 되었습니다.

그런데 이처럼 엄청난 선물인 고통을 어떻게든 '피해야 할 대상'으로만 여깁니다. 고통이 다가올수록 불행해진다고 철석같이 믿고 있는 거지요. 제 생각은 정반대입니다. 고통은 불행의 조짐이 아니라 행복의 조건이라고 봅니다. '괴롭다' '불편하다' '힘들다' '아프다' 등의 시그널이 켜졌다는 것은 '내가 좀 더 나은 사람이 될 수 있는 기회가 찾아왔다'는 신호로 읽어야 한다는 뜻입니다.

제 개인사가 그랬습니다. 어린 시절 어려운 가정환경 속에서 오로지 살길을 찾으려다 보니 고안이 늘어났고 시도가 다양해졌습니다. 그리 뛰어난 머리가 아니었음에도 이 정도의 성과라도 낼 수 있었던 건 딱 하나, '고통의 시그널'을 놓치지 않았기 때문일 겁니다.

'성장과 발전'에는 망각도 한몫합니다. 간혹 우리 주위에는 억울했던 일, 상처받은 일, 분노했던 일 등을 오래도록 가슴에 담아두고 사는 사람들이 있습니다. 여건만 마련되면 그 한풀이를 때마다 드라마 주제가처럼 읊어대곤 하지요. 그런데 그들 중에 과연 '잘나가는 사람'이 몇이나 있던가요? 아마 거의 못 봤을 겁니다. 가만히 관찰해보면 그 이유가 금방 드러납니다. 유달리 무능해서일까요? 아닙니다. 억세게 운이 나빠서일까요? 그것도 아닙니다. 자꾸 되뇌기 때문입니다. 안 되는 일이 더 안 될 때까지 입과 마음에 계속 매달고 징징대고 있기 때문입니다. 망각을 못하는 겁니다.

이런 예라면 이해가 좀 더 쉬울 겁니다. 가령 죽고 못 산다고 했던 연애가 깨졌다고 합시다. 울고불고 난리가 납니다. 모질게 다짐도 합니다. "다신 연애를 하지 않을 거야. 내 인생에 더 이상 사랑은 없어!" 이 비련의 스토리는 결말이 어찌 났을까요? 오래 지나지 않아 희희낙락하는 얼굴이 보입니다. "진정한 사랑을 이제야 찾았다"고도 합니다. 맞습니다. 망각 덕분입니다. 그래서 역사는 반복됩니다. 연애도 반복되고요.

망각도 고통도 신이 인간에게 준 '깜짝 선물'입니다. 다만 선물을 능력으로 키우는 것은 신이 할 수 없는 일입니다. 인간만이 할 수 있습니다. 그러니 일단 포장부터 뜯어봐야겠지요. 아직도 망설이고 있습니까? 오늘이라도 즐거운 마음으로 상자를 열어보십시오. 아마 전혀 다른 세상이 열릴 겁니다.

세 가지 나이

세상에서 가장 무거운 게 무엇일까요? 바로 눈꺼풀입니다. 그러면 세상에서 가장 빠른 것은요? 시간입니다.

물론 모든 사람과 모든 상황에 딱 떨어지는 '정답'은 아닙니다. 눈꺼풀도 들어 올릴 울트라파워맨이 있을 테고, 시간도 어느 하루는 천년만년처럼 느껴질 때가 있을 테지요. 특히 시간은 말입니다. 사람이 겪는 세월에 따라 체감속도가 달라지기도 합니다. 10대에는 1년이 시속 10킬로미터의 속도로 지나갑니다. 30대에는 시속 30~40킬로미터쯤 되겠지요. 80대가 되면 거의 시속 80킬로미터로 날아갑니다. 그래서 젊은이들의 불평은 "왜 이리 시간이 안 가냐"고, 어르신들의 불평은 "왜 이리 세월이 빠르냐"가 되는 겁니다.

하지만 10대든 30대든 80대든 공통점이 하나 있는데 지난 시간을 되돌아보니 그 속도가 가히 '광속' 수준이란 겁니다. 바로 엊그제 같은데 한 달이 지났고, 지난해쯤이려니 했는데 5년, 10년 전 일이더란 거지요.

점점 빨리 가는 시간과 연관된 것으로 새해만 되면 많이들 하는 푸념이 있습니다. "한 살 또 먹었네"입니다. 설까지 쇠고 나면 '빼박'이라고도 합니다. 어쩔 수 없이 새 나이를 인정하고 살아야 한다는 거겠지요.

다만 문제는 이겁니다. 다들 똑같이 한 살씩 나눠 가진 그 나이를 두고 세상의 평가가 달라진다는 거지요. 아직 쌩쌩하다는 둥, 이젠 한물갔다는 둥. 왜 이런 '문제'가 생기게 되었을까요?

그걸 따져보려면 '세 가지 나이'에 대한 이해가 필요합니다. 하나는 '행정적 나이'고, 다른 하나는 '신체적 나이'며, 마지막 하나는 '정신적 나이'입니다.

'행정적 나이'는 국가가 편의상 순시를 정하기 위해 만들어둔 겁니다. 태어난 차례대로 숫자를 매겨 줄을 세운 것이지요. 그 숫자라는 건 주민등록증 같은 행정적인 증빙 외에 우리 자신을 설명할 수 있는 게 아무것도 없습니다. 빠른 번호부터 죽음을 맞는 것도 아니고, 그만큼 물질적 풍요가 생기는 것도 아니니까요. 가끔 "민증 까볼래?" 하는 행위 덕에 인간세계의 위계서열이 만들어지긴 하지만요.

'신체적 나이'는 내 몸의 상태를 알려준다는 점에서 중요합니다. 최근 병원에 들러봤으면 알 겁니다. 여러 검사를 통해 '혈관나이' '심장나이' '뇌나이' 등 새로운 나이를 만들어줍니다. 그걸 보면 행정적 나이 '몇 살'과 신체적 나이 '몇 살'이 매치가 안 되는 경우가 허다합니다.

실제로 행정적 나이가 40세인 사람이 신체적 나이는 60세를 넘길 수도 있고, 행정적 나이가 70대인 사람이 신체적 나이는 50대일 수도 있습니다. 신체적 나이가 특별한 건 바로 그 사람의 노력 여하에 따라 달라질 수 있기 때문인데요. 평생의 건강은 물론 수명과도 직결되는 문제니까요.

'정신적 나이'는 사실 냉정하게 '몇 살'로 측정할 수 없어 평가하긴 어렵습니다. 대신 상대적인 비교를 통해 가늠할 순 있습니다. 행정적 나이가 아무리 많다고 해도 그 사람이 가진 열정이나 생각·태도가 젊은 세대와 비슷하다면 정신적 나이는 '젊다'라고 할 수 있는 거지요. 반대로 행정적 나이는 적지만 도전의식도 없고 패기도 용기도 없다면 그 사람은 이미 정신적으로 노쇠했다고 할 수 있습니다.

그렇다면 이 '세 가지 나이' 중 가장 중요한 나이는 어느 것일까요? 제 답은 정신적 나이입니다. 물론 신체적 나이라고 대답할 사람도 있을 겁니다. 핵심은 정작 그 중요한 두 나이는 빼놓고 아무 의미 없는 행정적 나이에 매여 살고들 있으니 참 아이러니하다는 겁니다.

저는 정신적 나이가 호기심에 정비례한다고 봅니다. 제

가 말하는 호기심은 타인에 대한 관심보다 지식 혹은 사물에 대한 관심을 말합니다. 가령 갓난아이의 호기심은 대단합니다. 사물에 대한 판단이 어려우니 무조건 입에 넣어 확인하려 들지요. 청년이 되면 그 호기심은 세상에 대한 궁금증으로 이어집니다. 별게 다 궁금해져서 가끔 돌발행동으로 이어지기도 하지요. 중·장년이 되면 만사가 다 귀찮아집니다. 호기심은커녕 궁금한 것 역시 싹 사라지는 신기한 경험을 하게 됩니다. 바로 그때 '내가 노쇠했구나'라고 느끼게 되는 겁니다.

우리가 "저 사람 참 젊네"라고 할 때는 주민등록상 숫자에 불과한 행정적 나이를 말하는 게 아닙니다. 신체적으로 혹은 정신적으로 젊다는 이야기를 하는 겁니다. 그러니 내가 얼마나 젊은지 알고 싶으면 출생연도는 그만 따지고 운동을 얼마나 규칙적으로 하는지, 호기심은 얼마나 자주 발동하는지를 살펴보라는 겁니다.

왜 사람들은 '세 가지 나이' 중 가장 쓸데없는 행정적 나이에 집착하는 걸까요. '해가 바뀌면 한 살 더 먹는다'는 것은 진짜 행정 논리일 뿐인데요. 그러니 달력을 한 장씩 넘길 때마다 바뀌어야 하는 건 숫자가 아닌 생각이어야 합니다. 아예 달력을 거꾸로 넘겨보면 어떨까요. 몸 관리를 잘하고 호기심을 키워 달력을 거꾸로 넘길 '생각', 그게 어렵다면 달력을 멈추게 할 '생각'도 해보는 겁니다.

여기에 꿀팁 하나를 보태볼까요. 이제껏 살면서 가장 좋았던 어느 해를 기억해내는 겁니다. 그리고 그 연도에 나를 고정하는 겁니다. 만약 2000년이 가장 좋았다면 오늘부터 죽는 날까지 그 2000년을 사는 겁니다. 딱히 좋았던 연도가 떠오르지 않는다면 올해를 바로 그해로 만들어가면 됩니다.

당신의 나이는 몇 살입니까? 아니 당신이 원하는 나이는 몇 살입니까? 그 새로운 나이를 이제부터 다시 세는 겁니다. 오늘이 '1일'입니다.

우리는 그저 보통사람입니다

"저는 보통사람입니다!"

2021년 타계한 노태우 전 대통령이 대선운동 당시 걸고 나온 캐치프레이즈입니다. 당시 '보통사람'이란 말이 어쩌다가 대선에 떠오르게 되었을까요?

처음 들었을 땐 혹하기도 했을 겁니다. 대선에 출마한 대통령 후보를 두고 어느 누구도 보통사람이라고 여기진 않았을 테니까요. 그런데 곰곰이 생각해보니 그 속에는 '보통이 넘는' 의미가 담겨 있었습니다. 원래는 보통사람이 아닌데 선거전략 상 보통사람으로 포장을 하고 보통사람에게 맞추겠다고 했던 의도가 아닌가 싶은 거지요.

이런 의문도 생깁니다. 왜 굳이 '보통사람'이란 단어를 특별하게 밀어붙였을까? 보통사람이라면 그저 무난한 사고 방식과 평범한 생활방식을 가진 일반적인 사람을 말할 텐데요. 따지고 보면 지구상 모든 사람이 다 그렇습니다. 특별하기보단 보통인 사람들이 대부분이지요. 굳이 말로 꺼내놓지 않았을 뿐이지 자신이 보통사람이라고 생각하는 사람이 절대다수일 겁니다. 그런데 여기서 모순점이 하나 보입니다. 왜 사람들은 자신을 보통사람이라고 생각하면서도 행동이나 마음가짐은 대단히 특별한 사람처럼 구는가 하는 겁니다.

운전 중에 신호 위반으로 교통경찰에게 딱 걸렸다고 칩시다. 어떤 현상이 벌어질까요? "아이고 잘못했습니다, 어서 딱지 떼십시오"라고 말하는 사람은 거의 없을 겁니다. 아마 구구절절한 '특별한' 변명이 이어질 텐데요. "어머님이 편찮으셔서 급히 병원에 가느라고요." "집에 중차대한 일이 생겨 빨리 가야 했습니다"처럼요.

또 회사에 큰 문제가 터져 모든 직원이 야근에다가 철야까지 해야 한다고 칩시다. 아마 모두가 순순히 협조하지는 않을 겁니다. 분명 '특별한' 사람이 나타납니다. "당연히 해야지요. 그런데 어쩌나. 하필 아이가 아프다고 하네요."

결론적으로 '나에게는 특별한 이유가 있으며 그래서 나는 예외입니다'라는 겁니다. 이 상황을 한마디로 정리하면 '내로남불'입니다. 내로남불이 생기는 원천은 바로 '나는 특별해'라는 생각에 있지 않겠습니까. 거기서 많이 낮춰봤자

'나 정도는 괜찮겠지'일 거고요. 그래서 "너는 응당 그렇게 하는 게 맞지만, 내가 하는 건 좀 그렇지 않아?"라는 말이 나오는 겁니다.

이 장면을 좀 더 풀어보면 이렇습니다. 자신을 보통사람이라고 여기는 이들조차 나에겐 특별한 환경, 특별한 여건, 특별한 사정이 있다고 주장하곤 합니다. 그런데 정말 특별한 것일까요? 누구나 처할 수 있는 환경, 누구나 놓일 수 있는 여건, 누구나 겪을 수 있는 사정은 이미 특별한 게 아닙니다. 다시 말해 '나는 바빠' '나는 몸이 약해' '나는 남자야' '나는 여자야' 등 누구나 가질 수 있는 조건에 과연 '특별하다'를 들이댈 수 있겠느냐는 겁니다.

만약 이런 경우라면 어떻습니까. 주위에 장애를 가진 어떤 사람이 마치 장애가 없는 것처럼 열심히 일하는 모습을 봤다고 합시다. 다들 칭찬할 겁니다. 보통사람처럼 살고 있어서일까요? 아닙니다. 장애라는 특별한 상황을 '극복'해서입니다. 누구도 일반적으로 갖지 않는 여건을 이겨냈으니 이것이야말로 진짜 '특별하다'고 할만한 일이지요.

보통사람이 자신을 특별하다고 생각하게 된 출발점을 따져보면 아마 남들보다 자신이 더 낫다고 보는 데서부터일 겁니다. 이런 일은 국가에서도 흔히 벌어지는데요. '우린 좀 특별하다'란 착각이 국가 간에 갈등과 분쟁을 일으키고 힘의 논리를 만들어냅니다.

수년째 진행 중인 러시아와 우크라이나 전쟁이 적절한 예가 되겠지요. 러시아는 이미 선민의식을 가지고 있습니다. '우크라이나, 너희가 감히 우리 의견을 무시하고 말을 안 들어?'가 이 전쟁의 발단이 된 겁니다. 패권주의, 제국주의란 말이 역사에 자주 나타나는 것 자체가 자국을 특별하게 여기고 있다는 뜻입니다.

기업도 다르지 않습니다. 많은 기업이 기업의 본질보단 기업인의 성취감 때문에 무너져갔습니다. 특히 리더는 그저 보통의 도구일 뿐인데도 자신의 도구를 빛나게 하기 위해 다른 도구들은 망가져도 괜찮다며 밀어붙였던 거고, 그 바탕에 '나는 특별해'라는 마음가짐이 있었던 겁니다.

우리는 그저 보통사람입니다. 내가 가진 포지션, 능력도 누구나 가질 수 있습니다. 나만 가졌다고 믿는 어려운 사정이란 것도 따지고 보면 다른 사람들도 가진 사정입니다. 그러니 이제 '통치자'는 겁니다. 나만은 특별대접을 받아야 한다는 생각도 버리고, 그 생각 때문에 순간적으로 튀어나오는 "당신! 내가 누군지 알아?" 이런 말도 그만하고요.

오해는 마십시오. 그렇다고 당신이 특별하지 않다는 이야기는 아닙니다. 다만 당신의 특별함 때문에 다른 누군가가 영향을 받는 일은 하지 말자는 겁니다. '내가 좀 잘났지'라는 생각은 속으로만 하면 좋겠습니다.

돌부리 대처법

'돌부리에 걸려 넘어지다.' 요즘은 듣기 힘든 말입니다. 아스팔트나 시멘트로 매끈하게 포장해 어디 한군데 모난 데가 없는 길에서, 예전이라면 늘 발끝에 차이던 돌부리를 만날 확률은 대단히 희박하다는 뜻입니다. 도시에선 흙바닥을 디딜 일이 거의 없으니까요. 그래도 살다 보면 한번쯤은 걸려 넘어질 수 있는 그 돌부리 이야기를 해보려 합니다.

만약 여러분이 늘 걸어 다니는 길에 신경을 긁는 돌 하나가 박혀 있다고 칩시다. 오가는 게 불편한 건 물론이고 어두울 때는 걸려 넘어질 수도 있습니다. 이 돌부리를 어떻게 하겠습니까?

먼저 '피해 다닌다'가 있을 겁니다. 길을 빙 돌아야 하는 불편이 따르겠지만 안 보이면 없는 셈 칠 수 있어 마음은 편할 테니까요. 두 번째로는 '화풀이한다'가 있을 겁니다. 가뜩이나 분통 터지는 일이 많은 세상이니 돌이라도 걷어차면 속이 좀 풀린다 싶겠지요.

세 번째는 '뽑아낸다'입니다. 눈앞에 거슬리는 건 뭐든 제거해야 하는 캐릭터에 해당될 겁니다. 과연 자신의 힘으로 뽑아낼 수 있을지가 관건일 테지만요. 마지막으로 '뽑아내라고 시킨다'가 있습니다. 돌부리를 없애는 게 목적이지만 절대 내 손을 쓰진 않는 경우입니다. 아마 시청이나 구청에 민원을 넣어 도로 정비를 줄기차게 요구할 겁니다.

다 좋습니다. 다만 제가 하려는 이야기는 돌부리를 없애는 방법에 관한 건 아닙니다. 그보다는 '돌부리 존재 그 자체'에 대해서라는 게 맞을 겁니다.

우리 사는 일에는 내 의사나 잘잘못과는 상관없이 돌부리 같은 의도치 않은 일이 왕왕 생기게 마련입니다. 그 박힌 돌 때문에 어쩔 수 없이 불편하고 위험하고 손해를 보는 일과 늘 맞닥뜨리게 되지요.

얼마 전 우리 사옥 앞에서 이런 일이 있었습니다. '1인시위'란 명목 아래 어느 분이 현수막을 내걸고 하소연을 늘어놓기 시작한 건데요. 그런데 그 내용이 상식적으로 납득하기 힘든 것이었습니다. 요약해보면 우리 회사의 주식을 샀는데 최근 주가가 많이 떨어져서 손해를 보았으니 책임을

지라는 것이었지요.

다들 알고 있다시피 주식은 금융시장의 변동에 민감하게 반응합니다. 회사의 본질적 가치와는 동떨어져 움직이는 경우가 대부분이지요. 주가가 한없이 출렁일 때는 아무리 한 회사를 대표하는 경영자라도 흐름을 바꾸는 게 쉽지 않습니다. 더구나 개인의 주식투자에 대한 손실을 경영자가 책임지는 건 현실적으로 매우 어렵습니다. 어찌 되었든 대단히 안타까운 일이지만요.

그렇다고 경영자가 손을 놓고 상황을 멀뚱히 바라만 보는 건 아닙니다. 경영에 좀 더 매진해 회사를 성장시키고 수익을 증대시키는 역할을 해야 합니다. 회사는, 또 경영자는 결국 그 성과로 평가를 받게 되는 겁니다.

사옥 앞에서 벌어진 다소 황당한 해프닝을 지켜보다가 문득 떠오른 게 '돌부리'였습니다. 자신의 의지나 잘잘못과 관계없이 이러저리한 일로 겪게 되는 불편함, 또 시쳇말로 스트레스 받는 일이 '길거리 돌부리'가 아닌가 싶었던 거지요.

돌부리라는 게 행인에게 행패를 부리겠다고 일부러 길 한복판에 박혀 있는 건 아니지 않습니까. 이리저리 치이고 받히다가 그 자리에 박히게 된 거고, 돌부리 입장에서도 의도치 않게 사람들에게 불편을 주는 존재가 되었을 겁니다.

비단 돌의 세계만이 아닙니다. 따져보면 사람도 그렇지

않습니까. 우리도 살다 보면 본의 아니게 누군가에게 돌부리가 될 수 있습니다. 또 역으로 내가 타인이라는 돌부리에 걸려 넘어질 수도 있고요.

그렇게 우리는 오늘도 적잖은 돌부리를 만납니다. 정작 길에선 찾아볼 수 없는 돌부리가 생활 전반에 출현해 수시로 태클을 걸어옵니다. 그저 순탄하게 가고 싶은 내 뜻을 거스르고, 내 마음을 쥐어뜯기도 하고, 내 돈을 가져가 버리기도 합니다.

결국 문제는 돌부리와 한판 대결을 벌여야 하는 이런 상황이 생길 때 어떻게 현명하게 해결하느냐, 말 그대로 '돌부리 대처법'이 무엇인가 하는 것일 테지요. 제가 판단할 때 그 돌부리가 어떤 모양이든 어떤 내용이든 간에 현명하게 피해버리는 방법은 없습니다. 다만 현명하게 대처하는 방법은 있을 수 있습니다.

역시 그 네 가지 방법, '피해 다닌다' '화풀이한다' '뽑아낸다' '뽑아내라고 시킨다'가 고스란히 불려 나오겠지요. 하지만 돌부리에 걸릴 때마다 도망치듯 피해 다니고, 성질난다고 발길질하고, 남이 해결해주길 기다리는 건 현명한 대처와는 거리가 멉니다.

일단 자신 앞에 박힌 돌부리는 자신이 치운다는 생각에서 출발하는 게 현명해 보입니다. 삽으로 걷어내든, 곡괭이로 파내든, 힘으로 버겁다면 포크레인을 불러오든 반드시 내가 나서서 치우는 겁니다. 그래야 그 문제가 온전히 해결될 수 있습니다.

  아무리 세상이 내 마음 같지 않다고 하더라도 애꿎은 돌에다 대고 짜증을 내서야 되겠습니까. 단숨에 뽑아버리는 것, 그게 가장 간결하면서도 가장 적절한 답입니다.

사실과 현실, 생각과 행동

우리가 흔히 뒤죽박죽 쓰는 단어 중에 '사실'과 '현실'이 있습니다. 사실이 현실 같고, 현실이 사실 같다고 변명은 하지만 말입니다. 상황에 적합한 의미를 따지기보다 입에서 먼저 튀어나오는 것부터 되는대로 써서 그런 게 아닐까 싶습니다.

사실과 현실은 엄연히 다릅니다. 사실(事實, fact)은 "실제로 있었던 일이나 지금 있는 일"을 뜻하고요, 현실(現實, reality)은 "지금 사실로 존재하고 있는 일이나 상태"를 말하니까요.

하지만 이런 사전적 정의보다 두 단어가 달리 쓰이는 결정적인 차이점이 있습니다. 제 생각에 그 둘을 가르는 지점에 놓인 첫 번째 요소는 주어인 듯합니다. 사실과 현실 앞에 누가 놓이느냐에 따라 각자가 느끼는 상황이 하늘과 땅

만큼 달라질 테니까요.

예를 들어 '인간은 누구나 암에 걸릴 수 있다'란 것은 누구나 알고 있는 사실입니다. '이 순간에도 많은 사람이 암으로 인해 고통받고 있다'란 것도 엄연한 사실이고요. 하지만 그 사실 때문에 나 자신이 늘 고통스럽지는 않습니다. 통계적으로 '우리 국민 셋 중 한 명은 암에 걸린다'는 사실을 대부분 알고 있지만, 그 한 명이 나일 거란 생각은 솔직히 하지 않습니다.

그런데 어느 날 그 암이 나에게 온다면? 그간 적당히 흘려보냈던 사실들이 불현듯 '현실'이 됩니다. 정확하게는 '나에게 닥친 현실'이 되어 모든 사실이 일러준 대로 지독한 고통 속에 빠져들 수밖에 없는 겁니다.

암처럼 30퍼센트의 가능성이 아닌 100퍼센트의 실제상황인 다른 예를 하나 더 볼까요. 사람은 누구나 죽음을 맞습니다. 이것은 사실입니다. 만약 그 누군가가 가족 중 한 사람이 되면 그제야 죽음은 현실이 됩니다. 나 자신이라고 피해 갈 수 있겠습니까? 결국 시차만 둘 뿐 '누구나의 사실'이 '나만의 현실'이 되는 순간을 맞게 됩니다. 하지만 우린 여전히 그 사실을 현실로 인지하지 못하고 마치 나에게 죽음은 영원히 '예외조항'인 것처럼 살고 있습니다.

우리 일상에서 사실과 현실은 동전의 앞뒷면처럼 딱 붙어 있습니다. '운동을 하지 않고 먹기만 하면 살이 찐다'란 사실을 잘 알지만 두툼한 내 뱃살을 보기 전까진 현실이 되지 않습니다. '카드를 용감하게 긁어대다간 반드시 후회할 날이 온다'란 사실을 모르는 척하다가 카드명세표를 받아들고서야 현실을 자각합니다. 이렇듯 우리 사는 일에 지혜가 되고 경고가 되는 사실일지라도 지금 나에게 닥쳐 현실이 되지 않는 한 그저 까맣게 잊고 살아갑니다.

사실과 현실의 관계와는 달리, 헷갈리지 않는 정확한 의미를 가졌지만 비슷하게 맞물려 있는 두 단어가 또 있습니다. 바로 '생각'과 '행동'입니다. 그렇다면 생각과 행동은 또 어떤 차이가 있을까요?

생각은 사실에 가깝습니다. 잠들어 있는 시간을 제외하면 우리는 하루 종일 뭔가를 끊임없이 생각하며 삽니다. 단순하게 식사메뉴를 고민하는 일부터 긴박하게 사업내용을 결정해야 하는 일까지 말입니다.

하지만 생각을 행동으로 실현하는 것은 지극히 일부입니다. 가령 '공부해야겠다' '운동해야겠다' '인간관계를 좀 바꿔 봐야겠다' 등 오늘은 뭘 해야겠다고 마음먹은 단순한 일을 실천이란 행동으로 옮길 확률은 그리 크지 않습니다. 그런 면에서 행동은 현실에 가깝겠지요.

사람의 본성, 나아가 의지라는 것은 참으로 허약하기 짝이 없습니다. 물론 늘 말했듯이 이런 글을 쓰는 저조차도 예외는 아닐 테고요. 누구에게나 일어날 수 있는 분명한 사실을 내게 생긴 현실이 아니란 이유로 '없는 일'로 여기고, 수많은 생각도 행동으로 연결하지 못해 '못 할 일'로 만들고는 늘 아쉬움이 남는 삶을 삽니다.

개인의 삶뿐이겠습니까? 기업도 그렇습니다. 좋은 상품과 서비스를 고객에게 제공하지 못한다면 그 회사는 결국 도태될 수밖에 없다는 사실을 잘 알고 있습니다. 하지만 그것이 '발등의 불'로 떨어지기 전까진 현실로 인정하지 않습니다. 그저 생각만 할 뿐 행동으로 옮기지 않아 한순간에 사라진 수많은 기업이 심심찮게 생겨나지 않았습니까.

정치적 견해와는 별개로, 저는 김대중 전 대통령을 통해 얻은 교훈 한 가지를 소중하게 여기고 있습니다. '행동하는 양심'이란 겁니다. 김 전 대통령은 이 말을 타계하기 전까지 자신의 좌우명으로 삼았고, 책으로도 출판해 많은 이들에게 설파하고자 했지요. 압축하자면 양심이란 것도 생각의 한 줄기고, 그 생각을 행동으로 옮긴다는 자체가 쉽지 않지만 그럼에도 행동으로 꺼내놔야 비로소 생각의 가치가 실현될 수 있다는 겁니다.

제가 하고 싶은 이야기가 이겁니다. 우리가 알고 있는 모든 사실은 언제든 우리를 향한 현실이 될 수 있다는 겁니다. 그러니 설사 그것이 좋지 않은 사실일지라도 현실로 인정해야 하는 겁니다. 또 생각만 하고 행동하지 않는 건 생각조차 하지 못했던 때와 별반 다를 게 없습니다. 그러니 어떤 생각이든 행동으로 옮겨야 크든 작든 결실을 얻게 됩니다.

이렇게 '사실과 현실' '생각과 행동'에 걸친 사전에도 없는 의미들을 이해했다면, 다음 수순은 정해져 있겠지요. 현실을 직시하고 행동부터 하는 겁니다. 누군가와 친해지고 싶다면 커피 한 잔을 권해보고, 건강이 염려스럽다면 밖으로 나가 운동을 시작하는 겁니다. 부모님이 걱정된다면 당장 안부전화부터 해보고요.

여기에 하나가 더 붙는다면 금상첨화가 될 겁니다. 업무 중에 누군가 "그 일, 어찌 진행되고 있어?' 물어올 때 말입니다. "생각하고 있습니다" "고민 중입니다"이란 대답은 이제 그만하자는 겁니다. 모르긴 몰라도 상대가 듣고 싶은 말은 분명 그게 아닐 겁니다.

도전하지 마세요

우리가 자주 쓰는 몇몇 단어 중에 '도전'이란 말이 있습니다. '정면으로 맞서 싸움을 건다'란 본뜻이 있지만, 우린 주로 비유적인 뜻으로 어떤 일을 시작할 때 "도전!"이라고 즐겨 외칩니다. '어려운 일이나 기록 경신에 맞선다'는 부수적인 뜻으로 말이지요.

얼마 전 한 젊은 작가와 대화를 나눌 자리가 있었습니다. 이러저러한 이야기 끝에 이 친구가 요즘 빠져 있다는 고민거리에 대해 듣게 되었습니다. 더 나은 길로 가기 위해서 무언가 '새로운 도전'을 해야 하는데 그 결과가, 혹여 생길지 모를 실패가 두렵다는 거였습니다. 그러곤 이렇게 물었습니다. "이런 상황을 수없이 겪으셨을 텐데 회장님은 어떤 방식으로 대처해오셨습니까?"

그렇지요. 누구에게나 도전은 버겁습니다. 웬만하면 피해 가고 싶고, 시도 자체가 두렵습니다. 게다가 그 결과가 실패로 끝난다면 참담한 기분이 들기 마련입니다. '최선을 다했기에 후회는 없다'고 아무리 스스로 위로해봐도 별 소용이 없습니다.

물론 저 역시 그런 상황을 몇 번 겪기도 했습니다. 도전처럼 압박을 받을 만한 순간들이 분명 있었습니다. 이 젊은 친구의 질문을 계기로 예전 일을 되돌려볼 기회가 생긴 셈인데요. 그런데 희한한 노릇입니다. 아무리 더듬어봐도 실패에 대한 두려움이나 걱정에 시달린 적이 없는 겁니다. 무모했던 건지, 단순했던 건지 정확하지는 않지만요.

'도대체 왜 그랬나?' '어떻게 그럴 수가 있지?' 슬슬 저 자신에 대한 궁금증도 생겼습니다. 그리 오래 걸리지 않아 답은 금방 나왔습니다. 저는 제가 해온 그 일들에 도전이란 생각으로 접근하지 않았던 겁니다. 그저 제가 해야 할 일이 눈앞에 있는 거고, 저는 그 일을 해야 하는 사람이란 당위성을 먼저 가졌던 겁니다.

물론 당시 제 생각, 제 방식이 정답은 아닙니다. 하지만 제법 효과를 봤던 '선배의 팁'은 되지 않을까 싶습니다. 우리가 도전이라고 믿는 그 일을 마땅히 우리가 해야 하는 일, 혹은 의무나 권리로 바꿔보는 겁니다. 그리한다면 살면서 부딪치게 되는 수많은 난관, 하고 싶고 또 해야 하는 어려운 일들에 좀 더 편한 마음으로 나설 수 있습니다.

좀 억지스러울 수 있겠지만 이렇게 생각해보면 어떨까요. 배가 잔뜩 부른데도 주어진 상황상 어쩔 수 없이 식사를 또 해야만 하는 경우를 두고 도전이라고 하진 않습니다. 결혼을 앞둔 남녀가 앞으로 펼쳐질 결혼생활을 두고도 도전이라고 하지 않을 겁니다. 아무리 결혼 자체에 대한 두려움과 불편함이 크다고 해도 말이지요.

좀 더 현실적으로는 앞의 젊은 작가 사례가 적절할 듯합니다. 어느 유명 작가의 보조작가로 일하고 있다는 이 친구의 고민은 이거였습니다. "주작가가 되는 '새로운 도전'이 어렵고 두렵습니다." 그 이야기를 들은 제 첫마디는 이것이었습니다. "뭐가 도전이라는 거지? 보조작가가 주작가가 되는 건 코스처럼 당연한 수순인데."

마치 이런 겁니다. 초등학생이 중학교에 들어가고, 중학생이 고등학교에 들어가는 것을 도전이라고 말하지 않듯이 말입니다. 누구나 정해진 루트를 따라 당연히 해나가는 일은 도전이 아닌 겁니다. 그러니 '그게 왜 도전이냐'고 물을 수밖에요.

사실 도전에 대한 제 생각에는 나름대로 근거가 있습니다. 도전의 의미를 곰곰이 뜯어봤더니 말입니다. 세상의 모든 도전이 힘들고 어려운 일인 건 맞습니다. 하지만 그 힘들고 어려운 일을 모두 도전이라고 하진 않습니다. 그 둘은 별개의 문제인 겁니다.

진정한 도전은 내가 하지 않아도 되는 일을 하는 겁니다. 그냥 통과해도 별 탈 없이 살 수도 있는 일에 성취감을 얻기 위한 목적으로 일부러 나서는 겁니다. 일반인이 에베레스트산 정복에 나선다든가, 나이 일흔의 만학도가 대학의 문을 두드린다든가 하는 식으로 말이지요.

하지만 사람들 대부분은 마땅히 내가 해야 할 일을 하는 것을 도전이라고 잘못 이해하고 있습니다. 할까 말까 선택지가 주어진 양 머리를 싸매기도 하고요. 그러다가 그 일에서 도망가는 명분, 포기하는 도구로 기어이 도전이란 말을 써버립니다. "이번 도전은 내 역량을 넘어서는 일이었어." 이렇게 말이지요.

무엇보다 도전이란 이름을 붙여 쉽게 포기할 수 있는 명분을 만들지 말아야 합니다. 물론 여러분 앞에 끝없이 밀려드는 크고 작은 고비가 힘들고 어렵다는 건 압니다. 하지만 우리 각자가 모름지기 해야만 하는 일이라면 그건 누구나 인생에서 반드시 넘어야 할 허들일 뿐입니다. 허들은 과제가 아닙니다. 과정입니다.

도전이 가져오는 결말은 딱 두 가지입니다. 성공 아니면 실패. 하지만 도전의 테두리를 벗겨낸, 우리가 하는 수많은 일은 결말까지 다채롭지 않습니까. 수정, 보완, 대안 등. 게다가 세상에는 성공 혹은 실패로 끝장을 보지 않아도 되는 일이 훨씬 많습니다. 그저 눈앞의 허들을 하나씩 넘다 보면 이내 결승선에 도달해 있을 겁니다.

행복을 가질 자격

망망대해 가운데 무인도 하나. 비행기 사고로 그 작은 섬에 뚝 떨어진 남자는 오로지 생존을 위한 사투를 벌입니다. 생전 처음 접한 거친 환경에서 원시인처럼 적응하는 것도 큰일이었지만 그를 힘들게 한 건 따로 있었습니다. 무인도에 떨어지기 전까지 미친 듯이 바쁘게 살면서 놓쳤던 사랑입니다. 그러다가 자신의 마음을 받아줄 상대를 찾아냅니다. 그 대상은 남자와 가장 가까운 곳에 있던 '윌슨'입니다. 윌슨은 남자와 비행기에서 함께 떨어진 배구공이지요.

영화 〈캐스트 어웨이〉 이야깁니다. 영화는 4년여를 무인도에서 그렇게 홀로 버틴 주인공의 전부를 들여다봤습니다. 많은 에피소드와 적잖은 이야깃거리가 있지만 제가 결국 그 영화에서 찾아낸 건 주인공이 자신을 사랑하는 방법입니다. 말 못 하는 배구공에게 끊임없이 말을 걸면서 애정을 기울였던 바로 그 일 말입니다. 그런데 그것이 비단 외로움 때문이었겠습니까. 남자는 배구공이 곧 자신이란 걸 알았던 겁니다. 분신이고 정체성이며 세계관이란 것을요.

시대 탓인지 요즘 세상에는 이런 경향이 만연한 듯합니다. '나 외에 모든 사람은 틀리다'란 생각 말입니다. 자신만이 우주의 중심이 되어야 한다고 여깁니다. 가족 간에도 회사에서도, 또 엄중한 시국에서조차 예외는 없습니다.

우리가 어렸을 때는 나를 딱히 주장할 방법이 없었습니다. 집안에선 어려운 살림 탓에 부모나 형제의 의견에 따라 나 자신을 희생하는 게 마땅했습니다. 학교나 회사에서도 다르지 않았습니다. 다들 저리로 가야 한다면 싫어도 따라가야 했던 겁니다. 대를 위해 소를 희생했다고 할까요.

시간이 지나면서 점차 개개인이 중요해진 건 모두가 인정하는 사실입니다. "나는 그렇게 할 수 없어요"라고 외치는 목소리가 커졌지요. 게다가 상상할 수 없을 정도로 소득 수준이 나아지지 않았습니까. 물론 전부는 아니겠습니다만, 돈이 없어 삶이 팍팍하다는 말은 더 이상 통하지 않게 되었습니다.

이런 상황이라면 개개인이 행복해져야 하는 거 아닙니까. 예전에는 내 행복을 희생하면서까지 타인의 행복을 지켰으니까요. 그런데 지금 우리 삶을 두고 예전보다 행복해졌다고 하는 사람은 많지 않습니다. 참으로 아이러니한 일이지요.

저는 이 문제가 '나'라는 사람을 '누구'로 정의할 수 있는가에 자연스럽게 연결된다고 생각합니다. '나는 누구인가' '나는 무엇인가'라는 다분히 철학적인 고민 말이지요. 그리고 그 답은 어떤 대상과의 관계성 속에서 도출되는 게 맞다고 봅니다. 다시 말해 나를 둘러싼 관계 속에 내가 존재한다는 뜻입니다. "나는 우리 부모의 아들·딸이며, 우리 아이의 엄마·아빠이며, 우리 회사의 직원이고, 우리나라의 국민이다"란 식으로 말입니다.

만약 우주에 인간은 나뿐이라고 가정해본다면 말입니다. 그 속에서 '나'라는 주장이 설득력을 얻을 수 있겠습니까? 오히려 단백질과 지방과 수분 등이 섞인 동물성 덩어리라고 하는 게 맞을 겁니다. 그저 한 개체에 지나지 않을 테니까요.

결국 제가 말하고 싶은 건 이겁니다. 내가 나를 사랑하는 방법 말입니다. 바로 나를 둘러싼 관계, 나와 가장 가까운 대상을 사랑하는 겁니다. 나를 지칭해주는 그 관계와 그 대상, 바로 나를 존재하게 하는 그 의미가 사라진다면 나는 그냥 우주 속에 한 물질에 불과한 겁니다.

우린 자주 이런 말을 듣습니다. "너 자신을 사랑하라"고, 그것이 '행복해지는 길'이라고. 맞는 말입니다. 하지만 저는 여기에 한마디를 더 붙이고 싶습니다. 행복해지고 싶은 그 '나'는 세상과 동떨어진 개체가 아니라고, 그러니 나를 사랑하는 것은 곧 내가 누구인지 구체적으로 알려주는 관계, 나와 가장 밀착한 대상을 사랑하는 것이라고요. 가족이든 동료든 선후배든 회사든 나라든 말입니다.

무인도에서 홀로 살아가야 했던 남자가 배구공 윌슨을 아끼고 사랑했던 일과 다르지 않습니다. 덕분에 그는 척박한 환경에서도 위로받고 행복을 느꼈을 겁니다. 그저 악다구니만 썼다면, 그것이 자신을 살려내고 자신을 사랑하는 일이라고 믿었다면 감히 얻을 수 없는 감정입니다.

그래서 더욱 안타깝기도 합니다. 우리 대부분은 왜 자신이 행복하지 않은가를 모르고 있으니까요. 돈이든 사람이든 그저 끌어당기고만 있을 뿐입니다. 그러면 행복해지는 줄 알고 말이지요. 하지만 아무리 끌어당겨도 충족이 되질 않습니다. 쥐면 쥘수록 손가락 틈으로 빠져나가기만 합니다.

과거 70여 년간 우리는 고도성장으로 물질의 풍족을 맛보았습니다. 돈을 끌어당기면 행복도 같이 딸려 나올 거라 믿었던 시절입니다. 하지만 그 결과가 어땠는지 이젠 잘 알게 되었습니다. 물질적으로는 풍요로워졌을지 모르지만 정신적인 공허감은 70년 전보다 훨씬 커졌으니까요. 게다가 그땐 나를 둘러싼 관계성은 단단하지 않았습니까. 가족 간에도 친밀했고 국가를 위한다는 명분도 분명했습니다.

세상에 불행하자고 작정한 사람은 없습니다. 정도의 차이, 표현의 차이가 있을 뿐 사람은 누구나 행복하게 살길 원합니다. 내가 행복하려면 나 자신을 사랑해야 하는 게 너무 당연합니다. 하지만 나를 사랑하는 방법이 그저 나 자신만을 보듬고 쓰다듬는 게 전부가 아닙니다. 아니 그건 잘못된 사랑법입니다. 내가 세상의 중심이고 전부라고 내 영역에서 모두를 내친다면, 그렇게 부모와 형제를 애태우고 직장과 동료에 대한 불만이 끊이질 않는다면, 그런 나를 과연 행복하다고 할 수 있겠습니까.

오늘 당신은 어떤 대상과 친밀한 관계를 맺고 있습니까? 당신과 가장 가까운, 당신이란 사람을 형성한, 당신의 존재를 증명한 그들에게 사랑을 내주었습니까? 만약 그랬다면 당신은 자신을 사랑한 겁니다. 행복을 가질 자격이 있습니다.